PUNTO
DE
INGRESO

I0084781

PUNTO DE INGRESO

HACIA UNA TEOLOGÍA INFANTIL CON MATEO 18

Haddon Willmer

Keith J. White

WTL PUBLICATIONS

Publicado en 2015
por WTL Publications Ltd
10 Crescent Road, South Woodford, London E18 1JB, UK

Copyright © 2015 WTL Publications Ltd
Copyright del texto © 2015 Haddon Willmer & Keith J. White
Los autores hacen valer el derecho moral a que se les identifique
como los creadores y autores de esta obra.

p. 7 *Hay muchos teólogos en el mundo*; p. 185 *Teología del tsunami*
© 2015 Haddon Willmer

ISBN 978 095647575 6
Publicado por primera vez en 2015
10 9 8 7 6 5 4 3 2 1 0

Catálogo de archivo de este libro puede solicitarse
a la Biblioteca Británica.

Todos los derechos reservados. Ninguna parte de esta publicación
puede ser reproducida parcial o totalmente, ni archivada o
transmitida por ningún sistema de recuperación de información
alguno, en ninguna forma ni por ningún medio conocido o por
conocer, sin el previo permiso por escrito de la Editorial.

Los textos bíblicos se han tomado de LA SANTA BIBLIA, NUEVA VERSIÓN
INTERNACIONAL ® NVI ®. Copyright© 1999 por Bíblica, Inc.
Usado con permiso de Bíblica, Inc.® Todos los derechos reservados
en todo el mundo.

Traducción: Athala G. Jaramillo

Diseño de Tony Cantale
Impreso en el Reino Unido por Lightning Source

Para obtener ejemplares de este libro o cualquier información,
por favor llame: +44 20 8504 2702
c-electrónico: enquiries@wtlpublications.co.uk
o visite: **wtlpublications.co.uk**

Contenido

A Nathanael

Para algunos, Dios no existe.

Para algunos, Dios es una sombra vaga o algo parecido cerca a los límites de la vida.

Para algunos, Dios es una presencia formidable, que llena la vida, que silencia el habla.

Para algunos, Dios se encuentra en la Biblia y en la iglesia.

Para algunos, a Dios se le llama la Roca, el Dios de Israel.

Para algunos, Dios es el Padre a quien Jesús nos enseñó a orar.

Para algunos, Dios está en Cristo, reconciliando al mundo con él.

Hay quienes de alguna forma conocen a Dios con seguridad, bajo uno u otro nombre

Hay quienes buscan a Dios con todo su corazón, algunos en ráfagas ocasionales de anhelo

Hay quienes creen y algunos oran –pienso yo– ayuda mi incredulidad

Hay quienes buscan a Dios en soledad, otros en compañía, otros en servicio

Hay quienes buscan a Dios para lograr consuelo en el sufrimiento, otros por la venida de la nueva Jerusalén a la tierra.

Hay muchos que toman a Dios seriamente, de una u otra manera.

Hay muchos que hablan consigo mismos acerca de Dios, buscan y encuentran, lloran y celebran.

Hay algunos que hablan el uno con el otro, como las mujeres
    qukue John Bunyan conoció, sentadas en el portal en
    Bedford, que hablaban acerca de las cosas de Dios.
Hay, en suma, muchos teólogos en el mundo.
Hay muchos que toda la vida hablan de teología, incluso sin
    conocerla siquiera.

Dios, podemos verlo en la Biblia, es también teólogo.
Dios habla de Dios en su Palabra.
Por medio del cual él creó todas las cosas,
Por eso todas las cosas están allí porque él habló,
Palabras por la Palabra

Y la Palabra se hizo carne
Y habla en la vida, en una vida en particular,
En acción significativa, escogida humanamente

Dios, habla Dios en el Espíritu, entrega a su Hijo
Con aquellos que él escoge y sostiene
Aquellos que conocen su voz y lo siguen.

Dios, habla Dios en todas las cosas
Y en todas las cosas Dios es difícil de seguir,
El Dios que habla en lo que no es
La verdad de Dios en no dirección
La Palabra de Dios en boca humana

Y Dios, la Palabra, pone en nuestro caso
En ocasiones una palabra especial,
Señal e instrumento:
Niño

HADDON WILLMER

EN ESE MOMENTO *los discípulos se acercaron a Jesús y le preguntaron:*
—*¿Quién es el más importante en el reino de los cielos?*

Él llamó a un niño y lo puso en medio de ellos. Entonces dijo:

—*Les aseguro que a menos que ustedes cambien y se vuelvan como niños, no entrarán en el reino de los cielos. Por tanto, el que se humilla como este niño será el más grande en el reino de los cielos.*

»*Y el que recibe en mi nombre a un niño como éste, me recibe a mí. Pero si alguien hace pecar a uno de estos pequeños que creen en mí, más le valdría que le colgaran al cuello una gran piedra de molino y lo hundieran en lo profundo del mar.*

»*¡Ay del mundo por las cosas que hacen pecar a la gente! Inevitable es que sucedan, pero ¡ay del que hace pecar a los demás! Si tu mano o tu pie te hace pecar, córtatelo y arrójalo. Más te vale entrar en la vida manco o cojo que ser arrojado al fuego eterno con tus dos manos y tus* dos pies. Y si tu ojo te hace pecar, sácatelo y arrójalo. Más te vale entrar tuerto en la vida que con dos ojos ser arrojado al fuego del infierno.

»Miren que no menosprecien a uno de estos pequeños. Porque les digo que en el cielo los ángeles de ellos contemplan siempre el rostro de mi Padre celestial.

»¿Qué les parece? Si un hombre tiene cien ovejas y se le extravía una de ellas, ¿no dejará las noventa y nueve en las colinas para ir en busca de la extraviada? Y si llega a encontrarla, les aseguro que se pondrá más feliz por esa sola oveja que por las noventa y nueve que no se extraviaron. Así también, el Padre de ustedes que está en el cielo no quiere que se pierda ninguno de estos pequeños.

MATEO 18:1-14

Introducción

ESTE LIBRO es el resultado de una conversación que sostuvimos sobre el texto de Mateo 18:1-3. Sin embargo, no es ni un comentario crítico ni exégesis pura. Es más bien un ensayo, un aventurar de ideas; nuestra audacia es mayor que nuestra competencia.

Mientras meditábamos en el texto, nuestras antenas se habían concentrado en preguntas acerca de la relación entre teología y niño. Cada uno de estos temas, niño y teología, es de por sí una empresa compleja, cargada de temas que invitan a la reflexión. Cuando se juntan, las líneas potenciales de pensamiento y de acción se multiplican. Para escapar del desconcierto necesitamos identificar solo una o dos líneas que podamos seguir útilmente. Hemos tomado una línea distintiva, y no pretendemos que sea una relación completa de teología y/o niños. Una imagen que de alguna manera parecía apropiada ha sido la de una perforación en la corteza terrestre No se trata de un mapa geológico: simplemente es un registro de lo que se encuentra en una muestra que se encuentra cuando se perfora en una dirección con un equipo limitado.

Tres elementos

Hay probablemente tres elementos principales que han originado este ensayo en Mateo 18.

▨ Dios en Jesús

Por más de una década hemos vivido con la historia de Jesús que coloca a un niño en medio de los discípulos (Mateo 18:1-10). Para escribir este libro meditamos en este pasaje de manera individual y conversamos sin ningún esquema o intención salvo el de tratar de hacerle justicia al texto. Pero esta descripción de lo que hemos intentado le da demasiada prominencia a nuestra actividad. Lo más importante y emocionante es la sensación de estar en la presencia de Jesús, oírlo hablar, sentirnos presionados por lo que él dice y hace. Seamos claros en esto: Jesús no se nos ha aparecido. Mientras leíamos la historia, se ha convertido en el lugar donde hemos encontrado a Jesús.

No es que simplemente lo hayamos oído ni recibido un informe de un Jesús encerrado en la historia, separado de nosotros como cualquier espécimen de museo colocado detrás de una pared de cristal. De haber sido así hubiéramos actuado como si Jesús estuviera a nuestra disposición como un recurso, y nosotros los controladores y directores. Es inevitablemente la forma exterior de este y de cualquier otro libro: somos nosotros los que escribimos, no Jesús. No obstante, el libro tiene para nosotros sus raíces en la fresca experiencia de Jesús quien, por medio del testimonio de sus palabras y acción, llega hasta nosotros como el Señor viviente. Con el paso del tiempo hemos descubierto que Jesús conversa con nosotros a través de esta historia. Si bien somos los que más hablamos, es él quien dirige, moldea y le da sustancia a esa conversación. La autoridad es suya.

▨ El Movimiento de Teología Infantil

En los inicios de nuestro trabajo conjunto en este ensayo, que para nosotros significa un intento de hacer teología infantil[1] descartamos otras maneras de explorar la relación entre niño y teología y nos comprometimos con este texto del Evangelio de Mateo, que ha sido nuestra fuente principal y compañero de este proyecto, aunque no nos hemos quedado solamente con el texto. Un contexto importantísimo de apoyo, estímulo y a veces muy emocionante para nuestro trabajo ha sido el Movimiento de Teología Infantil (CTM por sus siglas en inglés).

Cientos de cristianos que trabajan activamente con niños en riesgo en todo el mundo se reunieron en una conferencia Cutting Edge en Holanda en 2001. Keith White argumentó que el activismo masivo representado allí necesitaba raíces teológicas más profundas. Su presentación atrajo una viva e intensa respuesta, que incluyó cientos de comentarios y preguntas que se grabaron, y recibió el encargo de hacer algo al respecto. Después de varios sondeos, organizó una consulta en Penang en junio de 2002, de la cual emergió el Movimiento de Teología Infantil[2]. A partir de entonces, el CTM ha sostenido muchas consultas y participado en muchas redes en desarrollo. La aspiración clave del CTM se expresa en la fórmula: «Ninguna actividad relacionada con el niño sin reflexión teológica; Ninguna teología sin el niño en medio de ella». Sin embargo, no hay ortodoxia del CTM, y el CTM no es una agencia organizadora poderosa. Es más bien una agrupación poco estructurada donde la gente interesada en los niños y en la teología se estimula, se anima y se reta entre sí en una conversación seria y fraterna. Su aspiración es la de llegar a ser una comunidad de eruditos. Hablar sobre la vida en desarrollo del CTM nos ha ayudado grandemente a escribir este libro, sin que se trate del «libro del movimiento».

Diferentes rumbos a seguir

El CTM, dentro del contexto de muchos movimientos globales cristianos interesados en niños, incluye maneras de pensar no comprendidas en nuestra lectura de Mateo 18. Hay una tensión significativa entre las diferentes maneras de relacionar a los niños con la teología. En este contexto, ni somos censores ni maestros: tal vez seamos contendientes. No queremos que la diferencia se convierta en una oposición polarizada: puede ser la fuente de conflicto o de un encuentro fructífero.

Para aclarar la diferencia, pensemos en las ciudades donde residimos, Leeds y Londres. Porque llevamos más de diez años viajando con frecuencia sabemos que están unidas por carretera y por ferrocarril. Algunos recorridos van de Londres a Leeds, otros de Leeds a Londres. De igual manera la conexión entre niños y teología puede hacerse desde una u otra dirección. Algunos buscan la teología para dar base y apoyo al cuidado y bienestar de los niños. Aquí la dirección va de la teología al niño. La teología en este caso estimula y guía para que el niño sea colocado en el medio de la atención especializada. Los productos naturales aquí son la «teología infantil» y la teología como «defensora de los niños».

La otra dirección va del niño a la teología. No es tan evidente ni popular, y tal vez para algunos parezca chocante y peligroso, pero hay que arriesgarse. ¿Qué supone para la teología si el niño se coloca en el medio? ¿De qué manera cambia lo que decimos de Dios si el niño está allí? Un resultado aquí podría ser una teología que aunque no menciona a los niños, cambia la forma en que se habla de Dios porque de alguna manera el niño ha ejercido su influencia en ella.

En la práctica, estas dos direcciones aunque diferentes, se confunden: el tráfico entre Leeds y Londres es de doble vía. Cuando la dirección va de la teología al niño, hay siempre referencias y gestos en la otra dirección. Este libro viaja principalmente en la dirección niño-teología, sin que eso signifique la eliminación de cierto tráfico en la otra calzada. Esto se hace evidente de manera particular en los capítulos seis y siete. «Del niño-a-la teología» implica y afecta «de la teología-al-niño».

Cuando nos concentramos en el movimiento del niño a la teología, haciendo teología con el niño en el medio, emerge un punto de vista inusitado. Solo a medida que cobra visibilidad puede evaluarse y tener la oportunidad de llevar a convicción.

Todo lo que se llama Teología infantil atrae a las personas interesadas en el cuidado, la educación, la defensoría y el servicio del niño, y con la formación de los cuidadores. Esto lo sabemos por nuestra experiencia en el CTM. Aquellos para los que el interés primario es la teología, en la academia o en el púlpito, tienden a dejar el trabajo con niños a personas especializadas en la niñez. El trabajo que ejercen como teólogos se informa de muchas fuentes y tiene muchos intereses y así el niño se pierde fácilmente, pasa desapercibido en la multitud. A veces los teólogos hablan entre sí acerca de asuntos que solamente ellos están preparados para tratar: ¿de qué entonces le sirve al niño? Otras veces la teología se dirige a personas fuera de su gremio, pero el niño es el único en una audiencia heterogénea.

Hay buenas razones que hacen delicado el paso del niño a la teología.[3] Queremos aumentar el flujo superando el peso de la tradición y el profesionalismo que margina al niño de la teología. Hay señales esperanzadoras de que en algunas academias al niño se lo coloca en el centro del estudio de la teología, no como el objeto de atención de la teología, sino como una fuente de luz crítica y constructiva para la teología.

El carácter del libro

Como ya se ha indicado, el pasaje de Mateo 18 proporciona la estructura general para nuestra exploración, aunque no hemos intentado producir un comentario. El carácter, según se representa en los siete capítulos, ha sido más fluido y dinámico que eso.

El Evangelio nos brinda nuestro punto de partida: un NIÑO[4] cuya única característica especial evidente es que a él o a ella (*paidion*) Jesús lo(a) colocó en medio de los discípulos.

Los discípulos hablaban acerca de la grandeza o importancia en el REINO de Dios. Ese reino era la gran preocupación de Jesús, la perspectiva dentro de la cual había vivido toda su vida, la presencia y la promesa que él proclamaba.

LA TENTACION: la noción del reino es siempre tentadora porque estimula las ambiciones y las ansiedades. En la experiencia humana, por lo general, y totalmente para Israel, el reino es un foco de esperanza y desilusión, de uso y abuso del poder. Aquí las esperanzas y los temores de todos los tiempos se encuentran. Hay buenos y malos reinos; el reino de Dios no se realiza verdadera y plenamente ni está presente incluso en el mejor reino del mundo, y lo contradice el peor de los reinos. Tentación significa que la gente puede dejar pasar lo bueno y escoger lo malo. Cualquier encuentro con el proyecto humano del reino pone a prueba a la gente. ¿Qué buscamos? ¿Qué clase de personas somos? ¿Cuáles son los tesoros que valoramos? ¿A qué causa estamos sirviendo con nuestras vidas? ¿En qué Señor confiamos?

En su propia vida, Jesús de manera persistente discernió y escogió el reino de Dios en un mundo confundido por reinos rivales. Llamó a personas para que fueran sus **DISCÍPULOS**, para que lo acompañaran en el servicio del reino de Dios en los términos que él señaló y proclamó. Les advirtió que la gente ansiosa y ambiciosa de grandeza no entraría en el reino de Dios. El punto de entrada, la clave de ingreso que Jesús ofrecía era el «negarse a sí mismo, tomar su cruz y seguirlo». Los discípulos habían escuchado este llamamiento pero parece que no lo entendieron o no lo siguieron de cerca en espíritu y acción. Cuando Jesús les mostró al niño, ¿les estaba indicando una manera diferente, más adecuada a la incapacidad de ellos de seguirlo en el camino de la cruz? ¿Es el niño la imagen fundamental de una religión alternativa, más amable centrada en un Cristo que ama al niño en vez del Cristo crucificado? Creemos que no. Más bien, al colocar a un niño en medio de los discípulos, Jesús estaba reiterando su petición de que los discípulos se negaran a sí mismos, tomaran su cruz y lo siguieran. El niño es otra manera de invitarnos a seguir el camino de la cruz. Nuestra visión de discipulado, en su promesa, costo y gracia no se diluye, sino que se amplía y se profundiza.

Que el niño reitera el llamamiento al discipulado puede verse en los significados que Jesús le da al niño colocado en el medio. Negarse a sí mismo, simbolizado radicalmente por la cruz, es una forma de **HUMILDAD**. Seguimos a Jesús en el camino que lleva a las profundidades, no al final del abismo, sino más bien para entrar en el reino de Dios. Es un camino de esperanza, un camino al gozo por medio de la tristeza, a la vida por medio de la muerte, de amar juntos a través de la soledad y el rechazo. La cruz y la humildad son desmoralizadoras para la gente cuya ambición y ansiedad es la de ser grande de alguna manera: rica, exitosa o feliz. Pero el reino de Dios con su generosidad infinita, su entrega en la pequeñez y su venida en plenitud, da ánimo y gozo a los que quieren rebajarse y tomar el camino de la humildad.

El niño en medio de los discípulos significa mucho más que un modelo de cualidad espiritual (como suele considerarse la humildad) que ellos deben imitar y apropiarse de ella. El niño debe ser recibido. La **RECEPCIÓN** es en realidad una acción múltiple. Es natural: es lo que las madres hacen de manera corporal desde el comienzo. Es trascendentalmente espiritual porque cada niño nos confronta con el misterio de la persona, debe ser respetado y querido. Recibir al niño es una acción típica de lo que hace que la sociedad humana, sea humana y se mantenga humana. Y es una reflexión elocuente y participación de la forma como Dios recibe a todas las personas y a todas las cosas en Cristo, dándole valor al pequeño, atrayendo a los alienados, perdonando al pecador. Recibir a un niño en el nombre de Cristo es recibirlo a él y al que lo envió para así participar ahora en su servicio misionero en el reino de Dios.

Esto pues plantea la cuestión de si la recepción se practica o incluso si es practicable en el mundo. Lo cierto es que los pequeños son despreciados. Millones de niños sufren terriblemente. Son recibidos en una vida que en nada se parece al reino de Dios, ni siquiera al camino que conduce a ese reino. ¿Existe una indiscutible norma de Dios que ofrece en efecto bondad, amor, vida y gozo en todo el mundo? ¿O los hechos del mundo no solo enajenan a los chiquillos, sino que hablan contra Dios? ¿Es creíble el evangelio del reino de Dios tal como lo proclamaba Jesús? Para el evangelio, la credibilidad no es un camino fácil. Dios es despreciado junto con todos los despreciados de la tierra, eliminado del mundo en la cruz. Para los que siguen a Jesús en su camino, esta crisis de fe es lo que encuentran en la cruz a la que los llamó. Si hay alguna esperanza, bondad, vida y gozo dignos de un reino de Dios, solo puede realizarse convincentemente si sus semillas tienen la suficiente vitalidad para germinar y crecer en este lugar de muerte, como la vida que surge de la muerte, y como la afirmación del despreciado que desafía el poder reinante de la oscuridad. De esta manera el **PADRE** es fiel al Hijo, al levantarlo como el primogénito de toda la creación y con ello la promesa y el poder de su rescate y reivindicación.

Este último capítulo acerca de la importancia del desprecio no debe evitarse. El reino de Dios no ha de buscarse como se busca el glaseado de un pastel terrenal que ya es lo suficientemente sabroso y satisfactorio. Más bien oramos para que el reino de Dios venga como salvación y restitución fundamental, como resurrección, y que la luz de la gloria brille en la creación de Dios ahora en tinieblas. Lo necesitamos porque siguiendo a Jesús nos lleva al lugar donde todo está perdido, salvo que Dios se pruebe como práctico y fiel.

NOTAS

1   Esperamos que este libro ilustre cómo un tipo de teología infantil podría funcionar en la práctica, aunque tampoco intenta definir el término estricta o sistemáticamente. El término se acuñó por primera vez en un documento de Keith J. White: *Child Theology is Born (Nace la teología infantil)*, leído ante el Foro Anual del Foro Cristiano de Atención al Niño en Londres el 5 de febrero de 2002. Para entonces, Haddon y él se habían reunido para discutir el documento de 2001 de Keith y hacer planes para la Consulta de Penang. El término se empleó en Penang One en junio de 2002, y fue allí donde nació la idea de escribir un libro sobre la Teología infantil teniendo a Haddon y a Keith como autores.

2   Para información sobre Teología Infantil y el Movimiento de Teología Infantil, véase www.childtheology.org.

3   Incluye: un sentido de que las necesidades de los niños son tan grandes y urgentes que la reflexión teológica es un lujo que no puede permitirse; una tendencia en teología a tener en mente un adulto estereotipado que desdeña la presencia y la mirada de los niños; la creencia de que esto se trata con disciplinas de especialistas en la academia como «educación cristiana» o «desarrollo del niño» a fin de que la teología general pueda seguir con sus tareas primarias sin ninguna referencia al niño.

4   En este esbozo del libro, las palabras negrillas en mayúsculas corresponden a los títulos de los capítulos.

Capítulo uno

Un niño

«Él llamó a un niño
y lo puso en medio de ellos».
MATEO 18:2

El Movimiento de Teología Infantil comienza colocando al niño en el medio

CUANDO EL MOVIMIENTO DE TEOLOGÍA INFANTIL comenzó y nos embarcamos en el primer esbozo de este libro, la frase «el niño en el medio» no era un tópico o *leitmotiv*.[1] La frase no se había escogido de la historia tan leída que se encuentra en variadas formas en Mateo 18:1-10, Marcos 9:33-37 y Lucas 9:46-48. En vísperas de la primera consulta sobre Teología Infantil en Penang y en los meses subsiguientes,[2] la frase cobró importancia para nosotros porque queríamos tratar con verdaderos niños. El niño de verdad puede perderse en estadísticas, estereotipos, arquetipos ideales, en la teoría, y en la defensoría y acción organizadas, incluso en el sentimentalismo y la nostalgia. ¿Cómo podrían evitarse estas trampas? Alguien sugirió que la consulta de Penang debía comenzar con compartir y comparar las teologías de la niñez que estábamos presentando. Otros se resistían a este método. Aunque el concepto generalizado de la niñez parecía un enfoque adecuado para nuestra reflexión teológica, presentíamos que podría llevarnos a una charla teórica, la cual, si bien intencionada, prescindiría de la niñez, e incluso también del niño mismo. Necesitábamos más bien buscar las maneras de atender al niño que inclusive pudieran alterar nuestras teologías y presunciones existentes. Si nos dedicábamos simplemente a comparar y a sintetizar las teorías que estábamos presentando, podríamos dejarnos llevar por la idea de que ya estábamos lo suficientemente conectados con el niño. Armados con nuestras teorías, podíamos volvernos invulnerables al niño sin ser sacudidos por el evangelio de Dios en Cristo que coloca al niño real (no a la teología infantil) en el medio como señal y reto.[3]

No cabe la menor duda de que esta distinción entre «niño» y «teologías infantiles» no es tan simple como parece.[4] No podemos prescindir de la teoría, pero es siempre necesario protegernos contra los peligros que nos presenta. Con la teoría podemos volvernos demasiado confiados, demasiado encerrados, demasiado atraídos, o demasiado beligerantes, alienados progresivamente de la realidad. Hablar puede distraernos de escuchar, y la teoría puede abrumar el observar. La teología bien puede absorber tanto a la Biblia como a Jesús y volverlos impotentes: hablamos acerca de Dios y no escuchamos lo que se nos está diciendo. Agregar citas de la Biblia a nuestra teoría no es suficiente: textos de prueba que apoyen la teoría se convierten meramente en otro nivel de teoría.

La Biblia y Jesús, y también el niño, se resisten a ser absorbidos teóricamente, pero lo hacen no por poder de mando ni por efecto mágico. Más bien están a la puerta y llaman,[5] y desean que los escuchen.[6] Tratan de abrirse paso por entre grietas y fisuras de nuestra armadura teórica. Son como David que no quiso ponerse el uniforme de campaña de Saúl y salió tal como estaba a enfrentarse con Goliat. Tenía la seguridad del pastorcillo que confiaba en Dios y que sabía cómo atacar al formidable soldado profesional fuertemente armado, con su simple cayado de pastor, su habilidad con la honda y con la clase de piedra que haría el trabajo.[7] Jesús y la Biblia nos invitan a distanciarnos críticamente en lo que respecta a nuestras formas establecidas y altamente desarrolladas de pensar, no importa qué necesarias, prudentes y sólidas parezcan.

Tomar seriamente a niños reales en situaciones y contextos reales no nos libera, sin embargo, de acción sin teoría. Más bien ayuda a mejorar el pensamiento ya que estimula el asombro y la imaginación y lo acerca a la realidad y la práctica. Jesús y la Biblia nos llaman a ser humildes en la reflexión reconociendo que nuestro reflexionar puede tener mucho de insensibilidad o exclusión; la teoría siempre necesita refrescarse mediante nuevos encuentros con la realidad. La presencia de un niño no produce un buen efecto cuando se piensa en teología de manera automática o unilateral. El pensador debe estar abierto al niño, y recibirlo sin imponer precondiciones al encuentro.

Cuando Jesús nos confronta y escuchamos la Palabra de Dios, el Espíritu de Dios trabaja en el escuchar como también en el hablar. El Espíritu de Dios abre el espíritu humano para que este reciba la palabra. Dios presta el oído. Pero el Espíritu opera de manera misteriosa, no coercitiva. Se da una conversación de Espíritu a espíritu,[8] a veces caracterizada por la lucha, pero nunca la eliminación de lo humano por lo divino. Buscar el Espíritu para que nos ayude a recibir la Palabra de Dios no salva a la Palabra de ser como cordero entre lobos, buscando ser recibida, pero no siempre encontrando esa recepción. Por eso la Palabra es siempre vulnerable.

Como cristianos, trátese de individuos o de grupo, no debemos pensar que hemos oído y recibido la Palabra plena e incondicionalmente a fin de que la Palabra encuentre libertad y espacio ilimitados en nuestros corazones y comunidades.[9] No solo fuera de la iglesia deja de recibirse la Palabra. Necesitamos más bien poner atención a cómo la escuchamos y estar conscientes de que tal vez recibimos la Palabra de forma parcial y distorsionada. Tenemos el llamado y la responsabilidad, en penitencia y sensibilidad, de aprender a escuchar de nuevo y más plena y sencillamente lo que Dios dice.[10]

La Iglesia no es tanto la comunidad que ha escuchado, posee y es genuinamente fiel a la Palabra de Dios, sino una comunidad donde hay, en el mejor de los casos, un intento sostenido de escuchar esa Palabra. Está comprometida con una constante y humilde búsqueda crítica para escuchar con más autenticidad: cambiar y crecer para ofrecer espacio y libertad a Dios, en vez de esperar que Dios encaje en lo que nosotros somos y tenemos. Una iglesia así se afirmará en un diálogo crítico con la Palabra, como lo hicieron los discípulos con Jesús. Es una iglesia que reconoce que su escuchar está en entredicho por malos entendidos del pasado, así que si la Palabra ha de ser escuchada en el presente, debe haber liberación, cambio, limpieza de un bagaje acumulado. Cuando Jesús coloca a un niño en el medio, una iglesia de esta clase no dejará que debates obsesivos acerca de las teorías de la niñez amortigüen el golpe que el niño real, no teorizado pueda traer.[11]

La primera consulta del CTM fue un movimiento tentativo tratando de colocar a un niño en el medio de nuestra discusión; posteriormente este método se desarrolló deliberadamente. Descubrimos que la historia del evangelio nos brindó ayuda concreta. En vez de comenzar compartiendo nuestras teologías de la niñez, fuimos guiados por la simple acción de Jesús que colocó a un niño en el medio. Esta acción, como lo veremos, es una semilla poderosa de teoría[12] incluyendo teologías infantiles, pero en sí misma, nos invita a hacer una pausa para atender al niño que está en el medio, a estar quietos y aprender desde la raíz antes de que aparezca cualquier teología infantil.

¿De qué manera entonces pretendemos poner al niño real en el medio de nuestro proceso de desarrollar juntos una teología infantil? Decidimos no colocar un niño real en nuestro círculo,[13] ya que sería aburridor e inclusive injusto para el niño. En segundo lugar, tener presente a una criatura no habría evitado que le leyéramos nuestras ideas, sustituyendo así al niño con la teoría. Se trata de una práctica humana natural, virtual e inevitable: comienza con los amorosos padres que crían al niño que ellos se imaginan, y no al niño que en realidad se les ha dado.

Todas las personas alrededor de la mesa traían en sus mentes y corazones a niños conocidos. Solo se necesitaba algo de imaginación y de narración para que estos niños se hicieran presentes.

Cualquiera que haya vivido ha conocido a diversidad de niños dentro y fuera de la familia; a nadie le faltan recursos cuando se le invita a colocar a un niño en el medio. Pero hacerlo requiere un acto disciplinado de doble esfuerzo: primero sacar al niño de nuestra memoria y luego ponerlo a la vista en el centro, y en segundo lugar, retroceder y dejar allí al niño, confrontándonos con algo extraño en su integridad.

De esta manera un niño, imagen de niños reales que hemos conocido, puede estar de manera impresionante en el medio. La imaginación aquí no trabaja primordialmente en forma creadora o magistral; no trata al niño como si fuera su criatura. Es más bien respetuosa y curiosa, humilde y confiada: funciona dándole espacio al otro y luego espera para ver lo que el otro da. En las consultas del CTM, el drama exploratorio de colocar a un niño en el medio es un momento importante para hacer una pausa y observar. Con un niño acogido de esta manera en el grupo, seguimos para descubrir qué diferencia marca a nuestra quehacer teológico.[14]

A lo largo de esta reflexión experimental tenemos la fuerte sensación de que la historia del evangelio nos lleva más allá de nuestras teorías de los niños y de la niñez porque coloca al niño en el medio de una manera especial. El niño que tenemos a la vista está en las manos de Jesús, y eso limita nuestra libertad para interpretarlo así que se convierte en un portador de nuestras ideas. El niño es una señal del reino de Dios al que todavía no hemos entrado, por ende es un niño el que nos esquiva de maneras importantes. Este niño no es, primariamente, el niño que creemos poder manejar y entender porque lo cuidamos. El niño con Jesús es el niño que vislumbramos de tiempo en tiempo, un misterio,[15] un Otro, una invitación a trascender nuestro yo al ser trascendido.

El prestarle atención a la historia del evangelio nos obligó a hacer una pausa en el momento cuando el niño se presentó por primera vez entre los discípulos, en silencio, antes de que cualquier cosa se hubiera dicho. Este método es poderoso para generar nuevas y vívidas discusiones, que se centran en los niños y sus realidades, tal como ellos nos encuentran en el mundo. Tal vez hemos sido demasiado confiados al presuponer que este proceso traslada adecuadamente a nuestra situación y contexto contemporáneos lo que Jesús trataba de hacer y comunicar a sus discípulos.[16] Es vital que la historia del evangelio mantenga su independencia, incluso contra experimentos arraigados en la historia.

El niño en el medio independientemente de Jesús

Tal como lo subrayara la CTM, la frase aislada «el niño en el medio» ha adquirido considerable popularidad desde 2002 y se ha usado sin hacer referencia a su fuente bíblica y a la reflexión teológica modelada por esas raíces. Tiene un poder emotivo y apelante, como las fotografías caritativas de niños en situaciones de peligro.[17] Nuestra historia nos lleva a plantear una pregunta. Nos tomó algún tiempo ver que hay una importante diferencia entre «el niño en el medio» y «el niño colocado en el medio por Jesús». Dado que «el niño en el medio» es una idea tan popular que atrae de inmediato, ¿por qué debíamos navegar contra la corriente, compitiendo contra el significado de la frase explícitamente cristiana, aunque menos contagiosa, «el niño colocado en el medio por Jesús»? El resto de este capítulo trata de este asunto. El niño puede estar «en el medio» independientemente de Jesús. Aquí hay dos razones principales que pueden identificarse ligeramente como antropológica e histórica, o naturaleza y cultura.

Naturaleza
A la llegada del bebé, el niño naturalmente se ubica en el centro de la vida y la transforma: la mujer se convierte en madre, la pareja constituye una familia y el patrón de vida establecido y todas las expectativas se ven perturbados por un recién llegado impredecible. Es así como de manera elegante Niall Williams en su novela *As It Is in Heaven*, describe el nacimiento de la bebé a la pareja formada por Stephen y Gabriella: «Ella se convirtió en el reloj de la casita.

Sus despertadas y dormidas dictaban los ritmos de sus días y noches».[18]

En cierto sentido los niños están presentes por «fuerza natural»: ocupan el espacio tanto social como físico. Llegan a ser sin que se les pregunte si quieren; no necesitan deliberadamente esforzarse ni contribuir. Ejercen el poder siendo ellos mismos.[19] Pueden absorber la energía de los demás como también inspirarla. En ellos se invierten las esperanzas de los padres, o los miedos de la gente acerca del futuro, y los niños viven de esa inversión. Amados o no amados, no pueden olvidarse ni evitarse. Amados, son el centro de felicidad y atención. Incluso no amados y considerados una molestia, son de alguna manera protegidos por la reverencia hacia la vida; dentro de cualquiera que sea el espacio que encuentran en el mundo, se abren su propio camino si tienen que hacerlo. Empoderados por las necesidades duras de la vida, son oportunistas, fuertes y creativos.[20]

Aunque los niños tienen el poder de la vida, este no es suficiente para servir sus mejores intereses. Algunos niños huérfanos y abandonados crecen demasiado rápido y se convierten en chicos callejeros con astucia para sobrevivir en la selva urbana; algunos contraen obligaciones paternales hacia hermanos que les son impuestos, cuando, por ejemplo, los padres han muerto a causa del VIH. Estos niños están privados de un ambiente seguro de entretenimiento para disfrutar la vida; sobornan y luchan por las necesidades básica y a menudo resultan heridos y en desventaja en el proceso. Ya sea que sus vidas sean buenas o malas, fáciles o difíciles, demuestran el poder de una vida resistente. Así el niño queda naturalmente en el medio de la vida.

El niño en su propio existir reclama mucho más que un espacio físico: reclama respeto y atención. El niño se fortalece con encanto o insolencia, y ocupa espacio moral y espiritual independientemente de los ocupantes, y los somete a la presión de tomar nuevas decisiones acerca de la clase de ser humano que llegará a ser. Pueden acoger amablemente al recién llegado o pueden endurecerse formando una barrera contra el niño. El niño obliga a los padres, y a los demás, a crecer de una u otra forma. Con los años, los padres no solo viven con el reto de responder al niño en crecimiento, sino también se percatan de quiénes son cuando reflexionan sobre cómo han vivido con el niño. Algunos padres tal vez tienen sus buenas razones para estar encantados con lo que han llegado a ser al vivir con sus hijos, otros tal vez se sientan satisfechos por sus logros solo porque son indiferentes, mientras que otros quizá se sientan tristes y derrotados, desengañados del niño y de ellos mismos. El pesar por cosas ocurridas durante la crianza tal vez sea demasiado doloroso como para expresarlo.

Los adultos pueden resistir la atracción y los reclamos del niño; de ese modo se violentan contra ellos mismos y contra el niño, y quedan doblegados o se endurecen ante la vergüenza y en ambos casos, disminuidos como personas. Tal vez huyan del niño para tranquilizarse con otras personas veteranas, incluso buscando refugiarse en las opiniones del mundo en el que sirven para justificar la exclusión que hacen del niño. Pueden llegar a lamentarse de sus fracasos en la crianza demasiado tarde. Cuando el niño llega, ni los padres ni los que cuidan pueden eludir estas opciones y peligros.[21] Por lo tanto, el niño que llega al medio se convierte en un reto alarmante.

Pero eso no es todo. El niño recompensa la bienvenida. Sonreírle al bebé evoca una sonrisa. El niño brinda gozo, no intencionalmente, sino por el solo hecho de existir y crecer. No hay mucha separación entre la demanda que el niño exige y la recompensa que ofrece: la recompensa está arraigada en el cuidado, porque ese cuidado tiene que ser íntimo, continuo, confiable y sensible; lleva al conocimiento profundo del misterio y el milagro del niño, y asombro a la alteridad y proximidad del niño. El niño está en el medio no simplemente a través de la demanda urgente, sino por la atracción de la vida que responde a la vida en persona.

Todo esto solo puede decirse con relación «al niño», no a los niños en general. No se trata de un grupo que llega al medio como un misterio que transforma y que da vida.[22] A medida que el niño crece al relacionarse intensamente con uno o más cuidadores, también los adultos se ven afectados profundamente al asistir al niño en su particularidad. Felizmente es posible criar a varios niños simultáneamente, pero casi siempre se da espacio entre uno y otro nacimiento y cada uno de ellos tiene su momento inicial para llegar al medio de la familia. Un niño puede fácilmente ser relegado a un segundo plano en una familia grande y atareada, si bien una familia grande puede resultar buena para que cada niño reciba el amor y respeto que merece. Esto es lo que precisamente hace que la fiesta de cumpleaños sea importante y valiosa. El niño entonces se parece al hijo menor de la parábola del hijo pródigo, el objeto de la fiesta porque está vivo, o como el hermano mayor que siempre está con el padre y participa de todo lo que él tiene (Lucas 15:11-32). Así el niño como reto y recompensa es imperfecto pero realmente atendido en el relativamente pequeño círculo de la familia nuclear o extendida; es difícil para directores de servicios que atienden a cientos o miles de niños como jefes ejecutivos de organizaciones infantiles, evitar el distanciarse del niño debido a su trabajo con ellos.

¿Significa que el concentrarse en el niño «en el medio» deja que se produzca un aislamiento artificial del nexo de las relaciones formadas por parientes y amigos?[23] ¿Está eso implícito en la historia de Jesús al colocar al niño en el medio? Pareciera que ese niño está solo allí, al menos por el momento. No hay ningún indicio de que alguno de los padres estuviera junto a él. No obstante, no hay razón para pensar que se trataba de un niño abandonado ni que fuera un niño idealizado sin familia. La familia, con sus relaciones íntimas a pequeña escala de padres y hermanos, es un entorno especial en el que el significado de un niño puede llegar a ser evidente.

En este punto es posible que el niño individual, aunque pequeño, salte a la escena y disfrute de la relación con los tutores o guardianes que sienten un tierno aprecio por el niño o están adquiriéndolo. Por lo tanto, ver y celebrar al niño es parte de la sustancia de la vida, porque le da significado. El niño en el medio automática e implícitamente desencadena una red compleja de relaciones. El niño al que se le niegan estas relaciones es, o una fantasía de la imaginación o alguien al que hay que compadecer mucho como víctima de abuso o negligencia, y que necesita un cuidado inmediato.

El niño está naturalmente «en el medio» con relación a padres y familiares. Y esto es cierto de modos profundamente personales y espirituales. Aunque es también una relación que ineludiblemente es corporal y terrenal. El niño se encuentra en el centro de la atención y del cuidado por razones prácticas razonables, como la preocupación por su futuro humano en la tierra. Los niños son un plan de jubilación básico y natural de los padres que naturalmente envejecerán. Incluso si hay otros arreglos para jubilación, los niños responden a las preocupaciones de «legado» de los mortales, que quieren ser recordados y morir con la sensación de que sus vidas no habrán sido en vano.[24] Así el niño satisface ansiedades profundamente arraigadas en el ser humano. ¿Son malas estas ansiedades? Algunos niños se sienten restringidos por las expectativas de los padres, agobiados por cierto sentido de obligación hacia ellos; pero puede ser un ingrediente saludable y provechoso en el proceso de crecimiento. Vivir de manera que los padres se sientan contentos acerca de sus hijos es parte de lo que significa honrar a padre y madre. Puede ser un incentivo para vivir bien.

El niño también está «en medio» de una sociedad más grande que la familia que sirve toda clase de intereses políticos y económicos necesarios e innecesarios. La pequeña posesión familiar o cualquier otro negocio, como la tienda de barrio, necesita empleados ahora y en el futuro; el gobierno debe tener soldados y contribuyentes; los vendedores deben contar con mercados; los productores, con consumidores; y los medios de comunicación, con públicos. El poder del clan y otras colectividades depende de la producción de niños: «Como flechas en las manos del guerrero son los hijos de la juventud. Dichosos los que llenan su aljaba con esta clase de flechas. No serán avergonzados por sus enemigos cuando litiguen con ellos en los tribunales» Salmo 127:3-5.[25] En cambio, la tristeza inconsolable de Raquel cuando sus hijos «¡ya no existen!»[26]

nos recuerda que la pérdida de los niños es algo devastador, salvo por supuesto de que estemos armados con la preocupación mezquina de los propios intereses de Herodes. Hay tantas maneras de que el niño esté «en el medio».

UN NIÑO

Historia

En los últimos tiempos las culturas se han visto reconfiguradas por una carga moral deliberada de preocupación por los niños. El significado de «el niño en el medio» está condicionado históricamente.[27] Desde el Romanticismo del siglo XVIII hasta el Dr. Spock, Save the Children[28] y la Convención sobre los Derechos del Niño de las Naciones Unidas (CDN, 1989), la poesía, el arte, la narración, la ciencia del cuidado y la educación del niño, la sensibilidad de la acción política y humanitaria han venido colocando al niño en el medio de maneras variadas, deliberadas y complejas. Con una sensibilización sistemática, la educación se ha convertido ostensiblemente, aunque no siempre eficientemente, «centrada en el niño». Los niños son educables, no pueden darse por perdidos meramente porque al presente tienen problemas sociales y son problemáticos. En la ley y en el cuidado del niño se insiste explícitamente en que los «mejores intereses del niño» son primordiales en cualquier situación.[29] A medida que crece la opinión de que los seres humanos, ilustrados con una inteligencia clara y buena voluntad, pueden criar con eficiencia, el desperdicio de niños se vuelve más escandaloso. El descenso de la mortalidad infantil fortalece el sentimiento de que el sufrimiento del niño puede evitarse; la muerte de los niños no puede aceptarse como un desperdicio natural inevitable.

El Romanticismo descubrió y aclamó al niño de tal manera que cambió las visiones de lo que es un ser humano. Era la niñez la que representaba la humanidad con su inocencia y espontaneidad, y así inspiró los sueños de los adultos y sus intentos de ser más plenamente humanos al preservar o recuperar el ser semejante a los niños. Este acercamiento algunas veces presentaba una desventaja melancólica, ya que conducía a la gente a lamentarse de ser adulta.

En lugar del punto de vista más antiguo (agustiniano) de que los niños nacen en pecado, dando a entender que el pecado es universal, la gente ahora se veía como en un comienzo de inocencia antes de crecer a la pérdida de la inocencia y la libertad.[30] La niñez idealizada se inventó y prolongó. La educación luchaba para distinguirse a sí misma del trabajo y de la servidumbre: a veces, fue humanizada al centrarse en el niño, sin temer al juego ni a desdeñarlo como algo superficial, aprender con el niño en vez de imponerse sobre él.[31] Esta alta estima del niño, una fascinación melancólica y afectuosa, estimuló una mayor observación científica de los niños tratando de buscar una atención más eficiente para ellos.[32]

La atracción positiva del niño hermoso ha sido un motor del moderno bienestar del niño. Otro es la esperanza y preocupación con fundamentos éticos y religiosos por el «niño feo»[33] o, simple y ampliamente, el niño en cualquier clase de dificultad. El niño en dificultad evoca respuestas benévolas y urgentes por varias razones que se entrelazan. Si los adultos son, o quieren pensar que son sensibles, compasivos o justos, no pueden pasar por alto las necesidades de alguien que esté en dificultad. Cuando tienen ese sentido de valor esencial, bondad y belleza del niño, reaccionan a cualquier violación del niño. La pérdida de niños, ya sea por muerte temprana o por rompimiento del espíritu y retraso o dirección errada del potencial, se juzga como algo inaceptable.

La esperanza es integral al ser del niño, porque crecer es algo natural en el niño. El niño debe convertirse en un símbolo concreto y universal de esperanza. Por esta razón el niño puede ser el centro de una búsqueda comunal que se mueve hacia la humanidad universal. El niño mueve a la gente. En nuestros mejores momentos somos inspirados individual o colectivamente, cuando pensamos en primer lugar en los niños. En el Reino Unido, el programa de televisión *Children in Need* (*Niños en necesidad*) recauda millones de libras esterlinas todos los años. La hipótesis básica subyacente es que quien es genuinamente humano responderá al llanto de un niño que sufre o tiene hambre. Pero este proceso va más allá de la compasión de los individuos. El niño agrupa a la gente en comunidades de cuidados y esperanza local, nacional e internacional como una señal de esperanza para la humanidad y la civilización humana.

▨ ¿Amabilidad hacia el niño?

Por razones como estas, el concepto del «niño en el medio» conlleva un gran atractivo.[34] Podríamos quizá distinguir una religión implícita del niño en el medio, que incorpora, inspira y moviliza al gobierno, las organizaciones, la educación y el trabajo social en todas las esferas. La CDN de las Naciones Unidas es oficialmente un instrumento legal, una directriz práctica; aunque también simboliza el reclamo del niño, mucho más amplio, de lealtad y servicio y exalta su valor y significado para todos. Para mucha gente y organizaciones, el niño cristaliza y representa la humanidad. Si Dios muestra preferencia hacia el pobre, bien puede decirse que algunos hoy muestran preferencia por el niño.

La amabilidad hacia el niño es una característica significativa de la cultura contemporánea, inclusive el humanismo y el cristianismo. Pero sea lo que quiera significarse con «amabilidad hacia el niño», es evidente de manera trágica que está muy lejos de realizarse universalmente. El abandono y el sufrimiento de los niños es intolerable. Mil millones de personas viven con un dólar al día; no es pues sorpresa que muchos niños estén desnutridos. Muchos carecen de agua potable y de otras necesidades básicas, y mueren de enfermedades que pueden prevenirse. Muchos viven con el VIH/SIDA y más de quince millones han quedado huérfanos a causa de esta enfermedad. Cientos de miles de niños soldados representan el extremo terrible de cómo la guerra afecta a los niños al intensificar la pobreza, interrumpir la educación, corromper el espíritu. Cientos de millones de niños trabajan a menudo en formas insalubres y crueles, esclavizados, víctimas del tráfico humano, desprotegidos. Millones están atrapados en el mercado sexual como la prostitución y la pornografía. Tal vez cien millones viven en las calles, sin padres, sin una sociedad amable que los cuide: las pandillas son pobres sustitutas.[35] Incluso niños de familias pudientes sufren al crecer «ricos en cosas y pobres de alma», con muchas pertenencias en vez de afecto personal, una distorsión enorme de la humanidad.[36] La educación como una simple inducción al consumismo o la posibilidad de un empleo, es abusiva.

El mal revelado en los diversos sufrimientos de los niños nos pertenece a todos y no debe de ninguna manera minimizarse: no puede hacerse tolerable. El mundo no es consistentemente acogedor a los niños. Muchos niños son abandonados, no queridos, desechados. En el punto de mira de abusadores y explotadores, se encuentran en medio de enemigos. John Saward arguye que el mundo moderno es un mundo hostil para la niñez. La década de los años 1890 fue a su juicio una «noche muy oscura», cuando el ataque al cristianismo fue, sobre todo, «una masacre de la niñez».[37] Y el mundo no ha mejorado desde entonces: «Los hombres y las mujeres modernos parecen haberles declarado la guerra a sus niños. En las sociedades dedicadas a la búsqueda del placer sexual sin restricciones, el niño se ha convertido en un obstáculo a ser evitado, incluso un enemigo a destruirse. La mentalidad dominante anticonceptiva es intrínsecamente contra el niño, porque la persona a favor de anticonceptivos no quiere que el niño llegue a serlo». De esta manera Saward trata de pintar al mundo de hoy como sistemáticamente hostil a los niños.

Esta generalización tan tajante es, sin embargo, debatible y peligrosa. Los males que los niños sufren en este mundo caído no deben ser minimizados ni evitados, pero no sirve de nada condenar a todo el mundo «fuera del cristianismo» como hostil a los niños o verlo en términos de una guerra moral apocalíptica entre el cristianismo y el mundo, entre el Cordero, la Mujer y el Niño y el Diablo (Apocalipsis 12:1-12).[38] Saward dice: «A lo largo de la Europa Occidental y América del Norte hay sociedades bien dotadas para prevenir la crueldad hacia los niños, pero incluso hay cuerpos mejor financiados, respaldados por gobiernos y agencias internacionales para la prevención de niños». La observación es impresionante, porque sugiere que las fuerzas para el bienestar del niño están vastamente superadas por la hostilidad sistemática hacia los niños. Sus cálculos tal vez sean demasiado pesimistas, pero aun si no lo fueran, es un testimonio implícito al hecho de que de algún modo el bienestar del niño está en acción. Incluso si se trata de una minoría, esta ni es pequeña ni es letárgica. La gente amiga de la niñez no debe dejarse intimidar por las fuerzas de los que le son hostiles con su poder incontrolable para infligir males: al contrario, dejar que respondan a esta terrible situación con valentía, libertad de espíritu y una esperanza constructiva sostenida por el amor a Dios y la confianza en él. Maldecir la oscuridad no es ninguna virtud: encendamos la vela, por pequeña que sea, y añadamos las nuestras a todas las velas que ya están brillando.

La amabilidad hacia los niños va más allá de las Sociedades para la Prevención de la Crueldad hacia los Niños: incluye a muchas familias comunes y corrientes, sin pretensiones, frágiles, imperfectas pero serviciales. La mentalidad anticonceptiva no ha servido para que la gente deje de tener hijos productos del amor. Hay una innumerable cantidad de padres fieles, «suficientemente buenos» a largo plazo,[39] fácilmente pasados por alto y subestimados.[40] La de Saward no es la única crítica exagerada de la manera como son las cosas, la que, extrapolando de los sufrimientos extensos y profundamente arraigados de la niñez, termina con un juicio general del mundo contemporáneo como hostil a los niños.

En contraste, el compromiso con la niñez tratará de generar una acción más sostenida, paciente y práctica con ella; se basaría en cualquier bienestar del niño real y potencial que encuentre, en vez de demonizar al mundo. Sin sobreestimar el poder o logro del personal diverso, del bienestar del niño familiar y organizacional, su realidad y significado deben por consiguiente afirmarse. Es una invitación para que todos nosotros nos unamos con esperanza y sacrificio a ser lo más amistosos que podamos con la niñez. El bienestar del niño es real, a pesar de sus limitaciones. Esto significa que no planteamos un mundo moldeado y dominado por la hostilidad hacia el niño, haciendo generalizaciones ideológicas críticas y comprometiéndonos en una guerra santa contra el mundo, sino más bien seguimos una visión que crece de las semillas del bienestar del niño.[41] Así que para cristianos y no cristianos, es bueno que el niño hoy esté antropológica e históricamente en el medio. «El niño en el medio» es el terreno común, una preocupación compartida que nos une para respetar al niño por todo lo que vale.

El niño colocado en el medio: y el Jesús que coloca al niño

Este libro describe al niño que Jesús coloca en el medio. Además del niño en el medio también describe a Jesús y su acción al colocar al niño. Al reflexionar en este texto, la diferencia entre el significado del «niño en el medio» y el «niño colocado por Jesús» se nos torna en una cuestión clave. ¿Cuál es la diferencia entre un niño solitario, independiente, y un niño colocado por alguien o algo que no sea él mismo? ¿Cuál es la diferencia entre el niño que Jesús coloca y el niño que coloca, por decir, Tomás, Ricardo o Ana? ¿Cuál es la diferencia entre la frase «el niño en el medio» como un eslogan suelto y la frase el «niño que Jesús coloca» arraigada en la narrativa del evangelio?

El niño que se encuentra en el medio en virtud de la naturaleza y la historia tiene un gran poder moral y cultural. Este niño simboliza un contexto de bienestar del niño real aunque limitado y frágil que moldea acción, pensamiento y relaciones. Este contexto afecta nuestras percepciones de la colocación del niño por Jesús. ¿Es esta colocación del niño por Jesús algo superfluo mientras el niño está naturalmente en el medio? ¿Es su acción algo más que un ejemplo antiguo, restringido culturalmente y subordinado del niño colocado en el medio?

El niño de por sí es familiar a todos; pero a Jesús solo lo conoce una minoría. El niño es para muchos un tema costoso; un compromiso costoso con Jesús es menos común. El niño está universal y visiblemente presente en la comunidad humana; Jesús no está universalmente presente de la misma manera. Conocemos al niño en lo que recordamos de nosotros mismos y lo hacemos como padres y cuidadores o abusadores o explotadores; tenemos una idea más distante, casi etérea de Jesús mediado a nosotros por pensamiento, historia y ritual. El niño en el medio es una realidad convincente; las ideas de la gente acerca de Jesús tienen la capacidad variable de persuadirlas y convencerlas. No obstante, el niño colocado por Jesús en el medio tiene significado. Esperamos testificar de ese significado, no develando un descubrimiento totalmente nuevo, sino respondiendo a lo que por largo tiempo ha estado esperándonos en el evangelio. Hoy, llegamos a conocer y a vivir con el significado del niño colocado por Jesús en el contexto del niño en el medio aparte de Jesús. Antes de leer el evangelio más detenidamente, observamos algunas formas de buscar el significado del niño colocado por Jesús en el contexto cultural donde el niño está naturalmente en el medio. Sin tomar en cuenta de manera crítica nuestro contexto, tendríamos la fuente para la futilidad, sin plantar la semilla porque nos da miedo colocarla en el terreno para que muera (Juan 12:24).

Los que se dejen guiar por Jesús que colocó a un niño en el medio no pueden evitar cierta clase de reflexión teológica. Cómo esta Teología Infantil conversa con su contexto, especialmente con el niño en el medio aparte de Jesús, significa tener en cuenta diversas formas de teología, y una gama de actitudes cristianas se enfocan hacia ellos. No intentamos tener una taxonomía completa, sino más bien resaltar ejemplos.

Relativizar a Jesús y su colocación del niño

Jesús no se opuso al bienestar del niño; Jesús se resistió a quienes no eran amigables con los niños. Es probable que hubiera secundado las diversas formas de bienestar del niño de hoy, por lo menos basado en su principio de que «el que no está con nosotros está a favor de nosotros» (Marcos 9:40). Como mucha otra gente amable con los niños, criticaría algunas de las maneras en las que el niño ahora no está puesto en el medio. Podría, por ejemplo, crear una nueva versión de la historia del rico insensato. ¿Tal vez algo así, nos preguntamos? «Había una vez un niño abrumado por la codicia inducida, estimulada por la publicidad personalizada. Un día, al niño lo acosó la pregunta: "Tengo todas estas cosas, ¿pero a qué me está llevando?" La vida de un niño no consiste en tener abundantes posesiones. Joven o viejo, «necio, el que acumula riquezas para sí mismo en vez de ser rico delante de Dios» (Lucas 12:13-21). Esta crítica no es señal de hostilidad hacia los niños; más bien es un elemento de la sabiduría esencial de un bienestar del niño genuino. Ataca a los lobos feroces que se disfrazan con un falso sentido de bienestar del niño.[42]

En su enseñanza y ejemplo Jesús no tiene el poder cultural para definir o establecer o guiar al bienestar del niño moderno en su totalidad. Hoy la suya es una entre las muchas voces y ejemplos en este contexto. Él contribuye asentado en su contexto relativizado. Podemos preguntar cuál es esa contribución, y qué valor le agrega, y qué tan necesaria es. Jesús ocupa su lugar ahora con gente amiga de los niños, como lo hizo cuando vivió en la tierra y entra libre y fácilmente en la compañía y preocupaciones de gente común y corriente que, sin dogma ni erudición histórica, le responden. La simpatía hacia el niño es a menudo compatible con Jesús, porque Jesús es amigo de los niños. Él es un símbolo antiguo y un maestro practicante de la amabilidad hacia el niño: los abrazó y nos indicó cómo acogerlos. Cuando acogemos a los niños, nos acercamos a él en espíritu. Es reconfortante saberlo. Trabajar con Jesús por los niños significa compartir el corazón del asunto con él. No tenemos que satisfacer los requisitos de las religiones edificadas por los seguidores profesos de Jesús a lo largo de los siglos. En la amabilidad hacia el niño encontramos la esencia espiritual de lo que él fue de la manera más práctica, realista y renovadora de vida

Ser liberados de esta manera con Jesús es fácil: requiere poco estudio o quehacer teológico. No toma mucho tiempo leer los Evangelios y estos no son oscuros en este punto. Para buscar al Jesús amable hacia los niños no tenemos que ser estudiantes solitarios de la Biblia que deliberan intensamente contra la onda cultural. En muchos lugares, el Jesús amable hacia los niños ya ha sido encontrado y popularizado en tiempos modernos.[43] En el contexto de la amabilidad hacia la niñez contemporánea, no hay nada que prevenga a la gente amable hacia la niñez de buscar significado en Jesús y en su colocación del niño en el medio. El contexto no es precisamente inculto ni intolerantemente secularista. Incluso la amabilidad secular hacia el niño tiende a colocar a Jesús donde él puede ser simultáneamente respetado y desfavorecido. En esta cómoda indiferencia, Jesús es valorado y disminuido; sea cual fuere, él no da problema. Jesús simbólicamente aprueba lo bueno ya expuesto, sin agregarle nada más.

Hay oportunidad y amenaza aquí para los cristianos amigos de los niños. Encuentran un espacio abierto en el que pueden trabajar con niños con personas de otras creencias o incluso de ninguna. Hasta cierto punto, los cristianos pueden expresar y desarrollar su propia identidad de fe por medio del servicio y el cuidado a niños. Pero existe también una amenaza a esa identidad de parte de los que directamente atacan la fe cristiana y la quieren limitada; y desde la amabilidad hacia los niños que es pacíficamente indiferente a Jesús.[44] Los cristianos responden a esta situación ambivalente de diversas maneras, que ahora consideraremos.

Activismo cristiano de amabilidad hacia el niño

El activismo es bueno. Cada comunidad, cada familia, cada empresa necesita gente práctica que vea lo que se ha hecho y se comprometa a velar porque se haga. Los cristianos participan y se comprometen con los niños a gran escala en todo el mundo con cualquier habilidad o recurso que tengan.[45] Los mueve la compasión por los niños necesitados y el compromiso para que se realicen en la vida. Las necesidades obvias y básicas les muestran dónde iniciar el trabajo. Se salvan de la duda reflexiva de Hamlet.[46] En lo más contundente, el acercamiento activista lo hizo valer Bob McClure, uno de los cirujanos misioneros más grandes del siglo XX, mientras visitaba un hospital cristiano conservador en situación de guerra en la China. En el quirófano, ya con el paciente listo en la mesa de operaciones, el personal cristiano seguía su práctica normal de orar detenidamente. McClure, quien siempre oraba corto antes de operar, esperaba impacientemente a que terminaran. Cuando por fin se oyó el amén, dijo: «Ahora que hemos cortado el cacareo, cortemos al paciente».[47] El activista expresa su fe en obras y se impacienta con el hablar que a menudo se ve como táctica de aplazamiento. Como Nehemías, no dejará que los conversadores lo distraigan del trabajo (Nehemías 6:3).

Existe el peligro de que el activismo se convierta en una adicción fanática al trabajo despreciando y rechazando todo lo que no sea directamente útil al proyecto. La falta de reflexión pone en riesgo el quedar cautivo de hábitos y perspectivas existentes.[48] Basta con el niño en el medio para mover la acción cristiana por la niñez. El activismo cristiano a menudo es dedicado a Jesús, aunque no ve mucha necesidad de reflejar teológicamente a Aquel que es Amigo y Socio en el trabajo. Frente a esto, no es de sorprender que el concepto de «el niño colocado por Jesús» atraiga poca curiosidad.[49]

■ La tendencia a abandonar a Jesús y la teología y hacer que desaparezcan

Los cristianos amigos de los niños aprovechan toda oportunidad para trabajar con los niños y para ellos. Fundan y manejan abiertamente proyectos y organizaciones cristianas. También trabajan en organizaciones seculares donde la fe cristiana es apenas implícita. Como los recursos son limitados, los cristianos hacen concesiones prácticas para lograr una cooperación pluralista. En las organizaciones británicas de origen cristiano a menudo renuncian a su identidad cristiana o la desdibujan. Se alejan con los tiempos de lo que ha sido su fundamento cristiano, a menudo establecido en la época victoriana, para afirmar respeto por los «valores cristianos», para llegar al punto donde de ninguna manera se hace referencia al cristianismo. De esta manera se liberan para emplear a alguien comprometido con la niñez y para obtener fondos más fácilmente, porque en la declaración de misión no hay nada que pueda levantar sospecha de que su servicio deje de ser no discriminatorio y universal. Abandonar a Jesús nos deja en libertad para hacer más por los niños.

Individualmente, los cristianos que trabajan en estas condiciones puede que mantengan su identidad personal cristiana y sean movidos firme e inteligentemente por una visión y un compromiso cristianos, aunque saben que esa visión no la comparten todos aquellos con los que trabajan; solo rara vez y marginalmente en el plano personal puede mencionarse como fuente de sabiduría y estímulo para el trabajo. En compañía de otros cristianos hacen todo el bien posible dentro de los límites establecidos, y aprenden a cómo encajar con ellos de manera positiva y amable porque están allí para trabajar por los niños, no para hablar de sus creencias. Son cristianos incógnitos. A veces, esta distinción práctica entre el niño y la fe se convierte en un principio controlado de separación. Delimitar la fe en Dios en Cristo, como algo distinto de los intereses de la niñez, puede ser un peldaño para observar la fe visible del cuidador como algo peligroso para los niños.

Es posible que los cristianos acepten esta separación como algo inevitable y normal. Con cierta prevención se asimilan a la ideología intrínseca del trabajo que carece de una dimensión religiosa o teológica. La espiritualidad quizá la valoren los trabajadores y clientes, pero es aceptable en contextos seculares porque, a diferencia de la fe cristiana, no tiene una identidad definida y organizada. Espiritualidad es lo que cada persona busca y encuentra acerca de lo que son sus propios y profundos significados, fortalezas y satisfacciones.

Este acomodarse del cristiano a la secularidad del trabajo puede con el tiempo retroalimentar su propia mente y espíritu. Tal vez descubra que puede funcionar muy bien sin teología; los sermones y la clase de argumentos que exageran en las iglesias dejan de interesarle y llegan a irritar por su inutilidad. Ante estas condiciones, mucha gente pasa del compromiso cristiano explícito a una búsqueda espiritual más amplia o cae en la indiferencia. El niño en el medio sigue siendo un símbolo espiritual significativo, pero el niño según ha sido colocado por Jesús requiere cierta clase de atención al texto de la Biblia y a su interpretación teológica, algo que no se estimula en este entorno.

▓ La lucha por la fe cristiana como verdad pública[50]

En ocasiones los cristianos no aceptan fácilmente el silencio y la pérdida de la identidad cristiana manifiesta que el secularismo pluralista de la sociedad promueve, aun cuando no sea preceptivo. Están conscientes del peligro de llegar al empobrecimiento como gente de fe si las concesiones ante las presiones de una cultura privatizada o de orden legal los llevan a claudicar el sostener y presentar la fe cristiana como verdad pública, como fe para todos. Los que conoce a Dios en Cristo tienen la responsabilidad de ir y proclamar lo que saben: Dios es Dios no solo para los que creen, sino también para los que lo niegan o lo pasan por alto o no lo conocen. Dios es el creador de toda la tierra, no de solo un segmento religioso de ella.

Por lo tanto, es bueno que los cristianos quieran presentar la fe cristiana como verdad pública. Eso los compromete a hablar del evangelio como buenas noticias para todo el mundo, poniendo de manifiesto la luz. Los compromete a pensar en el evangelio con respeto por la verdad en toda dirección y a hablar de maneras que los de afuera puedan entender.[51] El entender la fe cristiana no les permite cultivar un punto de vista meramente privado o sectario, sino que deben testificar del Único que es Dios para todos, incluso de los que están fuera de la comunidad que confiesa la fe.

Se trata de una tarea difícil y peligrosa. La universalidad de la verdad de Dios no se logra de ninguna forma imponiéndoles a todos una opinión partidista ya sea a la fuerza, o por trucos de comunicación, o mediante la educación del joven. La tarea del testimonio no es privativa de un grupo que controla la opinión pública o configura una cultura. Más bien los que dan testimonio necesitan pensar y vivir como los demás, aun cuando estos se encuentren fuera de la comunidad de fe. El evangelio necesita proclamarse no como «mi verdad que te estoy dando», sino como «la verdad de Dios que espera a toda la gente dondequiera que esta se encuentre». Testificar es portar las buenas noticias como la verdad para la otra persona. Es posible que a veces el que testifica no entienda el mensaje que lleva o quizá le resulte extraño, porque no es primordialmente para él, sino para el otro. El que testifica está dispuesto a ser el conducto de una transformación amplia y sacrificial.

El propósito no es el de transferirle a alguien más la verdad como si fuera algo que el testigo posee para duplicarla en un nuevo territorio; se trata más bien de servir a la manifestación de la luz, o tal vez a un nacimiento, de una verdad que ilumina y libera tanto al mensajero como al receptor. Ante la Palabra de Dios, ambos son partes de un aprendizaje permanente, siempre, como lo dijera Lutero en sus últimas palabras escritas: «Somos mendigos».[52] Pablo, en su pensamiento magistral quería que sus convertidos «como yo me he identificado con ustedes [...] ahora se identifiquen conmigo», pero el Apóstol siervo no buscaba clonar muchos pequeños Pablos: «Queridos hijos, por quienes vuelvo a sufrir dolores *de parto hasta que Cristo sea formado en ustedes*» (Gálatas 4:12-19). El testigo aporta ondas sonoras, palabras e ideas, pero, a través del Espíritu Santo, lo que se escucha es la voz de Dios que le habla a cada uno *en su propia lengua* (Hechos 2:8-11; 1 Corintios 9:19-23). Testigo y misión con estas características van mucho más allá de nuestra capacidad ordinaria; en la práctica apenas nos acercamos en momentos ocasionales, que a menudo nos sorprenden. Pero es una meta inteligible a la que vale la pena aspirar; es ciertamente algo a aceptarse como criterio que nos sirva para ensayar la práctica. Implica apertura a los demás y al mundo en donde los cristianos testifican y sirven; esperar y aprender y experimentar humildemente con la esperanza de poder ofrecer algo que es a la vez verdad del evangelio de Dios en Cristo, y en la lengua que los demás descubren que es su propia lengua.[53]

Luchar por cualquier causa válida conlleva el peligro de que la lucha misma corrompa la bondad y traicione la causa. Toda forma de lucha para conquistar espacio para una acción cristiana explícita en una sociedad secularizada, debe ser disciplinada y transformada continuamente mediante la renovación de la mente. Cuando la fe cristiana se margina deliberadamente, o es menguada por la indiferencia, los cristianos se enfrentan a la tentación de defender la fe atacando a la oposición; lo cual significa hacer enemigos en vez de amigos. Es posible que los cristianos queden atrapados en simplemente hacer una temerosa defensa del espacio cristiano contra lo que se percibe como persecución. La defensa persuasiva de la fe cristiana en situaciones donde ya no es acogida o por lo menos no está culturalmente latente, no debe hacerse atacando a los no creyentes, ni argumentando, ni empleando restricciones legales, mucho menos a golpes. Tiene que ser mediante una representación positiva y fiel de la fe, a modo de una invitación a todos, como luz para la vida, como algo bueno que debe probarse. Cristo no murió *contra* nadie, sino *por* todos, incluyendo al impío y a los que lo crucificaron.[54]

Es válido que los cristianos luchen por libertad, la propia y la de los demás. Pero cualquier resistencia a la limitación de la libertad cristiana debe arraigarse en una fe en Dios viva y alegre.[55]

Debemos encontrar las maneras de testificar permanentemente de la gracia y el amor de Dios, cuyo reino venidero trae vida para todos. Incluso comenzar un poco vacilante esta clase de vida, depende de la plenitud del don del generoso y perseverante Espíritu de Dios, perdonador en Cristo. Parte de ese don, solo una pequeña parte, es la voluntad y la valentía de esa clase de teología que lleva la Palabra en forma tal que le da al Espíritu libertad para la transformación. Discernir cómo vivir en situaciones apretadas, y cómo ser fiel a la verdad que popularmente no recibe apoyo, demanda que los cristianos piensen como serpientes astutas incluso mientras, confiando en Dios, sean tan sencillos, pacientes y amigables como palomas.

Jesús coloca al niño en el medio

La trayectoria de una sociedad secularizadora como la británica hoy[56] nos lleva de un manifiesto activismo cristiano amable al niño, a una amigabilidad hacia el niño mayormente descristianizada. Una vez allí, los cristianos pueden resistirse a que los hagan invisibles o marginales, luchando para mantener la condición tradicional y el espacio privilegiado del cristianismo, o buscar maneras de ser fieles al evangelio, hablando de él como verdad pública con humildad y apertura.

Dentro de este contexto cultural secularizado, *el colocar del niño en el medio por Jesús* no tiene significado. El niño es importante por derecho propio y Jesús por lo tanto no le agrega ningún valor. El cristianismo asimilado no protesta. En su lectura bíblica, teología y vida puede hacer mucho de Jesús en general, pero poco del Jesús que colocó al niño en el medio. En años recientes y en todo el mundo ha habido un crecimiento significativo de conocimientos y obras cristianos acerca del niño en la iglesia, la misión y la academia. En su mayor parte, tiene un interés práctico por los niños en necesidad y en riesgo, por el desarrollo del niño, la evangelización, la catequesis y la espiritualidad de la niñez. Los niños son cada vez más el tema del trabajo erudito intencional.[57] El niño es en ocasiones visto como la fuente de conocimiento de Dios aparte de la revelación en Cristo. Cierta clase de teología natural se deriva del niño que en sí mismo refleja a Dios y así nos lleva a Dios; por eso el niño puede estar en el medio de la teología y la espiritualidad, sin ser colocado allí por Jesús, que es «soslayado».[58] El Jesús que coloca al niño ha sido notado ocasionalmente por eruditos que trabajan en los Evangelios, pero reflexiones de estudios bíblicos son a menudo y lentamente tenidos en cuenta por la teología sistemática o práctica.[59]

¿Qué se agregaría si hiciéramos una pausa para observar a Jesús colocando al niño en medio de sus discípulos que tienen sus mentes en algo más? Esa es la cuestión fundamental de este libro.

NOTAS

1   Si bien comentaristas antiguos toman este texto seriamente y en algunos aspectos es poco lo que tenemos que agregar (por ejemplo, Matthew Henry), no hemos encontrado mucha evidencia de que teólogos y maestros espirituales hayan quedado prendados con el «niño en el medio» como enfoque y dirección inspiradores para su interpretación de la fe cristiana. George MacDonald en *Unspoken Sermons* (1886) es una rara excepción, y no del todo persuasiva.

2   Mateo 18:1-5 fue el texto de un sermón predicado en Penang por Haddon Willmer antes de la primera consulta allí, en 2002. El informe de la consulta muestra que el texto de Mateo 18 ya estaba flotando en la conversación: dice, por ejemplo, que nuestra tarea era la de replantear la teología «teniendo en cuenta lo que Jesús habría querido decir cuando tomó a un niño y lo (la) colocó "en medio" de los discípulos» (p. 2). Pero el concepto y el texto no moldearon el

vasto programa que preveíamos ni el proyecto del libro discutido entonces. El informe de la consulta de Ciudad del Cabo en febrero de 2004 muestra que Mateo 18 era para entonces la estructura de este libro y proporcionó la base del primer experimento en la Teología Infantil; en Houston (mayo de 2004) Mateo 18 se menciona de nuevo pero no moldeó la consulta; en la segunda consulta de Penang (junio de 2004) Mateo 18 y la Teología Infantil se tratan más ampliamente (pp. 10-12); en Cambridge (septiembre de 2004) desempeñó un papel mayor en modelar la consulta, aunque no resultó muy persuasivo.

3   Karl Barth, *The Christian Life*, 1981, pp. 267-271, 203.

4   Por encima de la relación entre niños reales, pasado y presente, y teología, estamos por supuesto conscientes de las problemáticas sociológicas asociadas con el concepto de niño y niñez. Por ejemplo, Julia Brannen, «Children and Agency in Academic and public Policy Discourses", en *Children and Social Exclusion*, ed. Keith J. White 1999, pp. 15-29.

5   Apocalipsis 3:20

6   Por ejemplo, Mateo 11:28-30

7   1 Samuel 17:38-40

8   Esta noción es fundamental en la obra de James E. Loder, y se constituye en la base de *The Logic of the Spirit* (*La lógica del Espíritu*),1989. Véase 1 Corintios 2:10-16, citado por Loder al principio del capítulo 1, p.3.

9   La Palabra es en esencia la Palabra de Dios en Cristo (Juan 1:1-18ss) y la Biblia le da testimonio. Es Dios que habla. Los seres humanos que hablan y escuchan en lenguaje y formas humanos pueden usurpar o desplazar la Palabra que Dios habla a viva voz, libre y múltiple; pero esa forma de hablar humana puede también servir a la Palabra al llevarla con humildad y reverencia para lo que está antes y más allá del habla humana, y sin embargo libre y dispuesta a que la lleven y señalen, aunque inadecuadamente.

10 Este fue uno de los temas emergentes en el *Now and Next Theological Conference on Children* (*Conferencia Teológica sobre los Niños Ahora y Después*), realizada en marzo de 2011. Véanse pp. 6-10.

11 A menudo los padres saben cómo van a criar a su primer hijo: tienen confianza hasta que el niño real vive con ellos, una criatura que tiene su propia vida a su manera. Los padres, con cierta razón, pueden estar agradecidos por buenos teóricos como el doctor Spock, que los ayuda a resolver sus perplejidades. Pero pobres de ellos si se someten a estos guías teóricos (como Truby King) y le imponen al niño patrones rígidos de cuidado. La bondad de Spock se debió en gran parte a lo que le dijo a los padres: Confíen en ustedes mismos: ustedes saben más de lo que creen. Y animó a la gente a «tener hijos y a amarlos» y se dejaran conducir por los niños. http: //www.bbc.co.uk/news/world-us-canada-14534094 (Compare: http//women.timesonline.co.uk/tol/life_and_style/women/families/article2490 406.ece)

12 Keith J. White, «Child Theology as a Seed» en *Toddling Forward*, 2010 pp. 11-22

13 La contraportada del Informe de la Consulta de Penang tiene, de manera significativa, un niño real en el centro, y este niño estuvo con nosotros durante toda la reunión aunque, afortunadamente para él, no fue obligado a asistir a ninguna de las discusiones.

14 Haddon Willmer, *Experimenting Together: One Way of Doing Child Theology*, 2007

15 Martin Marty: *The Mystery of the Child*, 2007

16 No es sabio quedarse en este punto, pero la CTM ha seguido luchando con la cuestión de hasta qué punto la acción de Jesús de colocar a un niño en el medio en su propio tiempo y contexto, produce los mismos efectos y tiene el

mismo significado para nosotros varios siglos después. Otra manera de acercarnos a esto ha sido el preguntar qué habría hecho para producir el mismo efecto en el mundo de hoy.

17 Por ejemplo: http://www.childinthemidst.org/ (Lois and Tom Lofton); http://blog.compassion.com/a-child-in-the-midst/#comments es el título de la carta circular mensual que envía Church of England National Children's Adviser. Véase también The Viva Prayer Diary de 2010 que usó esta consigna como su principio organizador. Buscar en Google «Child in the midst» origina muchos otros ejemplos.

18 Niall Williams, *As It Is in Heaven*, 1999, p. 288

19 Un famoso ejemplo de esto es la descripción que hace Agustín de su infancia en Las Confesiones (1, 6, 8): «Así que agitaba los miembros y daba voces, signos semejantes a mis deseos, los pocos que podía y cómo podía, aunque verdaderamente no se les asemejaban. Mas si no era complacido, bien porque no me habían entendido, bien porque me era dañino, me indignaba: con los mayores, porque no se me sometían, y con los libres, por no querer ser mis esclavos, y de unos y otros me vengaba con llorar». (Biblioteca de Autores Cristianos)

20 La sociedad respetable y temerosa tal vez se refiera a ellos peyorativamente como «feroces», pero sería bueno recordar que todos los animales salvajes (fera en latín) son criaturas de Dios y por el mero hecho de existir testifican del regalo de la vida de Dios y nos llaman a cuidarlos con la fe amorosa que «todo lo espera». La última apelación de Dios a Jonás se encuentra al final, que además de los niños agregó «y tanto ganado» (Jonás 4:11).

21 Estas cuestiones las plantea Rowan Williams en *Lost Icons*, 2003, capítulo uno, especialmente en las páginas 36-38. Véase también: http://www.guardian.co.uk/lifeandstyle/2012/jan/01/parenting-france-britain

22 «Aunque necesitamos etiquetas para ordenar y tener sentido de cómo trabajamos, también debemos ocuparnos de no perder a nuestros niños en el proceso. Uno de los mayores retos en el campo de transformar vidas (la propia y la de los niños) es sostener a la persona más allá y dentro del proceso y procedimiento [...] Necesitamos detenernos lo suficiente para descubrir al niño dentro de las presiones palpitantes de nuestros tiempos». Keith White y Jo-Joy Wright, «Theoretical Frameworks Defining Risk and Resilience, in *Celebrating Children*, ed. G. Miles and J-J Wright, 2003, p. 117

23 Esta fue una cuestión planteada específicamente durante la Consulta sobre Teología Infantil en Cambridge (Report, 2004, p. 7) por el profesor Adrian Thatcher, autor de *Theology and Families*, 2006; http://www.adrianthatcher.org/data/resources/families%20-%20oxford%202029 11 11.pdf
Una cuadro raro de Thomas Stothard del niño colocado en medio de los discípulos incluye a una madre ansiosa o contenta, aunque su presencia no la menciona el escritor del Evangelio: http:www.tate.org.uk/art/artworks/stothardchrist-teaching-his-disciples-and-holding-a-child-t10055

24 J. Moltmann, «Child and Childhood as Metaphors of Hope», *Theology Today*, Volume 56, No. 4, January 2000 pp./ 593-603

25 Salmo 127:3-5

26 Jeremías 31:15; Mateo 2:18

27 Hay múltiples narraciones competitivas de este proceso comenzando con Philippe Aries, *Centuries of Childhood*, 1965. Dos resúmenes útiles son el de Hugh Cunningham, *The Invention of Childhood*, 2006, y el de M. Woodhead and

H. Montgomery, *Understanding Childhood*, 2003.

28 Clare Mulley, *The Woman who saved the Children*, 2009

29 John Darling, *Child-Centered Education and its Critics*, 1994, busca rastrear la historia de la teoría moderna de educación desde las obras de Rousseau, especialmente *Emile*. La Ley de los Niños de 1989 del Reino Unido (Sección 1(1) hace de los intereses del niño la preocupación fundamental de la corte en todos los procesos.

30 La oda de William Wordsworth: *Intimations of Immortality from Recollections of Early Childhood*, 1804 es posiblemente el ejemplo más famoso e influyente:

> *Nuestro nacimiento no es sino sueño y olvido:*
> *El alma que se eleva con nosotros, la estrella de nuestra vida,*
> *Ha tenido más allá su ocaso,*
> *Y venido de lejos:*
> *No en olvido eterno,*
> *Ni total desnudez,*
> *Pero si venimos con nubes de gloria arrastradas*
> *Por Dios, quien es nuestro hogar:*
> *¡En nuestra infancia mienten sobre nosotros los cielos!*
> *Las sombras de la casa prisión comienzan a cerrarse*
> *Sobre el niño que crece,*
> *Pero él mira la luz y de donde esta fluye,*
> *Él la mira en su gozo; [...]»*

Compárese también con Charles Finney, *The Oberlin Evangelist*, 1852, «The Child-Like Spirit an Essential Condition of Entering Heaven», (http://www.gospeltruth.net/1852OE/520526_child_like_spirit.htm)

31 Por ejemplo, Dickens contra Gradgrind y su confianza obsesiva en «hechos» en *Hard Times*, 1854

32 William Buchan, *Advice to Mothers*, 1803, es un ejemplo temprano del intento experto de mejorar la crianza: «La madre puede errar, como le sucede a la mayoría, hasta que ha matado a algunos niños antes de que sea capaz de criar a uno». Esta cita se exhibe en el Museo de la Abadía de Kirkstall en Leeds.

33 El contraste del niño hermoso y el feo es fundamental para el argumento de George MacDonald y lo deja al planteamiento de preguntas (véase la nota 1).

34 El eslogan o lema de Barnardos, la entidad de caridad para niños más grande del Reino Unido mientras escribíamos esto, era «Cree en los niños», www/barnardos.org.uk (accedido el 5 de abril de 2012)

35 Las estadísticas provienen de la página Web de Action International, www.actionintl.org. de fecha 29 de enero de 2009. Las fuentes de información se enumeran a continuación: (1)UNICEF, *El Estado Mundial de la Infancia* 2008, 21. (2) Ibid. (3 Sylvia Foth, *Daddy Are We There Yet?* (Mukilteo, WA: Kidzana Ministries, 2009), 84. (4) UNICEF, Trabajo infantil, www.unicef.org accedido el 20 de junio de 2007). (5) Sylvia Foth, *Daddy Are We There Yet?* (Mukilteo, WA: Kidzana Ministries, 2009), 88. (6) UNICEF, *Informe Anual 2007*. (7) Oficina de las Naciones Unidas contra la Droga y el Crimen, «Nota informativa 8: Estadísticas sobre el tráfico humano en Asia del Sur». *UN-GIFT – Iniciativa Mundial para luchar contra el tráfico humano*, www.giftasia.in (accedido el 11 de agosto de 2008). (8) «Fast Facts: Faces of Poverty», UN Millennium Project 2006, www.unmillenniumproject.org. (9) Sylvia Foth, *Daddy Are We There Yet?* (Mukilteo, WA: Kidzana Ministries, 2009), 90. (10) «Street Children and Homelessness», CYC Online, 68 (Septiembre de 2004)

36 David A. Sims, *The Child in American Evangelicalism and the Problem of Affluence*, 2009

37 John Saward, *The Way of the Lamb*, 1999, pp. 12, 17, 23, 151 ss. Saward, p. 3, cita a Hans Ur von Balthasar, *Das Ganze im Fragment*, 1990, p. 282: «en cualquier lugar fuera del cristianismo, el niño es automáticamente sacrificado».

38 El himno de Graham Kendrick, por ejemplo, *Who can sound the depths of sorrow in the Father heart of God?* (*¿Quién puede tocar la tristeza profunda del corazón paternal de Dios?*), es una lamento occidental/cristiano por los niños que «... hemos sacrificado en el altar de nuestros Dioses».

39 D. W. Winnicott, *The Child, the Family, and the Outside World*, 1973, p. 17 y p. 44

40 PACE, Parents Against Child Sexual Exploitation (Padres contra la explotación sexual del Niño) (anteriormente CROP) es la única entidad de caridad en Inglaterra que apoya a los padres cuyos hijos están siendo víctimas de corrupción de menores y explotados. Durante la última década ha trabajado con más de seiscientas familias afectadas, donde los padres trabajan activamente en nombre de un niño afectado por la explotación sexual. Comúnmente se cree que los niños que son explotados sexualmente proceden de familias desequilibradas o caóticas, o sus familias los han abandonado. La implicación es que los padres les han fallado y para ellos el trabajo de ayudar a los niños carece de importancia. La evidencia de PACE se opone a este punto de vista. Hay muchos que sin haber sido malos padres, sus hijos son explotados. Cuando el niño cae en la trampa de los explotadores, muchos padres son persistentes, recursivos y llegan hasta el sacrificio en su compromiso de restaurar al hijo a la vida. Ellos, como tantos otros, son prueba de que hay mucha crianza común y corriente, fiel, que se pasa por alto, se subestima, no se apoya lo suficiente e incluso se desprecia.

41 Isaías 11:9, 65:17-25

42 Véase el Informe del CTM de Houston, Keith J. White «Media and Children», pp 34-36. También David Sims, *The American Affluent Evangelical Child*.

43 Piense en la obra popular de Harold Copping (1863-1932, especialmente su pintura de 1915, The Hope of the World (La esperanza del mundo), http://bibleillustration.blogspot.co.uk/2008/01/my-favorite-bible-artist-5.html; http://www.ingentaconnect.com/content/berg/mar/2005/00000001/00000001/a rt00005: Sandy Brewer, «From Darkest England to The Hope of the World: Protestant Pedagogy and the Visual Culture of the London Missionary Society», *Material Religion: The Journal of Objects, Art and Belief*, Volume 1, Number 1, January 2005, pp. 98-124(27)

44 En la tensión entre identidad e importancia de la fe, véase J. Moltmann, *The Crucified God*, 1974, capítulo 1.

45 El cálculo de Patrick McDonald en 2003 observó que había por lo menos veinticinco mil proyectos que alcanzaban a dos millones de niños de cuidado a tiempo completo, y cien mil obreros cristianos a tiempo completo respaldados por más de mil misiones y agencias para-eclesiásticas en más de 192 países. *Celebrating Children*, 2003, p. 153.

46 W. Shakespeare, *Hamlet*, Acto III, Escena 1:
   La conciencia nos vuelve unos cobardes,
   el color natural de nuestro ánimo
   se mustia con el pálido matiz del pensamiento,
   y empresas de gran peso y entidad
   por tal motivo se desvían de su curso
   y ya no son acción.

47 Munroe Scott, McClure: *The China Years*, 1977, p. 328.

48 Patrick McDonald, *Celebrating Children*, 2003, p. 160: «El movimiento evangélico ha tenido un aporte marginal razonable en los aspectos de investigación y análisis».

49 Bill Prevette, *Child, Church and Compassion*, 2012, pp. 319-326.
50 Karl Barth, *Letter to a Pastor in a Marxist Land*, 1959; L. Newbigin, *The Gospel in a Pluralist Society*.
51 1 Corintios 14:18-25
52 http://elevangeliosegunjesucristo.blogspot.com/2013/03/las-ultimas-palabras-de-martin-lutero.html
53 V. Donovan, *Christianity Rediscovered*, 2003.
54 Haddon Willmer, «The Justification of the Godless: Heinrich Vogel and German Guilt», 1990, pp. 327-346. Mateo 5:43-48; Romanos 12:14-21.
55 Haddon Willmer, «Ant and Sparrow in Child Theology», *Faith and Thought*, Abril 2013, pp. 20-31, Victoria Institute.
56 Es imposible en un ensayo como este hablar en término de las muchas diferentes sociedades del mundo, incluso si estuviéramos capacitados para hacerlo. Si bien conocemos algo de algunas otras sociedades, nuestra formación ha sido en Inglaterra y trabajamos diariamente en los asuntos que esta nos presenta. Mientras que digamos claramente lo que podemos decir, podemos con confianza dejárselo a nuestros lectores para que ciernan e interpreten este ensayo y se aprovechen de lo que es útil.
57 La bibliografía, que no reclama ser exhaustiva, puede darse como prueba aquí. Los volúmenes editados por Marcia Bunge son ejemplos muy importantes de esta literatura.
58 G. A. Studdert Kennedy «When Jesus came to Birmingham, they simply passed him by [...] de su poema «Indiferencia»
59 Judith M. Gundry, «Children in the Gospel of Mark [...]» en M. Bunge (ed.l) *The Child in the Bible*, 2008, pp. 143-176; Joyce Ann Mercer, *Welcoming Children*, 2005, pp. 43-70. Sorprendentemente, muchos de los principales tratamientos acerca de Jesús prestan poca atención a su acción de colocarlos en el medio.

Capítulo dos

El reino

«En ese momento los discípulos se acercaron a Jesús
y le preguntaron: ¿Quién es el más importante en el reino
de los cielos?»

MATEO 18:1

Una discusión teológica

EL NIÑO Y JESÚS se unen para lograr un significado teológico en esta historia. Jesús colocó al niño, por lo tanto él está detrás del niño y de lo que él hace para marcar la diferencia. Para apreciar la diferencia que el niño hace con Jesús y Jesús con el niño, debemos considerar dónde Jesús colocó al niño.

El niño en el curso ordinario de las cosas se coloca natural-mente en el medio de muchos lugares y situaciones. Alicia entró en el país de las Maravillas, y Lucy en Narnia sin que nadie se los hubiera dispuesto. Sin embargo, este niño solo entró en el círculo de los discípulos de Jesús, a manera de gozne en un tenso argu-mento teológico, porque allí lo colocó Jesús.

Jesús no coloca al niño en un espacio neutral, ni sobre un pedestal, sino en medio de un grupo de hombres. Estos hombres no están allí tratando de pasar un rato del día jugando o bebiendo, ni están orando o contemplando la vida en general. Discuten acerca de la grandeza en el reino de los cielos.[1] Mateo los presenta como discípulos que le hacen una pregunta al rabí, con la esperanza de recibir una dirección definitiva, mientras que Marcos y Lucas sugieren que participaban activa y personalmente tal vez con enojo, para su propia vergüenza, en la competencia por ser el más grande.[2] Es costumbre leer esta historia en términos de carácter moral: los discípulos mostraron la clase de personas que eran al competir por grandeza, y Jesús trata de corregirlos. Esta lectura no se aleja de la verdad, pero le falta equilibrio porque oscurece el elemento teológico explícito de la historia, la pregunta: ¿Qué es el reino de Dios?

El término teología infantil no es una vaga etiqueta para cualquier clase de preocupación religiosa acerca de los niños. La palabra teología se escoge deliberadamente sabiendo plenamente que la teología es a menudo impopular, difícil y evitada por una mayoría de cristianos, incluso por muchos para quienes los niños son una prioridad. Deberíamos agradecer que Jesús no practicara la teología en algunas de las formas poco amables que conocemos. La teología siempre adquiere las formas y colores de su medio, contexto y motivos, lo que puede hacerla poco atractiva e imperfecta de muchas maneras. Jesús no trató con libros, editores, colegios y universidades, ni con iglesia y sermones, por eso su teología era diferente de la nuestra. Pero nadie que hable seriamente del reino de Dios, como lo hizo Jesús, puede evitar cierta clase de teología.

Teología es hablar y pensar acerca de Dios, o mejor aún, hablar desde, hacia, con, tal vez por, pero no como Dios. No nos ayuda imaginarnos que Jesús había encontrado una forma de hablar de Dios sin meterse en teología. Sería mejor aceptar que Jesús hizo teología y sentirnos así animados y retados para buscar mejores formas de hacerla. Podemos observar en Jesús que la teología es mucho más que libros y una computadora, un púlpito y un sistema de exámenes. El niño en el medio, como otras realidades externas a nosotros capaces de unirnos a Dios y al reino, ayudará, pero ese niño en el medio no constituye una zona libre de teología.

Es inevitable que una discusión acerca del reino de Dios sea teológica, sin que eso signifique que la conversación deba ser irremediablemente amigable, pacífica o instructiva. La teología la hacen los seres humanos con intereses, pasiones y debilidades. La

teología no meramente contempla a Dios a través de la conver- SÁDCASBABAT ARCTINARYAHM SKATKEPA CAAAAB CAAKOVUBUARUBABA
sación; la teología se desarrolla y se revela en los seres humanos. Al verbal)

Los seres humanos, como especie, no solo no están sintonizados
con Dios, sino distantes de Dios, así que hablar de Dios es pronun-
ciar su nombre en vano; son agresivos, falsos y carentes de sensibilidad cuando se empeñan en usar a Dios para sus propios
propósitos. Nuestra meta es la de servir a Dios, quizá sincera y fer-
vientemente interesados para la gloria de Dios, pero fácilmente
infectamos el hablar de la paz de Dios con nuestro descontento, la
pureza de Dios con nuestras confusiones, la generosidad de Dios
con la preocupación por nosotros mismos.

Esto significa que la teología puede ser una actividad intensa y
conflictiva. Es probable que todo el que observa lo que ocurre en
teología se quede muchas veces perplejo y desanimado. En aras de
Dios y de la humanidad parecería correcto abandonar esa clase de
teología que se practica tan desagradablemente. Ser discípulos y
compañeros de Jesús no garantizaba que su actividad teológica
fuera buena. A Jesús le dolió y le molestó. Hizo que los discípulos se
avergonzaran cuando vieron cómo estaban comportándose. Hasta
nuestros días, la teología (es decir, cristianos y otros que argumentan acerca de las realidades centrales de la fe) no ha dejado de ser
una actividad de la naturaleza humana caída.

Que Jesús pusiera a un niño en este argumento desagradable,
acalorado, aparentemente poco edificante, explica qué riesgos
tomó y hasta dónde llegó para hablar acerca de Dios y su reino; y su
dedicación a los discípulos para ayudarlos a entrar en el reino de
Dios del que poco entendían. Conocía las condiciones de ellos y tra-
bajaría con ellos tal como eran. No bastó con informarles acerca
del reino de Dios, como si se tratara de una simple explicación, o de
un asunto de conducta que debía enseñárseles. Insistió para
desenredar la maraña en la que se habían metido.

El tema en cuestión de la teología, Dios y el reino de Dios, es
difícil de entender y realmente nos confunde, por eso la teología
está obligada a ayudarnos a salir del enredo en el que nos ha
metido. De esta manera la misma teología incluye una conversión

CAPÍTULO 2 ▸ 51

espiritual como también una ilustración intelectual. Esta es la clase de movimiento que no podemos imaginar antes de que ocurra, nos alarma cuando ocurre y nos resulta siempre un misterio cuando lo experimentamos de alguna manera. La ilustración que aquí observamos no se refiere a unas pocas medidas graduales de conocimiento, como sucede en un sistema educativo cuando se pasa de un grado a otro superior. Es semejante a la transformación de lo mortal a la inmortalidad de la que Pablo habla en su primera carta a los Corintios.[3]

No es de sorprenderse, pues, que mientras hablamos del camino que esperamos nos conduzca al reino de Dios, nuestro hablar y nuestro sentido de marcha puedan desviarse. Fue con tales discípulos con los que Jesús se enfrentó cuando colocó al niño en medio de ellos. Así como Jesús inventó parábolas para defenderse de los que se le oponían, así mismo colocó al niño para franquear un bloqueo teológico. El niño en el medio es por lo tanto una señal de interés del Señor por los discípulos mediante un argumento teológico. Lo teológico no estaba aislado de la tradición ni del carácter humano de los discípulos en su diario vivir.

Hay que admitir que esta conversación no se ajusta a las expectativas comunes de la teología. No es académica (en el sentido bueno o malo de la palabra). No es desapasionadamente intelectual, aunque el razonamiento es difícil e imaginativo. Ni es pacífica, débil e irrelevante. Está marcada con ira y ansiedad porque tiene que ver con las realidades más serias de la vida. Aquí la gente lidia entre sí y con Dios en abismos de malentendidos e incluso hostilidad. Cuando se hace teología a gritos, es a menudo para acallarla, porque evidentemente el ruido no es santo, ni es apto para los oídos de los niños. Pero Jesús, al igual que otros teólogos importantes, no siempre se comportó con tal decoro. Esta historia tal vez nos libere para ser mejores teólogos. Nos ayuda a ver que la teología no es principal ni exclusivamente académica o clerical. Nos llama a expresarnos de Dios seriamente incluso cuando ese hablar es áspero y no pulido, sencillo más que sofisticado.

A través de su propia búsqueda los discípulos estaban cometiendo graves errores en el juicio, la visión y el estilo teológicos. Estaban luchando unos contra otros, en vez de disfrutar de la mutua compañía. Y ni siquiera estaban cerca de entrar al reino del que hablaban tan ansiosamente. Es más, no coincidían con Jesús, aunque lo llamaban Señor y Maestro. Antes de criticar su falta de comprensión y sus diversas motivaciones, haremos bien en buscar la viga en nuestro propio ojo. Después de dos mil años de cristianismo en los que las iglesias se han ampliado para abarcar cerca de un cuarto de la población mundial, los cristianos necesitan tener humildad para reclamar que son mejores que estos primeros discípulos. ¿Qué tan consistentes somos para buscar sobre todo el reino de Dios y su justicia, como Jesús lo reclamaba en el Sermón del Monte?[4]

La idea del reino como la heredaron Jesús y sus discípulos

Por supuesto que el reino de Dios no era una idea reinventada por Jesús. Él y sus discípulos crecieron con él como parte del legado de Israel afirmado en las Escrituras.[5] Arraigado en las aventuras históricas de Israel —el pueblo de Dios— la idea estaba desfigurada y cargada con una tradición accidentada. Este concepto rico e inspirador no era una herencia puramente confiable o autoritativa. Toda tradición es ambigua, y como el mismo lenguaje, conlleva varios tipos de bagaje. Lo que encontramos en una tradición depende en parte de dónde procedemos y qué buscamos.[6] Su ambigüedad nos obliga a preguntar qué significa «el reino de Dios»; encontrar una respuesta nos lleva a la exploración y al experimento, y no se trata de un mero ejercicio intelectual. Vivimos en tradiciones sociales de toda una vida que nos ayudan y nos cohíben. Aprendemos cuál es el concepto por medio de la acción y el fracaso, del descubrimiento y de la frustración.

Pero debemos dar otro paso. Por ser ambigua, la tradición no siempre es un bien. No puede confiarse en ella sin cuestionamiento, sino que debe ser probada. Puede ser una tentación para el mal. De

CAPÍTULO 2 ▸ 53

ahí la admonición: «Sométanlo todo a prueba, aférrense a lo bueno».[7]

En sí misma, la palabra «reino» es una tentación. Jesús lo supo cuando tuvo su encuentro con Satanás en el desierto. La historia de los orígenes del reino en Israel, como se cuenta en 1 Samuel 8—12, descubre el reino como una seducción engañadora. El pueblo quería un rey «para ser como las otras naciones» sin pensar en el significado que esto tenía para su relación con Dios y para su calidad de vida. Dios objetó, porque el deseo de tener un rey era un rechazo implícito de Dios y de su reino y autoridad. El reino que ellos pedían, les advirtió, no resultaría confortable: su costo pesaría sobre la gente común y corriente en la vida diaria y la compensación sería inadecuada. Los reyes terrenales son autoritarios y dominantes, imponen tributos, reclutan, castigan y erigen cultos alrededor de su propia gloria.

No obstante, ni Dios ni el pueblo abandonaron el proyecto del reino. El pueblo consiguió el reino que quería con sus momentos de gloria y de derrota, sin que Dios lo abandonara. La idea del reino de Dios seguía viva: rechazada en cierta forma (los Jueces sucedieron a Samuel) estaba abierta a ser reformada y probada a lo largo de la historia de reyes terrenales. La realidad del reino de Dios, interaccionando con los reinos de la tierra, se mueve y es variada. A medida que se mueve, es galardonada con triunfos y desastres. Dios es fiel a su pacto aun cuando el pueblo no es capaz de ser fiel; Dios quiere realizar su verdadero reino en el pueblo, a través de él y aun a pesar de ser rechazado o malinterpretado por el pueblo.

El mundo impugna, niega, desluce y obstruye el verdadero reino de Dios; pero como Dios no renuncia a él como proyecto, seguirá tomando formas impredecibles e inusuales contra las defensas que el mundo le levanta. En gran parte de la historia de Israel y de la del mundo en general, Dios no aparece como un rey firmemente entronizado con un poder obvio y prestigioso.[8] Dios está a menudo en el mundo como uno que busca su reino, que entra velado en el campo enemigo y confía en la gente inferior que le es leal, los siete mil que no se han arrodillado ante Baal.[9]

Las Escrituras nos cuentan cómo Dios, por siglos, ejerció su gobierno real ocupándose parcialmente de la empresa inesperada en
la que el pueblo se había embarcado: la de tener un rey como las
otras naciones. Si ese era el propósito de ellos, no lo lograron
porque tuvieron solo momentos breves, como en la época de
Salomón cuando prosperó como reino. Se plegaron a los juegos,
común a todos los reinos, del dominio y la creación política, de la
guerra y el engaño, de la gloria y la desgracia, pero lo escogieron y
lo quisieron como el próximo lugar (improbable e inmerecido)
donde Dios, el verdadero rey, revelaría su propio reino. Dios
bendijo a David como rey escogido de Dios en la tierra, símbolo,
siervo y recuerdo del gran rey sobre todos los demás.[10]

El concepto del reino de Dios es una esperanza visionaria y una
invitación. El gobierno de Dios sobre todas las cosas («donde Dios
tiene su manera», «donde las cosas se hacen como él quiere que se
hagan»; «en la tierra como en el cielo»; «donde las personas se rela-
cionan mutuamente como seres comprendidos y respetados, como
en la Trinidad») no puede prescindir de la paciencia visionaria.
Cuando Dios como rey es representado en la tierra por reyes
humanos u otra clase de gobernantes en Jerusalén o en cualquier
otro lugar, lo que se logra en la tierra no es el reino de Dios. La
gente pone su esperanza en Dios y busca la bendición a través del
rey terrenal mientras tengan uno. Quieren reyes que hagan justicia: «Oh Dios, otorga tu justicia al rey [...] Así juzgará con rectitud a
tu pueblo».[11] Pero los reyes no siempre hacen lo que es justo: el
reinado material desengaña.

Cuando algún reino terrenal es destruido, los profetas dicen
que Dios ha juzgado con justicia porque no merecía sobrevivir.
Pero al mismo tiempo, mantienen viva la idea de un reino verdaderamente digno de Dios, y oran para que este reino venga. La
venida del reino necesita ser más que una repetición de lo que
ocurrió en el pasado: la sorpresa reveladora de una cierta clase
diferente de reino que está bien fundamentado y que no desengaña.
Buscado aquí es un reino que sobrepasa las ambigüedades de los
reinos terrenales.

En la historia de Dios, quien rescató a su pueblo de Egipto con mano portentosa y destruyó los ejércitos del faraón, vemos una y otra vez manifestaciones que a veces tienen un parecido muy cercano a reinos terrenales y a veces entran en conflicto con ellos. De esta manera el tema de cómo es el reino de Dios, y cuál es la norma y la esperanza para todo reino y gobierno, se desarrolla y se torna más apremiante y complicado. El tema acerca del verdadero reino de Dios se abrió al comienzo de la realeza en Israel. Luego, en la historia subsiguiente, el tema indistintamente se eludió, se acentuó, y experimentalmente se resolvió, probó o reformuló. El fracaso de los reinos de Israel y Judá no desacreditó totalmente la idea de reino en la fe de los judíos: algunos esperaban que el Mesías, el ungido de Dios, trajera un reinado de trascendental bondad e innegable Shalom; otros albergaban sueños de fe, para vivir dentro de los límites de cálculos pragmáticos de compromisos políticos.

En Israel, la oración «Venga tu reino» sobrevivió mucho después de que el proyecto de un reino terrenal independiente en Jerusalén se hubiera desacreditado y en gran parte destruido. El recuerdo de ese reino, evidente en piedra e historia,[12] continuó inspirando y moldeando expectativas idealistas. La última pregunta de los discípulos al Señor resucitado antes de su ascensión es (en la narración de Lucas): «¿Es ahora cuando vas a restablecer el reino de Israel?»[13]

Cualquier concepto de la manera y gobierno de Dios que tengamos en nuestras mentes lo reta radicalmente la realidad del reino de Dios. No obstante, nuestros conceptos del reino de Dios se derivan de los reinos con base en la experiencia y la historia humanas y de su influencia. Hay similitud y diferencia entre el reino de Dios y los reinos terrenales. Puede haber cooperación y conflicto entre ellos. Pero simplemente no hay identidad. Hablar del reino de Dios es por lo tanto usar un término que evoca preguntas, y una búsqueda. ¿Cómo es este reino? ¿Cómo puede encontrarse? ¿Dónde y de qué maneras se muestra como la realidad del reino?

La historia del reino de Dios en la Biblia se revela por medio de los intentos de aclarar su naturaleza, lugar y significado y de ayu- dar a la gente a relacionarse verdaderamente con Dios en una vida terrenal mayormente moldeada por declaraciones, dones, preten- siones y males de los reinos terrenales. A veces, y hasta cierto punto, los reinos de la tierra podrían incluso ser lo que sus propo- nentes afirman: imágenes en la tierra del reino celestial y formas de la sociedad humana en la que la realidad de vivir bajo Dios puede efectuarse.

Los que viven en un estado fallido conocen el valor de un reino que aunque imperfecto, funciona. Así el reino terrenal podría sim- bolizar el celestial aun cuando el parecido entre los dos es limitado. El reino terrenal es solamente una aproximación aparente, en el mejor de los casos, parcial y ocasional del reino de Dios. Como sím- bolo, debe examinarse proféticamente porque, en sí mismo, no sirve claramente al reino de Dios. Los reinos terrenales no pueden ofrecerse como grandes sustitutos del reino celestial.[14] Además de ser símbolos de esperanza de algo mejor, son tentaciones constan- tes para los seres humanos de «poner su confianza en gente poderosa»:[15] los reinos nos seducen con su promesa, nos oprimen con sus deficiencias. ¿Cómo hemos de vivir bien, sanamente, con las oscilaciones irregulares de los reinos?

La idea de *reino* es en sí misma una tentación irresistible para cometer serios errores acerca del llamado humano. En él los valo- res se explotan y distorsionan. La gloria elimina la humildad, la fuerza excluye la gentileza, y el rango divide a la comunidad. Cuando a todo esto se le sanciona y amplía teológicamente, empeo- ra. La narración bíblica y profética es testimonio de los peligros y ambigüedades del reino; por eso, la aclaración es necesaria. La aclaración bíblica del reino no se presenta en obras de filosofía política, sino más en llamados a la gente a vivir[16] de formas que van más allá de la experiencia y expectativas comunes e incluso contra ellas.

Los escritos de los profetas Jeremías, Isaías y Ezequiel: en épocas distintas y en contextos sociales y cívicos diferentes, todos ellos quedan cautivados y se entusiasman con visiones de este verdadero y nuevo reino de Dios que viene. Para Jeremías se trata de un lugar donde la Torá se acoge cálidamente, un pacto escrito en el corazón; Ezequiel lo ve como un recinto santo bien ordenado donde la santidad de Dios reordena y aviva cada parte de la sociedad; Isaías como un retorno al hogar donde un nuevo reino representa las buenas noticias puras y completas. Luchan con términos y conceptos particulares tanto en Israel como en los reinos vecinos, cuando imaginan cómo este nuevo reino venidero será en la práctica y en la vida diaria.[17]

Jesús y el reino de los cielos

Jesús se mantuvo en la tradición profética. Había heredado la promesa del reino de Dios en las confusiones de la historia. No era una dimensión conocida y acordada, pero algo que debía buscarse y discutirse. La idea del reino por lo tanto era controvertida e inestable, y las señales de su presencia fueron siempre provisionales y ambiguas. Así que el reino pone a las personas a prueba, en busca de lo que ellas en realidad quieren. Y donde hay prueba, puede haber cambio o conversión.

Jesús proclamó el reino de Dios cuando Roma había destruido y subyugado el reino de Israel. Lo que había sobrevivido bajo Herodes no podía convencer enteramente de que fuera el reino de Dios. El reino de Dios no podía tomar ninguna de las formas terrenales disponibles. Jesús no levantó un solo dedo para intentar realizar un reino terrenal que derrotara a todos los demás. En las tentaciones según las describe el Evangelio de Mateo[18] deliberadamente resiste la invitación a regir todos los reinos del mundo tal como el demonio hubiera querido que lo hiciera. Y sin embargo, el reino de Dios como lo proclamó no estaba separado de la realidad terrenal de la vida de la gente y del mundo. No existía en ninguna esfera etérea, idealista, metafísica, ni tampoco en la conciencia humana individual.[19] Jesús enseñó y modeló el reino de tal manera que marcó la diferencia en la manera en que se vive la vida, en prioridades, relaciones e instituciones.

La venida del reino de Dios como la proclamó Jesús y las señales que dio[20] tenían un carácter específico. Su peculiaridad es evidente en afirmaciones básicas como: «Dichosos los pobres en espíritu porque el reino de los cielos les pertenece».[21] Jesús proclamó la promesa del reino, anticipó su llegada inminente al comer y beber con recaudadores de impuestos y pecadores, y por medio de sanaciones y exorcismos. El reino de Dios que Jesús reveló no está establecido en un territorio terrenal, ni reclama poder político o militar, ni un programa social formal. Lo tipifica un grupo pequeño de amigos en el camino, carente de posesiones, y sin una agenda específica que no fuera otra que la de escuchar y seguir a su líder servidor, y hablar de las buenas noticias con aquellos que encontraban en el camino. Tal como Dios hace las cosas –y tiene su manera de hacerlo– no existe el interés de impresionar u oprimir, ni de incorporar la gloria de Dios en casas construidas por manos humanas.[22]

Jesús optó por señalar con veracidad el reino de Dios de maneras fragmentarias, en vez de edificar un pueblo o reino con poder que no coincidiera con la verdad de Dios. Afirmó que el reino no venía mediante observación, imponiéndose sobre lo obtuso y rebelde con símbolos ceremoniales, y visible poder. Más bien, para acogerlo la gente debe buscar, observar, anhelar y discernir.[23] El reino de Dios es la recompensa prometedora para los que toman el mundo con la suficiente seriedad como para haber confrontado sus límites sin dar lugar a la desesperanza. La bondad del mundo limitado más bien despierta el deseo de alcanzar la plenitud del Shalom, en busca del reino de Dios y su justicia.

Dios es el rey de su reino: Jesús no edificó nada mediante asociaciones pragmáticas con los reinos de la tierra, y ni siquiera trató de deponerlos ni reemplazarlos. Lo que les suceda a ellos lo decide Dios: suyos son los tiempos y las estaciones. Jesús como su Hijo, el Hijo del Hombre, tiene su propio trabajo que realizar. Él señala el reino de Dios buscándolo con obediencia, con fe arriesgada y servicio. Va por el camino del reino de Dios en el mundo. Por eso le respondió a «ese zorro de Herodes» —que quería matarlo— que él no sería disuadido: «Seguiré expulsando demonios. Seguiré adelante hoy, mañana y pasado, y al tercer día terminaré lo que debo hacer».[24] Jesús no visualizaba el reino de Dios como la manera de perfeccionar por habilidad divina, el modelo tradicional y político ya conocido del reino. Se distingue manifiestamente de ellos: «Si mi reino fuera de este mundo, mis propios guardas pelearían por mí».[25]

Aunque la visión profética de Jesús es radicalmente crítica del reino terrenal, en la práctica no es anárquica de manera idealista. Jesús acepta las realidades de los reinos terrenales sin identificarse con ellos, ni dejar que se parezcan al reino de Dios. De manera significativa se resiste a que el reino de Dios se vincule por medio de él a cualquier reino de la tierra: él de ninguna manera será rey.[26] Por otra parte, no rechaza ni evita el lenguaje del reino: no va en busca de la clase de aclaraciones que niegan cualquier vínculo entre los reinos terrenal y celestial. Jesús no trató de disuadir a sus discípulos de que no buscaran lo que pudiera ser llamado reino, sino que quería que lo vieran en la forma que este tiene cuando es de Dios.

«Reino» como palabra y concepto es útil teológicamente hablando porque apunta al compromiso de Dios con el mundo en creación, ley y redención, y detiene la privatización o la espiritualización de Dios. El lenguaje del reino no simplemente facilita, sino que realmente insta a la interacción crítica entre Dios y la *missio Dei*, por un lado, y estados, instituciones y las organizaciones seculares de los pueblos, por otro. Son diferentes aunque no mutuamente indiferentes. Hay una tensión y no una separación entre ellos. Jesús y el evangelio viven en esa tensión, no por encima de ella.

Discernimiento

Cuando proclamaba y prometía el reino, Jesús invita a la gente a discernir acerca de la forma y el espíritu que el reino tomará. A medida que el reino de Dios comienza a anunciarse y hacerse conocer, trae juicio, reto y cambio. Debemos prepararnos para él mediante el arrepentimiento. No se trata solamente de volvernos al reino que viene como un acontecimiento externo, sino como algo que penetra profundamente en nuestro ser. Nos pregunta: «¿Quién eres?», y «¿qué estás esperando?»[27] ¿Esperamos el reino *de Dios*?, o dado lo que somos y como somos, ¿debemos confesar que esperamos algo más, que buscamos y estamos listos para acoger una alternativa o sustituto? ¿Somos como los excavadores que perforan, pero en una dirección en la que nunca nos encontraremos con los que vienen excavando del otro lado de la montaña? ¿Encontrará nuestro buscar humano la divina promesa? La venida del reino de Dios revela lo que hay en nosotros porque muestra si estamos preparados para ella o si nos sentiremos ofendidos y desanimados. ¿Qué es lo que realmente queremos?

Antes de que el reino de Dios se vea venir con poder, y mientras estamos todavía en la oscuridad, ya se aventuran respuestas a estas preguntas. Cuando Moisés subió a la montaña, haciéndose invisible con el Dios invisible, el pueblo no pudo tolerar esperar en el vacío. Guiados por Aarón, el sacerdote, tuvieron a bien construir un becerro de oro para celebrarlo como al dios que los liberó de la esclavitud.[28]

Nosotros también nos mantendremos esperando que el reino de Dios venga. En la tardanza (en el «entretanto»[29]), nos expresamos imaginando el reino, lo anticipamos experimentalmente, delineando y soñando su naturaleza y contornos. Pero debido a que no conocemos el misterio que se nos esconde, nuestro sueño tal vez esté desviado. Todo nuestro esfuerzo se acumula para la desilusión del juicio: pensamos que íbamos por el camino, diciendo «Señor, Señor», pero resulta que nunca nos conocieron, ni nunca nos recibieron porque no supimos reconocer al Rey cuando vino a su manera.[30] Cuando se muestre a sí mismo, la revelación nos sorprenderá porque descubriremos nuestro error e ignorancia. Nuestro pecado, nuestro extravío, nuestra pérdida, todo ha estado en la ignorancia. ¿Pudo evitarse la ignorancia? Con Jesús, el tiempo de la ignorancia pasa, porque la luz brilla para disiparla.

¿Cómo se percibe el reino de Dios? No se trata de que no veamos claramente lo que es celestial. Es decir, no es simplemente que los

EL REINO

ojos de nuestro corazón estén empañados, y que la luz en nosotros no es más que oscuridad. Nuestro problema yace parcialmente en que vemos la bondad del reino en la tierra. El reino de la historia de Israel fue un buen regalo de Dios, a pesar de que fue también un rechazo de Dios, porque Dios al perdonar la paciencia y la solidaridad se lo dio al pueblo y lo acompañó en su historia.[31] El reino dado en la tierra trae el regalo de un orden social plausible y esperanzador, espacio para vivir, incluso espacio para que los pecadores vivan bajo la indulgencia de Dios.

La ambigüedad del reino terrenal no lo hace total y en último término malo: puede ser una invitación a la vida como también una tentación al pecado. La ambigüedad ha de vivirse mediante discernimiento y decisión. La bondad que hasta ahora hemos visto en la idea e historia de reino nos brinda la oportunidad y el material para cometer errores. Incluso lo que es bueno puede confundirnos; al menos no nos garantiza que evitemos estar equivocados. Lo bueno que vemos no es necesariamente capaz de superar nuestra tendencia a desviarnos. Y entonces la opinión errada que tenemos vuelve al bien original y remodela su material para confirmarnos en nuestro error, para cubrir nuestro error. Para nosotros como para los primeros discípulos, la *idea* del reino de Dios (que no es lo mismo que el reino de Dios) se reviste de una tradición compleja. La tradición es un proceso donde la verdad y el error, las percepciones para alcanzar o no la meta, se entremezclan y los usuarios la llevan y transmiten por generaciones.

Los discípulos y el reino de los cielos

Los discípulos le respondieron a Jesús cuando él proclamó que el reino de Dios estaba cerca: ellos lo habían dejado todo para seguirlo. No eran de los que no habían mostrado interés en el reino de Dios, ni ricos como para vivir sin preocuparse acerca de él. Eran seres humanos en el sentido aristotélico: no eran dioses ni bestias que podían vivir y buscar la verdadera y plena autorrealización si se encontraban fuera de algún tipo de ciudad.[32] Ellos no estaban tan abatidos por la pobreza, el dolor y el menosprecio como para no creer que pudiera haber un reino para ellos. Su experiencia de la vida, dura y esperanzadora, hacía que lo buscaran. Estaban listos para orar así como Jesús les había enseñado: venga tu reino. Ni eran tampoco como aquellos que aunque buscaban el reino de Dios, no lo veían en Jesús.

Estaban con Jesús: no eran la clase de personas desconocedoras e indiferentes a Jesús y a su testimonio de la venida del reino de Dios. No eran ateos, confiados en que como no había Dios, y nada más alto al que responder, eran libres para hacer todo lo que quisieran. No eran necios en el sentido de estar preparados para vivir sus propias vidas independientemente de Dios o de las realidades de la política terrenal.[33] La respuesta de ellos a Jesús mientras anduvieron con él en los primeros pasos del camino incluía hablar de Dios y de su reino. Eran la clase de personas interesadas en el reino de Dios y ciertamente creían en él y lo anhelaban. Tampoco eran tan espirituales para pensar que Dios, siendo Espíritu, tenía un reino en lo alto. Querían que Dios viniera y marcara una diferencia salvadora.

No obstante, aunque habían avanzado en el camino con Jesús, no todo iba bien con los discípulos. Seguían a Jesús porque esperaban el reino de Dios que él proclamaba. Pero la esperanza que ellos tenían del reino no correspondía a la oferta de Dios en Jesús. ¿Qué pasaba? No era que no tuvieran fe ni esperanza y por eso abandonaron a Dios. Más bien, tenían la *suficiente fe y esperanza en Dios como para equivocarse con Dios.* En realidad, su mayor error estaba arraigado en la confusión: confiaban en que Dios traería el reino que ellos se imaginaban. Creían que Dios tenía un reino: no trataban de apartar a Dios de todo su poder y participación en el mundo. Pero no entendían cómo era el reino de Dios que ellos creían y esperaban.[34]

Los discípulos estaban excavando fuera de base. El error que estaban cometiendo acerca del reino de Dios se arraigaba en parte en la tradición o tradiciones teológicas en las que se asentaban, como también en sus ansiedades y ambiciones: es decir, en la clase de personas que eran.

Las ideas heredadas del reino de Dios evocaban en ellos sueños equivocados de grandeza. Los errores procedían de dos fuentes.

Una era el contenido del sueño: la idea del reino mismo, en los varios paradigmas y experimentos. El reino es una ordenación jerárquica de la sociedad donde hay uno a la cabeza, el mayor, el rey, poseedor de autoridad y gloria. Luego siguen los que están a favor de él, cercanos a él, elevados por su poder a un lugar alto. El rey mantiene el reino unido gracias al patrocinio acertado o al favoritismo intrascendente. Explota la ambición de grandeza de sus súbditos al ofrecerles una gran posición bajo su mando. Les pide a sus siervos y súbditos que sacrifiquen el querer ser los individuos más importantes de todos, y suaviza la frustración dándoles participación en cierta grandeza social o imperial. El gobernante confía en que la mayoría de su gente pequeña acepte su condición en la vida, siga contenta en su pequeñez dejando a un lado el deseo de grandeza para sí misma, sin perturbar el ordenamiento de la sociedad. Sin embargo, se ve amenazado por rivales: los que quieren tener la grandeza por ellos mismos, no por su favor y dentro de su mandato.

Los reinos así dependen de la grandeza glorificadora y estimulan la ambición de tenerla; y en disciplinar su búsqueda e incluso suprimir rivales. Los reinos a menudo son inestables y las luchas los fragmentan porque es difícil manejar los problemas causados por la movilización de la grandeza como motivo y medida. El reino y la noción de grandeza difícilmente pueden separarse: que Jesús pudiera predecir esta distinción es similar a su insistencia graciosa, aunque seria, de que el camello puede pasar por el ojo de la aguja.

Esta clase de reino fue tan habitual en el mundo de los discípulos como lo es en el nuestro —los gobernantes y los grandes hombres a los que Jesús se refería, manipulaban a los demás de esta manera. La república no ha hecho mucho para cambiar el reino a nuestro favor. Los reyes tal vez desaparezcan, pero los ricos, las celebridades, los poderosos, la gente de los medios de comunicación, los gobernantes elegidos, todos se instalan y protegen sus posiciones y glorifican su condición en principio. Procuran que este orden social parezca natural, inevitable y seguro. La educación puede ser una ruta a la libertad, pero también puede ser un instrumento para encajar a la gente en el orden jerárquico, al equiparlas para que busquen su lugar en el competitivo juego social.

La segunda fuente del error proviene, no de la temática del sueño, sino de lo que se hace de la temática al soñar con ella. Perseguimos sueños, a menudo sin saber lo que estamos haciendo. Así el sueño de grandeza evocado por las manifestaciones heredadas y públicas del reino exacerba la inseguridad de la gente acerca de ella misma y de su propia preocupación. La ambición y la ansiedad la motivan: se preguntan dónde están en el reino existente o emergente. Las esperanzas se inflan y desinflan cuando el reino inevitablemente se ve como la arena y premio de la competencia.

Estas dos motivaciones, la ambición y la ansiedad, vuelven a la gente susceptible a las lisonjas y presiones de grandeza. Si no podemos estar en la cima, podemos acercarnos a los que están allí y de esta manera sentimos que la vida es significativa. El compañerismo entre los discípulos no los aisló de las motivaciones de ambición y ansiedad. Se aferraron a Jesús porque querían poseerlo en aras de lo que podían conseguir de él. Por eso la madre de Jacobo y de Juan, los hijos de Zebedeo, promovió su petición a los tronos más altos del reino.[35] Ellos esperaban impacientemente un reino que satisficiera sus sueños, enraizado en su propio interés personal y nacional. Esperaban un reino que confirmara la altísima visión que tenían de sí mismos.

Efectivamente, tal vez habían pensado que ya estaban a punto de lograr su ambición. Eran miembros del círculo íntimo de los discípulos, en busca del reino de Dios tal como lo avizoraban. Tristemente, estaban tornando el discipulado de Jesús en una preciosa secta aislada en vez de una luz para todo el mundo que brillaba a través del servicio y ofrecía señales de esperanza. ¿Estaban demasiado seguros de sí mismos o desesperadamente inseguros? ¿O ambas cosas?

Parecía que los discípulos habían esperado una recompensa especial por haberlo dejado todo para seguir a Jesús. Apenas habían respondido al verdadero llamado de Jesús y ya sus sueños habían distorsionado ese llamado. Por su íntima cercanía a Jesús tenían más peligro que la pobre gente ignorante que los rodeaba, como los gentiles y los recaudadores de impuestos que sabían que no estaban cerca del reino. El peligro radicaba en su creencia de que iban por el camino correcto y estaban prácticamente en el reino de Dios. Eran, según su propio entender, como el justo que no necesitaba de arrepentimiento. Con esta seguridad, era fácil que se resistieran a aprender la verdad del reino de Dios, y se olvidaran de sus errores. Se tornarían arrogantes como si fueran sus herederos privilegiados e incipientes poseedores.

Estos eran los hombres que rodeaban a Jesús. Jesús los había reunido mediante la proclamación de las buenas noticias acerca de la cercanía del reino de Dios. Los escogió para que estuvieran con él y salieran a predicar. ¿Están las noticias del reino de Dios seguras en sus manos?

Grandeza, competencia y el reino de los cielos

Para los discípulos, como para todos los seres humanos, la idea de reino implica grandeza. El reino realiza y aporta grandeza. Si un reino no ofrece recompensas, cae en otras manos, así como una empresa que fracasa se adjudica a otros. La grandeza es comparativa: llega a ponerse de manifiesto diferenciándose de la pequeñez, la mezquindad y de lo insignificante. Es grande, noble, y tal vez más importante que todo, conspicua y detectada. La grandeza toma varias formas de acuerdo con el contexto, el estilo y la oportunidad: a veces significa autoridad o poder, la habilidad de llevar a otros a que hagan lo que queremos; o riqueza, libertad para ser independientes de cualquier cosa que no sean nuestros propios recursos; o celebridad, el estar rodeado de lisonjeros que inflan el ego.

La búsqueda de grandeza a veces nos atrapa y nos lleva a

compararnos con otros para nuestra propia conveniencia. De esta manera tiende a limitar el conocimiento propio genuino: armados con la aparente superioridad ante los demás, negamos los que somos en realidad: pobres, débiles, ciegos y desnudos.[36] Nos dirigimos a Dios para alabarnos y darle gracias porque no somos como los demás, ciertamente no como el publicano avergonzado.[37] Vemos con demasiada claridad la paja en el ojo ajeno, mientras que pasamos por alto la viga en el nuestro. [38]Esto impide que tengamos una relación sincera y abierta con los demás. Induce a la competencia: los otros no son compañeros del camino, ni copartícipes del pan comunal, sino que se vuelven amenazas y limitaciones. Para que alguien sea grande, otro tiene que empequeñecerse; para que alguien sea honrado, otros deben ser despreciados. Es un juego cuyo resultado es cero, no conduce a nada. Así es como a menudo se percibe la situación humana.

Desde esta perspectiva, el reino de Dios, el más alto entre todos los reinos, llega a ser el lugar de la última competencia para lograr la última y excepcional grandeza. En vez de juzgar y transformar, el concepto secular de «reino», el calificativo, «de Dios», apenas acrecienta la importancia. Este reino de Dios no nos libera de la vida como competencia. El reino de Dios en este caso confirma el principio de los reinos de este mundo, y en realidad intensifica la competición. Por eso las guerras por motivos religiosos están entre las que más fieramente se pelean. Pero si nuestras búsquedas de grandeza infectan nuestra visión del reino de Dios, implícitamente estamos negando que sea el reino de Dios.

Incluso si alcanzamos la puerta del reino de Dios que Jesús anunció y encarnó, la encontraremos cerrada. Entonces es probable que tratemos de desquitarnos cuestionándolo. Se presenta aquí un fundamental conflicto espiritual. No es una batalla de nuestra cosmovisión religiosa y de organizaciones contra otros poderes e ideologías religiosas y seculares, que es inevitablemente farisaica en sentido negativo. Es el conflicto de nuestra humanidad pecadora contra Dios a quien el pecado niega y esconde. Esta es la batalla donde nos encontramos oponiéndonos Dios, no importa qué tan piadosos seamos. Y gracias a la misericordia de Dios es una batalla que siempre, a la manera de Dios y en su tiempo, los seres humanos perdemos: Dios se burla de nosotros.[39]

La gloria del reino de Dios no tiene comparación con los reinos de la tierra. Con frecuencia en la Biblia se debate que la gloria de estos es puro ornamento («la lisonja vacía del hombre»[40]). El debate sigue de cierta manera para advertirnos sobre la búsqueda de gloria, aunque no lo suficiente como para liberarnos de ella. Ansiosos de la gloria más alta, más espiritual, los que buscan el reino de Dios posiblemente compartan un mismo espíritu con los que compiten por recompensas terrenales. Ya sea que seamos materiales o espirituales cuando de nuestra ambición se trata, tal vez nos preguntemos con desesperación si cualquier cosa es suficiente para liberarnos de este «cuerpo mortal».[41]

El acto de comparar los reinos de este mundo —nuestras formas humanas de manejar las cosas— con el reino de Dios, puede llevar a santificar la competencia para que incluso Dios quede encarcelado. Entonces dejamos de confesar que «Dios es amor» porque aclamamos a Dios como competidor supremo. Estamos invitados a ser partidarios de Dios en la última y necesaria competición. Escogemos a Dios porque él es y será el vencedor. En esta competencia Dios es proclamado ganador por sus campeones terrenales. La fe se expresa en el lenguaje guerrero, el que, aun cuando sea una guerra espiritual, nos atrapa en la competición por relativa grandeza y nos endurece en el sentido desesperado de estar en lo bueno contra lo malo, de defender el bien amenazado contra sus menospreciadores y de ser mártires heridos que hacen un sacrificio aun no agradecido y al final se regocijarán de sus enemigos.

El lenguaje bélico en asuntos de religión es muy peligroso, incluso cuando consistentemente se acepta que las armas de nuestra batalla no son físicas ni materiales.[42] Con este lenguaje es imposible ver más allá de lo correcto y de la necesidad de competir por grandeza. Cualquiera que sea su utilidad limitada, este lenguaje es una tentación peligrosa. Nos invita a pasarnos al lado ganador, poniendo toda nuestra ansiedad y ambición competitiva y en busca de gloria, al servicio de Dios. Podría ser un motivo eficaz para reclutar a personas en algún tipo de religión; pero su resultado es lo que vemos en los primeros discípulos: va de la distorsión del reino de Dios a la negación del mismo bajo la cobertura de una guerra santa. Imposibilita ver o entender cómo es el reino de Dios. No hace nada para liberarnos de la vana competencia por la grandeza.

Entonces, por muy loable que parezca, no es suficiente para que escojamos a Dios como nuestro rey prefiriéndolo al resto de los candidatos. Estaremos en el camino correcto, e incluso en el punto de llegada, cuando realmente escojamos el reino de Dios a la manera, espíritu y método de Dios. Ciertamente escoger el reino de Dios no se logra ni se confirma contrastándolo con otros reinos y formas para luego rechazarlos y denunciarlos, con el fin de proclamar una alianza sin compromiso con Dios. Tal vez diríamos «No» a los reinos del mundo, reaccionando sinceramente contra su presente encarnación visible mientras vivimos en su espíritu esencial y dinámico. La verdadera relación con Dios no se define negando el mundo, sino es algo que crece de las propias raíces del conocimiento y amor de Dios. No nos allegamos a Dios por el simple hecho de salir del mundo, aunque, cuando rechazamos el mundo, solo nos queda Dios. Cuando rechazamos el mundo y huimos de él de alguna manera, y buscamos una alternativa en Dios, o en ser religiosos, lo único que hacemos es seguir el mundo de forma distinta.

Entrar en el reino de Dios no se hace rechazando el mundo (que en realidad está en última instancia bajo el dominio de Dios y en las manos de su santo amor). No puede alcanzarse odiando el mundo, o porque estamos cansados de él, cualquiera sea la justificación limitada para esas reacciones contra el mundo. Hay detectores en la puerta del reino de Dios que hacen sonar la alarma ante este bagaje negativo. El reino de Dios se encuentra donde hay un amor positivo por él: donde es visto por lo que es y es amado y deseado por el bien de Dios revelado en Jesús.[43]

Los discípulos le dijeron a Jesús que ellos lo habían dejado todo para seguirlo.[44] Habían renunciado al mundo de alguna forma. Sin embargo, preguntan: ¿qué conseguiremos? Si esta fuera una pregunta inocente, tal vez sería buena: supervisaría el progreso de ellos. Les mostraría precisamente dónde están al seguir a Jesús, en un peregrinaje aun sin terminar. Todavía no saben lo que obtendrán y qué es lo que se oferta. Todavía no han llegado a la casa de Dios ni a su descanso perfecto. Por eso perseveran con esperanza y humildad. En la historia del evangelio, sin embargo, esta pregunta no se hizo inocentemente. La pregunta fue motivada por ansiedad, ambición y competitividad, teñida con un dejo de queja por haber invertido tanto con muy poco a cambio. La consideración de la ganancia de esta inversión esconde la pregunta más profunda, y para nosotros contemporánea: «¿En cualquier caso, vale de verdad la pena seguir a Jesús?» Queda la ansiedad terrible y clara de que tal vez apostaron por el caballo perdedor durante casi tres años. «Vemos prosperar al malvado, a los grandes del mundo disfrutar la vida en palacios: ¿hay alguna grandeza proporcional para nosotros?»

Juan el Bautista en la cárcel fue otro que preguntó acerca de su inversión: «¿Eres tú el que ha de venir, o debemos esperar a otro?»[45] Juan había llamado a la gente al arrepentimiento porque el reino de Dios se acercaba. Tenían que prepararse para estar listos para el fuego del juicio. Más tarde, Juan se decepcionó cuando vio que Jesús no traía esa clase de revolución social en una forma regia y pública. ¿Qué clase de esperanza ofrecía Jesús en realidad?

Jesús no le respondió a Juan en sus propios términos, sino que lo invitó a cambiar su parecer. Jesús le ofreció no más que la repetición de lo que ya había agitado las dudas de Juan acerca de él: obras de sanidad y de misericordia, la acogida a los pobres y a la gente común y corriente. Le pidió a Juan que meditara en estas buenas obras, a pesar de que las curaciones del sordo, del ciego y del cojo no eran las marcas de un reino convencional que funcionaba a través de la coerción organizada, la ley y la persuasión política. Estas curaciones no se lograron gracias al poderoso y no servían para glorificar a reyes. Eran el ministerio de un individuo precario, llamado por Dios, y sin el apoyo de maquinaria y de instituciones prestigiosas de reinos terrenales.

Jesús le ofrece a Juan luz y bienestar, pero solo si el mismo Juan se acoge al juicio que está fuera de los límites de lo que él puede imaginar y proclamar. Las buenas cosas siguen: ¿puede Juan verlas como el reino de Dios que se acerca? Solo puede hacerlo si corrige la visión del reino con el que ha trabajado hasta ahora. Jesús no minimiza lo que le ha costado a Juan —le hace una oferta que confirmaría a Juan en sus dudas, llevándolo a perder la esperanza en Jesús completamente. Si así lo hace, Jesús da a entender que perderá la bendición: «Dichoso el que no tropieza por causa mía».[46] La bendición en sí no es fácil. La propia bendición nos lleva al borde de entregarla, como el joven rico que se fue triste.[47] Hace que el ser ofendido sea razonable. No parece estar a la altura de lo que el mundo equivocado necesita, especialmente el mundo de reinos poderosos y gente pecadora.

Así que seguir pensando que Jesús es el Único que viene «en el nombre del Señor» exige una revisión de lo que pensamos es el reino de Dios. Y esto incluye algo más que unos pocos cambios aparentemente cosméticos de énfasis: es un vuelco radical, profundo de corazón, valores y acción. Jesús ofrece una esperanza extraña que a Juan de ninguna manera le parece esperanza, salvo que cambie las expectativas que tiene y sus valores. Es una gran exigencia: Jesús ciertamente le está pidiendo a Juan que cambie lo que él ha sido y lo que ha llegado a ser a través de su notable ministerio y testimonio.

El niño y el reino de los cielos

Jesús discutió con sus discípulos siguiendo el mismo criterio de su respuesta a Juan. Frente a la concepción que ellos tenían del reino de Dios, coloca a un niño. Su acción es una señal positiva del reino de Dios, como lo fueron las curaciones que le mostró a Juan. Pero es también un acto polémico al cuestionar la opinión de los discípulos y llevarlos al punto donde deben decidir «volverse y ser como niños» o sentirse ofendidos con Jesús y nunca entrar en el reino de Dios. Jesús no podía permitirse dejar que alguien pensara que podía entrar al reino de Dios sin ver su naturaleza verdadera y darle su consentimiento informado.

Jesús responde a las opiniones que tienen los discípulos del reino, por lo menos en dos maneras.

Primero, cuestiona y desconcierta a los discípulos. Arguye con ellos para que hagan sus excavaciones en la dirección correcta. Le preocupa que ellos entren en el reino de Dios. Les habla para indagar sobre cualquier expectativa que pudieran tener de que, por el solo hecho de ser discípulos que lo siguen a él, habiendo dejado a sus familias y trabajo, entrarán al reino de Dios. Ser sus discípulos los sitúa en una relación y una historia donde el reino de Dios aún no se ha dado, pero llega a ser la posibilidad de prueba ante ellos.

Segundo, habla y actúa para describir más claramente el reino de Dios, a pesar de que el misterio que encierra no puede eliminarse antes de que aparezca en plenitud. En este escenario en particular, él los anima a soñar y a experimentar una apertura hacia un reino donde se excluye la competencia por la grandeza.

Jesús colocó a un niño en el medio, como clave reveladora y sustancial del reino de Dios. No dejaría que los discípulos les prohibieran a los niños acercarse a él, porque «de los tales (seres) es el reino de Dios».[48] Si el reino de Dios incluyera la competencia para ser el más grande, el niño sería excluido, sacado de la carrera. Lo discípulos argumentaban entre ellos mismos quién debía ser el más grande. En una carrera así los niños no debían ser considerados, porque no tenían ninguna posibilidad. Hablando en sentido estricto, de ellos no podía pensarse ni siquiera que fueran «seguidores».

Mientras con el tiempo se estudiaban mutuamente, los discípulos vieron competidores amenazantes plausibles. En la competencia por la grandeza, cada uno de ellos podía aportar una justificación meritoria: todos eran parte del círculo íntimo de los escogidos del Señor, todos estaban en la breve lista corta de preselección. Pedro confiaba ser más grande que Juan en el reino de Dios, pero Juan era lo bastante grande para advertirle a Pedro que sería un concurso muy reñido. La casi igualdad entre los discípulos haría la competencia más intensa y temible. Cuanto más se acerca el concurso, más difícil es mantenerlo transparente. Pedro podía ser superado en el momento, engañado de alguna manera, como le había sucedido a Esaú, engañado por su astuto hermano Jacob. Al mirar a Juan, podría decir: «No tengo suerte, tengo el problema de Esaú: Juan tiene esta madre implacablemente ambiciosa que lo respalda». Así que Pedro se siente vulnerable en la competencia y se vuelve más competitivo. Pero cuando Pedro o cualquiera de ellos vio a un niño, aquí no había amenaza: era reconfortante y bien manifiesto saber que un niño de ninguna manera lo vencería en la competencia por grandeza. No necesitaba tener en cuenta al niño.

Al igual que la gente en el estado de naturaleza hobbesiano[49] la casi igualdad de los discípulos significa que todos son vulnerables entre sí. Como todos tienen la oportunidad de ganar, todos pueden competir y cada quien puede sentirse molesto si es derrotado. Todos los discípulos se vigilan unos a otros. La competencia respira ansiedad, disgusto, calumnia y disputa. Pero la gente competitiva no debe tener miedo del pequeño. Como él no puede echarles a perder sus oportunidades, pueden ser amables, condescendientes y desdeñosos. El niño representa un mundo de valores —el reino de Dios— que es incompatible con cualquier mundo al que le es intrínseca la búsqueda competitiva de una grandeza descabellada. El niño es una intrusión totalmente inesperada en la cosmovisión de los discípulos. Y por esta razón el niño está disponible para decirles a los discípulos algo que ellos no han oído en todas sus discusiones por el camino.

Se avergonzaron cuando tuvieron que revelar lo que venían discutiendo. ¿Por qué? Tal vez porque ya tenían cierto sentido de que eso estaba fuera de lugar en el círculo de los discípulos de Jesús. Porque entre todo lo que sabían acerca del reino de Dios, habían aprendido que Jesús rechazaba cualquier alabanza y no se aferraba ni a posición ni a condición. Su confusión y vergüenza tal vez mostraban que la verdad del reino de Dios tenía cierto afianzamiento en sus corazones. O tal vez su confusión se derivaba de las tácticas protectoras de la competencia. Ellos no querían exponer ante Jesús e incluso ni a ante ellos mismos el temor mutuo que surgía de la dinámica fundamental en la que ellos, como buscadores ambiciosos del reino de Dios, cohabitaban.

No podían confiar los unos en los otros; el mostrarse tal como eran en realidad, los debilitaría en la competencia. Los competidores guardan secretos; cuentan con la confidencialidad, porque incluso cualquier secreto inocente podría usarse contra ellos. Con cierta prudencia temerosa, no se regocijaban con el éxito de los demás. Demasiado sensibles, se sentían inferiores, incluso cuando peleaban por superioridad. Todo esto no era meramente una falla del carácter individual. Era algo inherente en la estructura del discipulado competitivo en la medida en que lo habían aprendido dentro de su concepto erróneo del reino de Dios.

Jesús coloca a un niño en medio de esta situación donde casi ambiciones y ansiedades tácitas, indeciblemente embarazosas se arremolinan acerca de la visión y el llamado del reino de Dios. El niño-señal es contradictorio, penetrante y elocuente. Es como la Palabra de Dios que, más cortante que cualquier espada de dos filos, juzga los pensamientos y las intenciones del corazón, así que quedamos al descubierto a los ojos de Dios.[50] El niño es entonces una clave vital para entender este reino elusivo.

Los discípulos necesitan al niño como clave del camino por el que puedan entrar al reino de Dios. Jesús los lleva de vuelta al principio, donde deben verse a sí mismos como espectadores que buscan el boleto de entrada. A menos que los discípulos cambien sus formas de pensar y actuar, no entrarán en el reino de Dios. Su preocupación por la grandeza no es simplemente que esté mal dirigida: es vana. Si ellos siguen la clave del niño y lo respetan como «la materia del reino», serán liberados de la búsqueda de grandeza, y de sus motivaciones enraizadas en la ansiedad y la ambición interesadas. Quedarán libres para ver el reino de Dios con mayor veracidad para así ser testigos fieles.

Pero si el niño señala el reino de Dios porque está fuera de la competencia para ser el más grande, nos dice que el reino es ciertamente un asunto muy extraño. No funciona con las reglas y dinámicas con las que estamos familiarizados. Es de hecho difícil imaginar cómo cualquier cosa puede funcionar sin competencia. Y con todo, el de Dios no es un reino displicente, sin incentivos y motivaciones convincentes, para que nada se haga allí y a nadie le importe. De alguna manera, en este reino se realiza el Shalom, sin dinero, sin precio, sin levantar la voz en la calle, sin intentos.[51] Aprender que eso es así, es lo que el discipulado, seguir a Jesús en su camino, significa. Este es el reto del reino de Dios: nos atemoriza porque es diferente, hermoso, aparentemente impráctico, y con todo, prueba que es verdadero.

Este es el punto en Mateo 11:25.[52] Los sabios e instruidos vieron las buenas obras que hizo Jesús, pero no respondieron positivamente a ellas. Eran como niños que no podían ponerse de acuerdo sobre qué iban a jugar: sea que el reino de Dios se les mostró en el ascetismo de Juan, o en los banquetes de Jesús, no encontraron razón para rechazarlo.[53] Jesús contó parábolas en las que la sabiduría y la prudencia entraban en juego, y sus buenas obras hacen pensar acerca de lo que significan y adónde conducen. Jesús no ataca en términos generales ni a la sabiduría ni a la prudencia. Pero la gente de cierta edad reconocida como líder de la comunidad en virtud de su supuesta sabiduría y prudencia, pudo interpretar mal las señales, rechazando la oportunidad, mostrándose tan obtuso acerca del reino de Dios que lo perdió todo.

Además de tratar de persuadirlos para que fueran verdaderamente sabios, Jesús los censura por pasar por alto el reino cuando este se acerca (Mateo 11:20), aunque esa no es la última o más pura palabra teológica. También le da gracias al Padre —la gratitud es el centro de la teología— por algo más que está sucediendo junto a esta ceguera triste y dolorosa. El rechazo que recibe no significa el final del proyecto. La sabiduría se justifica por sus obras (Mateo 11:19) o como Lucas 7:35 lo pone, «por los que la siguen». Las señales del reino de Dios en las obras de Jesús las reciben los niños

(Mateo 11:25) y en esa recepción, la bondadosa voluntad del Padre se da a conocer y es realizada. Las señales, las portentosas obras en las ciudades, producen fruto en aquellos que llegan a conocer al Padre como lo hace el Hijo, y por el don del Hijo.

La competencia por la grandeza se marchita en el reino de Dios porque allí carece de oxígeno. Jesús interrumpe a los discípulos que hablan acerca de quién es el más grande en el reino de Dios al reformular el asunto: ¿Cómo entrarán ellos? La respuesta los ha estado esperando a lo largo de la historia de la amable hospitalidad de Dios: antes de que sea demasiado tarde necesitan oírla. Es suficiente estar en el reino: «Prefiero cuidar la entrada de la casa de mi Dios, con el gorrión y la golondrina, que habitar entre los impíos».[54] Estar justo adentro, en el margen de este reino, no lo pone a uno en peligro de que lo expulsen o lo despojen. Así es como la gente normalmente se siente cuando es marginada, porque la exclusión se hace más cercana que el estar «adentro». Pero no es así en el reino de Dios. La luz de Dios brilla igualmente en todo el mundo, y nadie queda en la sombra de un edificio intermedio.[55] Estar justo adentro es estar tan adentro como el que está en el centro. De hecho, la verdadera comunidad con Cristo es paradójica: estar en el margen con Jesús es estar con seguridad rodeado del amor de Dios. La ansiedad no es necesaria, así como la ambición no tiene sentido (así lo enseñó Jesús en las bienaventuranzas).

NOTAS

1 Para efectos de concisión y consistencia empleamos el término reino de Dios a lo largo de este libro, conscientes de que en Mateo él emplea el equivalente, reino de los cielos (para evitar el uso innecesario de la palabra, Dios). Jesús, por supuesto, habló en arameo y las palabras que Mateo probablemente tradujo al griego fueron *malkuta dishemaya*, que significan literalmente «reino de los cielos» (Marcos y Lucas emplean «reino de Dios»). Cualquiera que fuere su significado, Mateo deja claro que era parte central del mensaje y ministerio de Juan el Bautista y el mensaje de Jesús. De hecho, Mateo es el único evangelista que registra el mensaje de Juan acera del reino de los cielos. Así que estamos encontrando y tratando algo que Mateo vio que tenía bastante significado. «El reino de Dios es el tema principal de la fe del mismo Jesús y entender lo que significó para él es sin duda la tarea primaria de cualquiera que afirme ser su discípulo». (John V. Taylor, *Kingdom Come*, 2012, p. 16). La literatura sobre el reino de Dios es inmensa. Cf. N. T. Wright, *Jesus and the Victory of God*, 1996, Parte II,

2   Mateo 20:20-28 indica que Mateo sabía que los discípulos no siempre
     preguntaban acerca de la grandeza sin mostrar un apasionamiento profano.
     Marcos 9:33-37; Lucas 9:46-48.
3   1 Corintios 15:35-58.
4   Mateo 5:33. *The Cape Town Commitment*, 2011, pp. 54-56, «Christian Leaders»
5   N.T. Wright, *Jesus and the Victory of God*, 1996, p. 199ss.
6   En la época de Jesús había por lo menos cuatro perspectivas distintas de este
     reino que reflejaban diversos entendimientos de las Escrituras judías: la de los
     fariseos, esenios, saduceos y zelotes.
7   1 Tesalonicenses 5:21
8   Keith J. White, «Children as Signs of the Kindgom of God: a Challenge to us all»,
     Now and Next, ed. Keith J. White, et Al., 2011, pp. 43-44
9   1 Reyes 19:18, John Bunyan, *The Holy War*, describió el reino de esta manera: la
     ciudad de Mansoul ha sido ocupada por rebeldes que apoyan a Diabolus, y la
     batalla y el asedio continúan para ganarla para su verdadero Señor. Sin duda,
     Bunyan escribía de su experiencia durante la Guerra Civil inglesa con la
     ejecución del rey Carlos I, y el exilio de su hijo y heredero, quien fuera en sus
     primero años un rey que buscaba recuperar su reino y regresar a él, más que
     entrar para poseerlo.
10   Por ejemplo, Salmos 45—48.
11   Salmo 72
12   Por ejemplo, las palabras de Jesús en apoyo de la multitud que lo recibía en
     Jerusalén: «Les aseguro que si ellos se callan, gritarán las piedras»,
13   Hechos 1:6
14   Daniel 4
15   Salmo 146:3
16   Miqueas 6:8
17   W. Brueggemann, *OT Theology: an introduction*, (Nashville: Abingdon Press,
     2008) 283-291.
18   Mateo 4:1-11
19   Lucas 17:21 significa «El reino de Dios está entre ustedes», y no «dentro de sus
     interioridades».
20   Hemos empleado la palabra «señaló» de esta manera como un recordatorio de
     cómo Jesús apuntó a la venida del reino de Dios, y nos invita a observar los
     signos de los tiempos. Véase, por ejemplo, «Child as Sign of the Kingdom of
     Heaven», Keith J. White en *Now and Next*.
21   Mateo 5:3
22   Isaías 66:1-2; Jeremías 7:1-15; Hechos 7:48-51; 17:24-25; 2 Corintios 5:1;
     Hebreos 9:11; 11:10
23   Lucas 17:20-21. Isaías 57:15. «Yo habito en un lugar santo y sublime, pero
     también con el contrito y humilde de espíritu, para reanimar el espíritu de los
     humildes».
24   Lucas 13:32
25   Mateo 19:25-26; Juan 18:36
26   Véase por ejemplo, Juan 6:15.
27   T. S. Elliot, *Coros de «La Roca»*: «Oh alma mía, estáte preparada para la venida del
     Forastero, estáte preparada para aquel que sabe hacer preguntas».
28   Éxodo 32
29   Keith J. White, *In the Meantime*, reflexiona en cuarenta ocasiones sobre la
     narración bíblica cuando nada tangible parece suceder desde el punto de vista
     humano, exceptuando esperar en Dios.
30   Mateo 7:21-23; 25:31-46

31 1 Samuel 8

32 Aristóteles, *La Política II*: «El hombre es un ser social por naturaleza ya que no puede vivir aislado y sin contacto social; aquel hombre que desprecia la vida en sociedad solo puede ser suprahumano como un dios o un héroe o infrahumano». (http://www.lasangredelleonverde.com/aristoteles-el-hombre-como-animal-politico). Para Aristóteles, la ciudad (polis) no es idéntica al reino, aunque nos permite adentrarnos en ellos. Los temas que se presentan en la Biblia en lo que respecta al reino de Dios y al del mundo nos confrontan hoy y se hacen más inteligibles cuando se consideran en términos de política y no de monarquía.

33 Salmos 14:1; 53:1

34 El debate acerca del cristianismo y el post cristianismo es un tema contemporáneo en el que surgen asuntos como este, a menudo de una manera simplista. http://www.anabaptistnetwork.com/node/609

35 Mateo 20:20-28

36 Apocalipsis 3:17

37 Lucas 18:9-14

38 Mateo 7:1-5

39 Salmo 2:1-6

40 «Be Thou my vision, O Lord of my heart[...]» (Sé tú mi visión, Oh Señor...)

41 Romanos 7:24

42 2 Corintios 10:2-6

43 K. Barth, *The Christian Life*, 1981, p. 20

44 Mateo 19:27: «Le reclamó Pedro [a Jesús]: "¡Mira, nosotros lo hemos dejado todo por seguirte! ¿Y qué ganamos con eso?"»

45 Mateo 11:2-6

46 Mateo 11:6

47 Mateo 19:22

48 Mateo 19:14

49 Thomas Hobbes, *Leviathan*, (1651) es un clásico fundamental de la teoría política moderna. Su narración de estado e iglesia comienza con lo que Hobbes denominó el estado de naturaleza, donde la gente vive sin gobierno. Debido a que son aproximadamente iguales, todos son mutuamente vulnerables. En el estado de naturaleza, cada persona tiene derecho a todo lo que puedan tomar posesión. El mundo está abierto a cada cual, por eso la competencia es nada menos que «una guerra de todos contra todos». No es de sorprender, que la vida humana se vuelva «solitaria, pobre, desagradable, salvaje y corta».

50 Hebreos 4:12-13

51 Isaías 55:1; 42:1-4

52 K. Barth, *The Christian Life*, 1981, pp. 80-82

53 Mateo 11:16-19

54 Salmo 84:3,10

55 Apocalipsis21:22–22:5

Capítulo tres

La tentación

«Luego el Espíritu llevó a Jesús al desierto
para que el diablo lo sometiera a tentación».
MATEO 4:1

En torno al Jesús que colocó al niño

H EMOS VISTO CÓMO EL REINO, incluso el reino de Dios, estimula
y organiza la ambición y la ansiedad en una interacción
competitiva. Descubrimos para nuestra propia
vergüenza que somos susceptibles a la lisonja y corrupción del
«reino» en sus muchas formas sociales, ya sean republicanas,
empresariales o familiares. Discernir la diferente entre el reino de
Dios y los demás reinos no es tarea fácil. Desear el reino de Dios
con todo nuestro ser, nos pone a prueba. Agarrarnos del verdadero
reino venidero de Dios amenaza nuestra fe y esperanza desgas-
tadas. No es de extrañar que los discípulos estuvieran fallando. Y
tampoco debe sorprendernos que nosotros fallemos con ellos también.

Jesús no hubiera podido cumplir su misión sin los discípulos.
No había sido llamado para ser un héroe solitario. Las buenas noticias de la universalidad del reino de Dios no se habrían contado ni
realizado si él no hubiera contado con ellos para enviarlos al
mundo hasta el fin de los tiempos, para dar generosamente un testimonio empresarial-terrenal. Pero los discípulos solo podían hacerlo a la manera de Jesús, si se «volvían» y «se hacían como niños».

Esto era mucho pedir: necesitaban ayuda si iban a entrar en el reino de Dios[1] Jesús actuó para aclararles a lo que venía: colocó a un niño en medio de ellos y les habló acerca de lo que estaba haciendo. No habló simplemente del niño —no presentó el más mínimo fragmento de lo que pudiera llamarse «teología infantil». Les advirtió sobre el movimiento que tenían que hacer: «volverse».

A qué se parece el reino de Dios es algo que no encontramos en palabras descriptivas ni analíticas: más bien, para los que tienen ojos para ver se revela en todo el acontecimiento que es esencialmente móvil. Colocar a un niño en el medio es el primer paso del camino; pero nada sucede si no hay movimiento. Por una parte, hay una invitación de dos partes específicas y exigentes: ser como niños, y recibir al niño como el que *Jesús colocó* en el medio. Por otra, están los que son invitados de manera apremiante, pero tienen dificultad para responder a una invitación cuyas condiciones intrínsecas no son de ninguna manera atractivas o practicables. ¿Quién quiere ser como los niños? ¿Quién puede serlo?

Ya hemos comentado que este texto nos hace pensar en un niño común y corriente que, no obstante, es especial en virtud de que Jesús lo colocó en el medio. Si es Jesús quien le da al niño en esta situación un significado definitivo, el señalar el camino al reino de Dios, estamos encaminados a prestarle atención a Jesús, como lo hacen los Evangelios, con preguntas tales como ¿quién es este hombre? ¿Por qué hace estas cosas? ¿De dónde viene y hacia dónde va? Cuando Jesús nos conduce al misterio y el dolor, ¿podemos simplemente dejar que se vaya sin sufrir pérdida, o decimos, «a quién iremos - Tú tienes palabras de vida eterna»?[2] Los discípulos supieron que no podían dejar que Jesús se fuera, porque él no iba a dejar que ellos se fueran. La gente todavía se encuentra en esta situación, asida por Jesús. A veces es una palabrita, una mirada, un acto o historia de Jesús lo que no nos deja ir.

Entonces, nos preguntamos cómo esta historia nos muestra a Jesús. ¿Cómo vemos a Jesús en ella? Pudiera ser que en esta historia Jesús no encaje en la comprensión que tenemos de Jesús en ella. Así como los discípulos llegaron al incidente con sus propias

concepciones del reino de Dios, así llegamos nosotros con presuposiciones en torno a Jesús.

Jesús: ¿en control o búsqueda?

¿Nos llegamos a esta historia, por ejemplo, con la presunción de
que Jesús es el Señor y Maestro: en control total de lo que está
pasando? Nuestra idea empecinada del reino, ¿infecciona y des-
figura la comprensión que tenemos de su supremacía y naturaleza? Nos refrenamos incluso de formular la pregunta que hacen
notar Marcos y Juan, tal vez más que Mateo, que Jesús repetidamente estimulara: ¿qué clase de hombre es este? ¿De dónde le
viene esta autoridad, esta sabiduría y esta capacidad para realizar
cosas extrañas?

Tal vez aceptamos que Jesús hizo estas preguntas porque no
queremos especular más allá de los textos tal como los tenemos. O
quizás refrenemos nuestra curiosidad por respeto al Maestro de
quien se sabe que viene de Dios (Juan 3:2). Generalizamos la
instrucción de María: «Hagan lo que él les ordene».[3] Por eso cuando
Jesús coloca al niño en el medio pensamos en lo que el niño
pudiera plantear o significar, y le prestamos poca atención a preguntas como estas: ¿De dónde sacó Jesús la idea de poner a un niño
en el medio, como acción reveladora en esta crisis? ¿Vio Jesús que
el niño sería una útil herramienta dialéctica y didáctica en la obra
que sabía tenía que hacer con los discípulos? ¿Era Jesús el capacita-
dor experto que controlaba a los discípulos a medida que avanza-
ban por etapas, de la ignorancia a la comprensión del reino de
Dios? (Es poco probable: no hay prueba de que Jesús actuara como
el experto de escuela dominical moderno que elabora programas
de aprendizaje progresivo de acuerdo con la edad.)

¿Poseía Jesús una comprensión clara y segura de la idea del
reino de Dios, por lo que su mente estaba provista de un adecuado
entendimiento de la propia apreciación del reino, que luego podía
ofrecer como frases de gancho o señales? ¿Sorprendería formular
una pregunta así? Si respondemos «tal vez no», entonces nos

enfrentamos de nuevo con la pregunta: «¿Quién es Jesús?» ¿Sería posible que al igual que los discípulos y muchos otros, él también esté buscando el reino de Dios? ¿Es concebible que él fuera un buscador del reino de Dios, y también Señor, Dueño y Maestro? Ser buen maestro no significa que soy bien diferente a mi alumno; ciertamente incluye estar donde ellos están para mantenerles su lugar abierto.[4] Así que podríamos explorar la posibilidad de que Jesús estuviera muy cerca de la gente que llamaba y con la que trabajaba, porque él enseñaba como Alumno permanente. Esto es análogo a ser el Señor, porque era un siervo. Él hizo que el reino de Dios se acercara tanto que esencialmente estaba presente, porque fue persistente en buscarlo y esperar preparado su venida.

Si Jesús fue un buscador en una jornada de descubrimiento, un alumno-maestro, su acción de colocar al niño puede verse como un ensayo experimental. Imaginemos que se decía a sí mismo, «conseguiré que se concentren en el niño, porque los ayudará a caer en la cuenta». Admitimos que es pura especulación, pero no del todo desatinado. Y hay mucho más, si deducimos que Jesús confiaba en que el niño tendría significado para los discípulos en esta situación, porque el niño significaba mucho para él. Ahora bien, el niño tendría tal significado para él porque no era simplemente un buscador del reino de Dios, alguien que esperaba que Dios viniera, sino también alguien que necesitaba por sí mismo resolver y resistir las tentaciones inherentes a la idea y proyecto del reino. Jesús les dio a los discípulos el niño para que este los ayudara cuando caían en la tentación de acariciar una falsa idea del reino de Dios. ¿Lo ayudó el niño en una tentación similar?

Para algunos, no en vano, esta sugerencia sería ir demasiado lejos. «...uno que ha sido tentado en todo de la misma manera que nosotros», pero porque él vino «sin pecado», es diferente; no fue tentando hasta el límite y no se equivocó, ni podía hacerlo, acerca de los temas centrales como el reino de Dios.[5] Sabemos que Jesús tenía grandes luchas, «fue escuchado por su reverente sumisión» y «en su vida mortal, Jesús ofreció oraciones y súplicas con fuerte clamor y lágrimas al que podía salvarlo de la muerte» pero «fue

escuchado por su reverente sumisión».[6] Estas indicaciones significativas en la Carta a los Hebreos dan una dirección sólida, aunque
es posible sacar de ellas una descripción de Jesús como el vencedor
que ha pasado a los cielos y es apartado de la tentación. Ya no busca,
porque ha llegado.

De todas maneras, aun si el aprendizaje, la búsqueda de Jesús se
ve en Hebreos, ese concepto rara vez se transmite a nuestra lectura
de las narraciones del Evangelio. Allí, el poder y la autoridad de
Jesús, arraigados en su conocimiento del Padre y de la seguridad en
él, tienden a moldear la forma en que se ve a Jesús. Por eso Jesús
parecer ser muy diferente de los discípulos y de nosotros. Guiada
por esta diferencia, la fe toma a Jesús como Señor, uno con el Padre,
una base sólida para una creencia segura y una afirmación teológica. Todo esto limita cualquier especulación acerca de cómo Jesús
podría ser un buscador del reino de Dios, un explorador vulnerable
a las tentaciones más profundas.

Jesús, buscador del reino de Dios

Sin embargo, desarrollemos esta especulación para ver adónde
puede llevarnos.

Durante el tiempo de su ministerio Jesús no solamente enseñó
acerca del reino de Dios: vivió toda su vida personal y social en
relación con Dios su Padre, de quien es el reino. Representó el reino
de Dios según su propia manera de ser. No se limitó a esbozar ideas
del reino de Dios, sino que lo reveló implícita pero marcadamente
en la forma de vivir su propia vida. El reino de Dios se hace visible
en la presencia de Jesús; pero Jesús también defiende –y demanda
de nosotros– el respeto a la Regla de Dios y a confiar en ella, como
que todavía viene, todavía está en camino, escondido en la espera.
Jesús nos guía, al comprometerse él mismo, como un peregrino, en
la búsqueda de toda una vida del reino de Dios. Cuando Jesús les
dijo a los demás que buscaran el reino de Dios, no implicaba esto
que (como comúnmente se supone) que él ya lo había encontrado y
estaba realizándolo plenamente. Más bien significa que lo sabía y

lo respetaba como lo que era inminente y estaba allí para la búsqueda. Por eso él se entregó a buscar, vigilar, experimentar específicamente. El reino de Dios estaba presente en Jesús solo en el sentido de que se acercaba; es un llamado, una invitación, una tarea.

El reino de Dios se acercó en Jesús y pidió una decisión. Estar presente en señales significa que estaba envuelto en misterio. Una señal es una realidad que nos da algo importante ahora, aunque de tal manera que nos dice que hay que esperar más. Jesús no tomó «la espera del anhelo»; la espera necesitada y sostenida por la luz del reino de Dios a medida que se acerca. El reino de Dios está presente en Jesús porque él vio, hizo, valoró y se arriesgó al responder a las señales. Tenía fe en lo que se señalaba, por eso las señales eran en él la realidad de Dios y su reino. El reino de Dios está actualmente limitado, no porque las señales impliquen deficiencia, sino porque es promesa, la primera entrega.[7] La señal es promesa que ya está aquí, aunque todavía no. Jesús, al igual que nosotros, caminó por fe, no por vista. La fe hace del buscar un modo fundamental de ser. Los discípulos y seguidores de Jesús están en vía, o en el camino, de hacer las cosas a la manera de Dios.

El testimonio de Jesús del reino de Dios fue algo que hizo con todo su ser como el Hijo del Padre en los cielos. No solo se dedicó a predicar dándoles la bienvenida a los marginados al reino que estaba abierto para ellos, sino que se identificó con ellos como los que no hacen otra cosa que buscar a Dios y su reino. El mismo Jesús anhelaba ser recibido en la fiesta del reino de Dios (Lucas 22:14-17). Pero como todos los demás, tenía que esperar el tiempo de Dios, porque nadie sabe la hora de la venida del Hijo del Hombre, ni siquiera el Hijo (Mateo 24:36). El tiempo de espera, no es un tiempo vacío, sino lleno con la espera y con estar preparados (Mateo 24:42-44).

Jesús enseñó con la humildad de quien buscaba entrar en el reino de Dios. Lo buscó porque fue llamado; y en obediencia a ese llamado invitó a otros con la autoridad que Dios le dio a él. Jesús es el buscador llamado y buscador que llama. Estaba entrando al reino de Dios al servir a Dios el Rey de la manera más adecuada, dando testimonio del reino e invitando a la gente a participar en los señales tempranas del reino según se revelaban en él y a su alrededor. En la invitación se combinaban los anuncios sorprendentes y el argumento persuasivo para ayudar a la gente a ver la venida del reino del Dios verdadero y a volverse a él.

Ver a Jesús de esta manera no es cuestionar la unicidad de Jesús el Hijo con el Padre en los cielos. Más bien, nos muestra un poco más de la constitución interior de su unicidad fundamental, y lo que se abre para los que siguen a Jesús. ¿De qué manera el Padre y el Hijo comparten la historia particular que vemos en la vida de Jesús? ¿Cómo entonces la manera de Dios de hacer las cosas envuelve al ser humano en vida abundante? A menudo, lo que Dios hace se presenta como una acción directa, instantánea e irresistible —«Y dijo Dios [...] Y así sucedió»– pero en su trato con los seres humanos, y principalmente en Jesús, el regalo salvador de Dios llega a nosotros en la forma de una búsqueda humana, modelada, permitida y acompañada por Dios. Cada nuevo día recibimos el regalo que nos mantiene en la búsqueda, al borde de encontrar, pero aún no. Bendecidos o agobiados por cualquiera sea el pasado que tengamos, volvemos a empezar, a buscar, gracias a la promesa de Dios. Buscar el reino de Dios no es igual a ser nómadas perdidos y abandonados. Buscar es encontrar, así como encontrar es buscar.

Para ser fiel y estar dispuesto al llamado del reino, Jesús tuvo que tomar decisiones transformadoras de vida y proyectos precarios, y perseverar en ellos. En su ministerio en la tierra Jesús mismo no quiso que lo hicieran rey ni señor; hacerlo así lo hubiera confinado a las gloriosas pero comprometedoras categorías del mundo presente.[8] La libertad del reino de Dios requiere maneras de vivir que nada tienen que ver con la realeza. El bebé colocado en el pesebre se convirtió en el siervo, obediente hasta la muerte. Exaltado por Dios, se le ha dado el nombre que está sobre todo nombre: es para siempre y el único nombre del Hijo que humildemente vivió una vida humana plenamente transparente, sin considerarse igual a Dios (Filipenses 2:5-11). El reino de Dios se revela ahora por medio del Cristo exaltado, que sigue siendo eternamente lo que fue en su vida y muerte terrenal.[9]

La resurrección de Jesús de la muerte y su exaltación a la diestra del Padre no debe llevarnos a pensar que el reino de Dios ha llegado y es ahora una realidad estática establecida, con una gloria visible que sobrepasa toda competición. No es así en el mundo entero, ni tampoco en su representación más pura en algún rincón de la Iglesia o fuera de ella. La resurrección no hace que el reino de Dios pierda su carácter de advenimiento, es decir, su «estar presente en la venida». Al resucitar Dios a Jesús en el poder de la vida eterna confirma la manera de Jesús en la tierra como vida en preparación para el reino de Dios, ofrecido a todos con la predicación de las buenas nuevas. El Espíritu Santo, quien da testimonio de Jesús, como el primer episodio de la realización de la promesa de Dios, es el Buscador del Reino que se mueve dentro de la iglesia y con ella en el mundo.[10] La iglesia que cree que la etapa de la búsqueda ha quedado atrás, es una iglesia sin Jesús y sin el Espíritu Santo. Entre la resurrección y la parusía esperamos, vigilamos, trabajamos, sufrimos, oramos por la venida del reino. Hacemos, vemos y respondemos a las señales. No pensamos en que ya hemos llegado, porque caminamos con Jesús el buscador –no se nos da de otra manera.[11]

Jesús les dijo a sus discípulos: «Si alguien quiere ser mi discípulos (aprendiendo de mí, y participando en mi servicio), tiene que negarse a sí mismo, tomar su cruz y seguirme».[12] Jesús vivió el mismo patrón que les dio a sus discípulos. Cuando fue levantado de la muerte, regresó a sus discípulos que le habían fallado, no para desecharlos porque lo habían abandonado, ni para consolarlos como si nada serio hubiera sucedido, sino para darles la oportunidad de comenzar con él de nuevo, en el camino que en él mismo se hizo el Camino. Se les ofreció vida al seguir a Jesús, porque él había venido a llamarlos de nuevo. Les da lo que él es y ha llegado a ser como el que ha vivido esta vida particular: no meramente el crucificado, sino el Hijo que vivió una vida entera con el Padre en forma tal que no rechazó la cruz.

La tentación

Jesús nos llama a buscar el reino de Dios con él en un mundo confundido y confuso, que está a nuestro alrededor y dentro de nosotros. Como hemos visto, la confusión está presente en la palabra «reino» y en las ambiciones y ansiedades que estimula. El reino de Dios se oscurece a nuestra vista. Inclusive al acercarse a nosotros en Jesús, no llega a ser claramente reconocido o entendido en cualquier destello de luz. Es por eso que las señales deben ser acogidas. Las señales no solo hacen presente lo que debemos esperar, sino que alumbran el camino en medio de las tinieblas que lo rodean. Pero con todo, las señales tienen límites; no aclaran todo de inmediato. Estimulan y guían la búsqueda, pero son vulnerables a la malinterpretación y se pierden en la oscuridad. La búsqueda por lo tanto requiere discriminación, no tan solo para prevenir del error sino para ver el bien.

El verdadero reino de Dios –el reino que es verdaderamente de Dios porque le es leal a Dios– tiene que distinguirse de los conceptos falsos y engañosos. Buscar incluye elegir entre la ambigüedad. Su proclamación requiere siempre discernimiento tanto de parte del mensajero como del oidor. Que el reino requiere discernimiento es otra forma de decir que es el lugar y la substancia de seria tentación. Falsas ideas del reino de Dios a menudo se visten de credibilidad, como los lobos con piel de ovejas.

Así fue también para Jesús: de hecho, es la principal verdad para él. Ya hemos sugerido que el mismo Jesús buscaba el reino de Dios, abriendo el camino como pionero. Ser un buscador del reino de Dios en este mundo complejo, confuso (y como dicen los cristianos, caído) incluye una lucha tanto interna como externa. Al momento de su bautismo Jesús fue llamado a ser el Hijo amado, viviendo con Dios y para Dios a la luz de la inminencia del reino de Dios.[13] Dentro de ese llamado afirmativo Jesús fue guiado (o impulsado) por el Espíritu al desierto para ser tentado. Un tipo de tentación ocurre cuando una persona íntegra, decente, que conoce y respeta la ley, de alguna manera siente la atracción de quebrantarla. La tentación de Jesús fue diferente porque la cuestión no era si guardaría una ley conocida y aceptada. Su llamado fue para algo más específico que mantener una ley que define deberes y ofensas particulares. La fidelidad a su llamado como el Hijo del Padre fue puesta a prueba. Ser fiel se tornó en discernimiento de lo que era el llamado.

¿Qué interpretación práctica le daría Jesús a ser el Hijo del Padre? ¿Cuál sería su objetivo al poner en práctica su llamado? Se requería más que un análisis intelectual separado de opciones. Poder discernir la manera de Dios en las realidades de la vida no es alejarse de la disposición para verla. «Poder discernir» descubre «discerniría». La habilidad y el deseo crecen o se atrofian juntos. Por eso, lo que Jesús hizo en la tentación no fue meramente aclarar una idea de lo que significaba su llamado, sino dar los primeros pasos para seguirlo bajo presión.

Tenía hambre después de cuarenta días: Satanás invitó al Hijo de Dios a que le ordenara a las piedras que se convirtieran en pan. Jesús lo rechazó: los seres humanos deben «vivir de toda palabra que sale de la boca de Dios». Llevado al pináculo del templo, a una altura peligrosa, es invitado a que se tire con la confianza puesta en los ángeles que tienen la responsabilidad de cuidarlo. Jesús le dijo: «No pongas a prueba al Señor tu Dios». Entonces Satanás lo llevó a un lugar aún más alto y le ofreció todos los reinos con su gloria, pero a un precio: «Si te postras y me adoras». Tenemos entonces que la mejor elección quedaba al descubierto. Jesús la hizo «¡Vete, Satanás!, porque está escrito: "Adora al Señor tu Dios, y sírvele solamente a él"».[14]

Imaginación

La historia de la tentación de Jesús puede narrarse concisamente. A veces se lee como una batalla en la que los asaltos de un poder externo, desconocido y maligno son abatidos por un héroe fuerte. Como el ungido Hijo de Dios, los valores de Dios estaban escritos en el corazón de Jesús para que él mantuviera su curso sin vacilar. Ni su moral ni su resolución se vieron afectadas. Esta es la manera de describir la tentación como si se tratara de incitar a una persona buena, correcta a apartarse del camino correcto conocido. La tentación viene del mal (representado aquí por Satanás) que busca destruir la bondad haciendo que el mal aparezca atractivo o benefi- cioso, revistiéndolo con «las visiones que deslumbran, los sonidos que tientan». La persona buena vence la tentación negando de manera protectora la virtud ya existente y manteniéndose en el camino correcto conocido.

Contrario a estas lecturas, muy a menudo se reconoce que la historia es una narración de la lucha de Jesús por discernimiento. El ser llamado trajo pruebas. La vocación no trajo la seguridad de una clara regla externa que debe observarse. ¿Qué verdad o valor podría haber en su calidad de Hijo si no fuera la plena acción de su corazón y mente y voluntad? Solo a medida que cumpliera el gran mandamiento podría ser el Hijo.[15] Preservar la virtud o reputación existente no es suficiente cuando Dios llama a la tarea de calidad de Hijo en la búsqueda del reino de Dios.

El concepto de tentación como ataque a una persona moral- mente bien preparada, que no tiene más vocación que la de prote- ger su rectitud, no explica muchas cuestiones importantes acerca del vivir que los seres humanos enfrentan. Ni siquiera se acerca a ver lo que está envuelto en la tentación de Jesús, o la del discípulo cristiano. Aquellos a los que se les ha dado a conocer el misterio del reino de Dios, como se describe en Mateo 13:11, son llamados a algo positivamente trascendente. Ser bueno evitando el mal cono- cido es demasiado limitado. Ellos están llamados a descubrir y a entrar en una vida creativa que sobrepasa lo que ya entienden y parece estar cómodamente a su medida. Lo que consideran ser nor- mas claras o reglas sencillas, fundamentadas en un orden social- mente aceptado, no es suficiente. Son llamados a lo que todavía no han alcanzado.[16]

Ser llamados de esta manera significa mucho más que pedirnos volvernos del mal. Así no fue con Jesús.[17] Los buenos son llamados a ir más allá de ellos mismos, de pasar de lo conocido y poseído a lo desconocido y aún no conseguido. Deben intentar la clase de acción que imagina posibilidades, discierne opiniones y descubre identidad. El llamado de Dios al ser humano incluye toda la persona o comunidad, en un peregrinaje inacabado.[18]

Como peregrinaje su significado está parcialmente cubierto en la meta no alcanzada; pero el significado se imparte en el camino, no tanto en paquetes de conocimiento que progresivamente aportan a la consecución de una imagen clara y completa, sino como destellos desconectados momentáneos que avivan la esperanza y originan trazos experimentales de lo que viene. Este peregrinaje está compuesto de pensamientos concebidos y arriesgados en experimentación. El discernimiento es integral para esta manera de vivir, no para detectar las «artimañas del diablo», sino para probar todos los pensamientos y aferrarnos al bien que se encuentra. ¿Qué otorga y requiere ser llamado el Hijo amado del Padre? ¿Se conoce con antelación antes del llamado? ¿Se comisiona al Hijo y se le da un plan, un horario con indicadores a lo largo del camino? Si el reino de Dios estuviera en las manos de un planificador moderno sería organizado de esa manera, pero no fue así para Jesús.

¿Vino Jesús a ser bautizado sabiendo que esta sería la ocasión de su reconocimiento desde el cielo como el Hijo amado? ¿O fue algo que sorpresivamente le dieron allí, y que él tenía que aceptar? Al ser llamado Hijo, necesitaba saber lo que eso significaba y cómo vivirlo. Es por eso que la prueba en el desierto era la parte necesaria del proceso que seguía: tenía que descubrir y aprender. Lo que no podía entenderse plenamente no podía vivirse como si su definición ya fuera conocida. La voz divina desde el cielo no eximió a Jesús de la tarea de vivir a la manera humana experimental. Saber el llamado no es tener la garantía de una práctica establecida o controlada.

A Jesús le tocó descubrir lo que su llamado envolvía. Aprendía a través de lo que sufría, como nos lo dice Hebreos. Hacia el final de sus días, daría un paso tras otro, intentando una respuesta libre y total a Dios, caminando por fe hacia lo desconocido. Siempre al acecho estaba la tentación de no perseverar en esta respuesta humana al llamado de Dios. Hubo siempre la amenaza de que parte de la oración de Getsemaní: «No me hagas beber este trago amargo», hubiera abrumado y bloqueado la segunda parte de la oración, «Pero no sea lo que yo quiero, sino lo que quieres tú». La respuesta que se escuchó –«hágase tu voluntad»– intensificó, en vez de eliminar la tentación.

Porque la tentación es la presión para escaparse del llamado. El llamado puede ser tan exigente que desecharlo parece ser la mejor opción. La presión, tal como lo vemos en Getsemaní, puede ser persuasiva porque una amenaza mortal se perfila en la noche: al final del camino del Hijo de buscar a Dios y a su reino, ¿se descubrirá que allí no hay Dios para nosotros? Seguir el llamado guía a la tentación que puede agitar a la persona hasta lo más profundo de su ser.[19] Los esfuerzos se antojan fútiles si el resultado es vano, y el coraje, la sabiduría y el sufrimiento son inútiles. El panorama ya podía imaginarse en la sombría soledad y el hambre del desierto, y de nuevo en Getsemaní. Sin embargo, Jesús discernió la manera de vivir frente a esta oscura y final posibilidad.

No se trataba de un camino de seguridad avalada, con un éxito garantizado con antelación. Antes de construir la torre, él consideró el costo, abierto a sus demandas. Viviría por la Palabra de Dios, no de una identidad independiente, bajo control o privilegiada. Si él era el Hijo de Dios, su identidad no era en sí misma una fortaleza inexpugnable, aunque podía ser libre, personal y responsable. Jesús vio lo que esto implicaba, y no tentaría al Señor dando por sentado su protección y mucho menos aprovechándose de ella, como si su valor ante Dios tuviera que ser actualizado para su propia preservación o éxito mundanal. No hay ninguna traza de evangelio de la prosperidad en Jesús. Él debía adorar a Dios y servirlo solamente a él, «dando, sin considerar el costo».

Llamado a vivir en el mundo para redimirlo, Jesús no podía evitar su participación en empresas que tal vez dieran la impresión de querer «ganar el mundo». Jesús y los que lo siguen se exponen siempre a un riesgo en su misión: quieren poder para salvar el mundo; no pueden soportar dejar el mundo en las manos del maligno. Jesús lloró por Jerusalén: Dios quiere que todos se salven:

el mundo necesita transformación. Por eso los discípulos acertadamente se preguntan: ¿por qué debe el diablo contar con las mejores armas o metodologías del mismo modo que tener las mejores melodías? Fácilmente, estas inquietudes buenas y prácticas llevan a los discípulos a construir sus imperios religiosos, sus fundamentalismos dogmáticos y sus proyectos de transformación mundial usando las mejores herramientas que han quedado en la cabaña del diablo.

Jesús no resistió la tentación inherente a la misión abandonando en principio al mundo; eso hubiera sido negar que el mundo es objeto del amor de Dios, que él es el dueño y lo reconcilia consigo mismo por medio de la redención del mismo en Cristo. Jesús decidió que no había sido llamado a un vivir un ascetismo individual autosalvador, «contento de dejar que el mundo pase, sin conocer ganancia ni pérdida», viviendo dentro de los confines piadosos de la calidad personal de Hijo, con la bendición y el amor del Padre. Jesús fue llamado a proclamar, a representar y a compartir la anticipación terrenal del reino de Dios. Nos enseñó a orar: «Venga tu reino, hágase tu voluntad en la tierra como en el cielo». Si hubiera renunciado al mundo, nos dice la narración de la tentación, este hubiera caído en las manos de Satanás que lo pedía con la audacia de un usurpador pensando que tenía derecho a él. Jesús fue fiel al reino de Dios incluso cuando Satanás vino disfrazado como estratega de una misión; ni tampoco renunció al reino que es verdaderamente de Dios en su universalidad y realidad, muy diferente de cualquier religiosidad privada y confortadora.

Leer la tentación de esta manera nos hace pensar que fue una lucha a través de la cual Jesús aclaró por sí mismo, lo que para él no estaba tan claro antes de ella. Satanás procuró la destrucción de la criatura: Jesús buscó ofrecer el proyecto del Dios Creador. Satanás no le confiere valor, ni quiere que se sostenga. Jesús no le responde a Satanás aferrándose a lo que él es, sino más bien viviéndolo en plenitud y encaminado hacia lo que aún no es. Acepta su existencia como Hijo de Dios al responder al llamado hacia lo que debe descubrirse mientras vive. Así que el objeto de la tentación no es solo

una evaluación de lo que es, sino una apertura crítica hacia el
futuro. Es decir, discernir conlleva el riesgo de visualizar, esperar y
apuntar hacia un futuro particular, incluso mientras respetamos el
hecho de que es desconocido e incognoscible hasta el día de su
venida. Necesitamos aventurar imágenes para vivir buscando lo
que no puede capturarse en imágenes. Escuchar el llamado incluye
algunas ideas provisionales, pero serias, acerca del futuro de Dios,
de cómo sería el reino de Dios cuando llegue. La imaginación es por
lo tanto indispensable para ser fieles al llamado de Dios.[20] Las
tentaciones de Jesús fueron intrínsecas a la vida como una aventura de imaginación arriesgada y costosa. En la imaginación hay
cierta clase de conocimiento dentro del cual el no saber es
intrínseco. Nuestras descripciones del futuro son poco fiables
porque son extrapolaciones de experiencias y conocimiento del
mundo presente. Ellas serán superadas por lo que Dios revele en el
fin, cuando, no por primera vez, seremos sorprendidos.[21] Vislum-
brar el futuro para que moldee acción, y actúe dentro de los límites
del conocimiento, es característicamente humano. A menudo, no
obstante, no vivimos de esta manera humana: nos balanceamos
entre clamar seguridad acerca del futuro avistado, y vivir como si
la visión fuera una pura e inútil manera de especular. Al momento
de la elección, promesas audaces son hechas por gente que declara
su capacidad para gobernar; algún tiempo después, caemos en el
cinismo escarmentado de la política y los políticos.

Necesitamos aprender a imaginar sabia y valientemente, a comprometernos sin ser arrogantes, porque Dios en Cristo no nos permite eludir ser orientados al futuro, incluso si el futuro se nos
oculta. Así que vivimos todo el tiempo como seres tentados y
probados, y lógicamente, nos alejamos a menudo. Necesitamos discernir, sin dejarnos llevar de nuestros temores para renunciar. El
primer paso para renunciar es rehusarnos a imaginar la esperanza.
Estamos llamados a vigilar y a estar alertas, pero este estado de
alerta no significa primariamente estar en guardia contra las
señales de problemas, sino más bien, estar listos para seguir el
reino de Dios dondequiera se señale su llegada.

Escoger el camino de Dios en vez de Satanás no es la respuesta a un futuro conocido con una seguridad suficientemente detallada para que la planificación sea posible. Es la fidelidad imaginativa a preferir un camino al otro, en un mundo donde el discernimiento es indispensable. La preferencia por el reino venidero de Dios difiere de la mera declaración de sí mismo y de la opinión en un desierto relativista. La preferencia nunca puede aislarse de la desconfianza de que no hay nada, sino el desierto que es donde tiene que hacerse. Debe imaginarse y aventurarse más allá de lo que puede verse y contarse como prueba visible.[22] Ser llamado es más que si nos dieran un mandato claro. El llamado dignifica, porque da responsabilidad para hacer algo original y creativo, hacer algo con el poco espacio que se nos ha confiado, aunque desconocido. El mandato, en el sentido estricto de la palabra, quita la libertad, en tanto que el llamado necesariamente la demanda y la arriesga. El llamado de Dios evoca el juego de la imaginación y también lo guía. La imaginación es susceptible a la tentación: por eso el discernimiento es el compañero indispensable de la imaginación.

Imaginación: fidelidad al llamado, no fantasía de la irrealidad

El tema de la realidad de lo que se imagina tiene su importancia. Con demasiada frecuencia los cristianos no se diferencian de otros al descontar lo que se imaginan como irreal, poco confiable e impracticable. Sin embargo, el discipulado sin imaginación cae en el moralismo. El llamado a la calidad divina de Hijo y al servicio en el reino de Dios solo se escucha mediante un acto de imaginación trascendente. La tentación es un conflicto de imaginaciones.

En la *Silla de Plata* de C. S. Lewis[23] la Reina Bruja argumenta que el príncipe, Barroquejón, y los niños, Jill y Scrub, deben acomodarse a su mundo porque ella lo ha creado de una manera muy palpable e innegablemente real. Barroquejón lucha con la Reina argumentando en favor de un mundo diferente donde el aire es fresco y el sol brilla. En el infierno, con poca esperanza de escape, su testimonio es desesperado, sin un respaldo evidente. Pero, aunque él no puede probar su punto, se aferra a lo que él sabe de su pasado. Reducido a su último intento, donde solo puede insistir que aun si su visión y valores no son más que un sueño, el sueño es mucho mejor que la realidad que la Reina gobierna y quiere que él se ajuste a esa realidad.

Mediante su débil pero persistente testimonio, la realidad que él conoce aunque no puede probar está presente para alentar la resistencia y la esperanza. Lo que puede rechazarse como imaginación vacía resulta que es realidad. La Reina no podrá ni correrá el riesgo de que el testimonio de Barroquejón sea verdad. Él señala la belleza y la bondad que existe fuera de su imaginación ignorante, que se concentra en un trabajo monstruoso de oscuridad. Más que una diferencia de opiniones, un conflicto radica se abre entre ellos, pero solo porque el desconsolado Barroquejón persiste en su precaria imaginación. El llamado de Dios no se sigue a través de liberación y realidad sin la prueba, el sufrimiento, la aventura de la imaginación. El llamado revelador del Dios trascendente estimula la imaginación, que abre nuestra pequeñez conformista hacia el Dios que renueva todas las cosas.

La tentación de Jesús y su candidez

En este capítulo nos atañe Jesús. ¿Quién fue el que colocó a un niño en medio de un argumento sobre el reino de Dios? Hemos considerado su llamado como el Hijo amado del Padre que lo hizo un buscador y un proclamador del reino de Dios. Buscar es una actividad imaginativa y con ella viene la tentación porque hay imaginaciones conflictivas con el reino de Dios. La pregunta que ahora surge es ¿cómo la tentación de Jesús, el buscador del reino de Dios, se relaciona con el niño que es una señal para los buscadores?

Hay dos conexiones posibles. La primera, por un circuito corto, encontraría una semejanza entre el niño y Jesús, como se ve en su tentación; la segunda manera pone al niño y a Jesús juntos en la lucha para salvar a los discípulos de ellos mismos. La primera manera no necesita a Mateo 18; la segunda se deriva de él.

▨ El circuito corto: el niño tiene una vida que vivir

¿Qué vínculo directo puede haber entre la tentación de Jesús y el niño? Ningún niño aparece en esta historia. Jesús fue tentado solo, como adulto. Por razón del tema y de la forma, un niño no podría ser tentado con esta clase de tentación. Un niño que esté cuarenta días en el desierto es casi imposible que sobreviva, y menos que tenga la habilidad de escoger entre opciones básicas de cómo vivir una vida adulta. El adulto es dependiente (independencia es en gran manera una ilusión pretenciosa), pero la dependencia del niño es de un orden diferente. El niño necesita atención y cuidado apropiados; a él no se le permite vagar por el desierto. Jesús fue lo suficientemente fuerte para ser llevado al desierto, solo, hambriento. No era un niño víctima de abuso o de negligencia, sino un ser humano desarrollado. Ni era un niño que no sabe cómo tomar decisiones sobre la vida y debe por lo tanto ser observado y guiado todo el día por padres o por políticas en materia de salud y seguridad.

La tentación de Jesús no fue juego de niños. Jesús, el hombre ya adulto, no se remodeló como un niño para ser el Hijo de Dios que argumentaba con Satanás. No volvió a la vida dentro de limitaciones específicas, dependencia y debilidades características del niño. En algunos discursos cristianos es popular hacer de la pequeñez y la debilidad una virtud como si eso armonizara con el evangelio de la cruz. Esto es más romance que realidad. No encontramos el parecido entre Jesús y el niño en estos términos. Por el contrario, así como Jesús luchó en la tentación para discernir y seguir su llamado a la vida, de igual manera el niño tiene que hacer sentido de la vida y descubrir su propio camino en ella. Jesús no debe vincularse al niño haciendo que el Jesús adulto retorne a la debilidad del niño, sino viendo al niño como partícipe en la aventura de la vida a medida que se hace visible en la vida de Jesús.

Desde el comienzo de la vida, antes de que tuviéramos una

lengua para articularlas, las preguntas asedian al ser humano y son contestadas de una manera u otra. James Loder verbaliza estas preguntas: «¿Qué es una vida?», «¿Por qué la vivo?»[24] Quizá haya otras maneras de formular la pregunta. Podríamos agregar, por ejemplo, «¿Cómo debo vivirla?» Antes de que un niño pueda escuchar preguntas verbalizadas, él o ella está necesariamente descubriendo alguna manera a través de las etapas de la vida, desarrollando una visión trabajadora de sí mismo, de otros y del mundo. Ser niño es un acto de imaginación experimental, personificada y acumulativa de parte del niño para establecer cierto orden y dirección en lo que de otra manera sería una confusión de acontecimientos aleatorios.

Trabajar con estas preguntas envuelve a la persona que las hace en su propio envolvimiento. El trabajo no puede contratarse externamente. Mucho recibe la persona del amor de los demás; y es mucho lo que el dinero puede comprar, pero ser y convertirse en una persona tiene que hacerlo uno mismo.

Padres, educadores o el estado pueden hasta cierto punto hacerse cargo de este trabajo de imaginación (bajo la consigna, sin lugar a dudas, de estimularla en el niño), y privan así al niño de su niñez. Gobiernos y culturas dominantes tratan de hacerlo. La contribución de los adultos al crecimiento del niño no debe negarse: el niño que no convive con adultos que hablen y jueguen con él, no crecerá. Pero lo que los adultos dan es apenas un servicio suplementario a lo que el niño puede y debe hacer por sí mismo. A veces, la contribución del adulto inhibe o destruye a los niños porque les quitan el espacio que ellos necesitan para imaginar y edificarse ellos mismos a lo largo de sus vidas. Este espacio es mental y físico. Los niños en épocas menos favorables a la niñez tal vez tuvieron más espacio del que se les permite hoy. A la edad de doce años Jesús se perdió, y parecería que entre los que lo escuchaban había niños solos, como el niño de los cinco panes y dos pescados. Pocos niños viven en un espacio donde el mejor equilibrio entre que los vigilen y los dejen solos se logra; parte de la tarea de la vida para la mayoría de los niños es descubrir maneras de compensar demasiado control o muy poca atención y salir de ese espacio sin daños dolorosos.[25]

El niño tal vez sueñe con ser médico o piloto de una aerolínea, o una celebridad. Todo depende de las visiones y ejemplos que se le den al niño. Pero a medida que crece, la visión se torna más específica e individual hasta que el niño la reconoce como el llamado de su vida personal. Identidad, expectativa y compromiso se unen entonces de un modo excepcional.

Triste es el niño al que no se le permite soñar en lo que él o ella será; o cuyo futuro se determina, sin libertad, para asegurarlo contra la aventura necesaria hacia lo desconocido. Triste también es el niño perezoso o temeroso de arriesgarse a seguir el sueño hacia lo desconocido. Los impedimentos o falta de incentivos que acosan al niño no deben subestimarse. Lo desconocido no es un mero espacio en blanco para el niño; puede ser la esquina oscura, menos frecuentada de la casa, una zona prohibida donde se producen sonidos extraños, tal vez señales de fantasmas. Triste es el niño para el que no hay práctica, ni consejo, ni sabiduría acerca de cómo «navegar»[26] en la vida, escuchando y respondiendo a un llamado compuesto de visión y de lo desconocido.

Para evitar todas estas tristezas diversas, el niño debe trabajar viviendo, día a día, despacio, creciendo su yo personal por medio del aburrimiento y conmociones internas. El niño crece no solo mediante el logro de operaciones sencillas y manejables, pero en una existencia precaria, personal, compleja y genuina. La educación mayormente se limita a lo que es practicable, razón por la cual mucho del aprendizaje y el crecimiento tienen que ocurrir fuera de ella.

Ahora podemos ver que el niño tiene un patrón que lo asemeja a Jesús, siendo simultáneamente llamado y acechado por la tentación. Ser un niño, expresado en términos teológicos, es ser llamado y afirmado por Dios el Padre, aunque movido por el Espíritu al desierto cada día, cumpleaños tras cumpleaños, para distinguir allí lo que el llamado significa. El llamado de Dios necesita ser escuchado, discernido para luego retenerlo. El llamado de

Dios al niño, a la persona en crecimiento, se relaciona íntima-
mente con el crecimiento de la persona, con identidad específica.
El llamado de Dios no designa personas como seres «llamados», ni
las coloca en cajas, «gitano, sastre, soldado, espía», que se visten
con uniformes y se pierden en el grupo. El llamado de Dios evoca
una identidad específica. Es por eso que el llamado de Dios no es un
mandato restrictivo ni dominante, sino más bien una invitación
que nos lleva a una libertad receptiva, donde Dios se encuentra
como el espacio para crecer. Muy a menudo, se presenta falsa-
mente a Dios como la última restricción a la libertad. En realidad,
Dios llama a todos sus hijos al desierto para vivir en libertad.[27] Así,
la primera tarea de vida del niño para escuchar y seguir el llamado,
discernirlo y retenerlo contra malinterpretaciones verosímiles,
tiene el patrón que vemos en el llamado y tentación de Jesús. En
ambos, vemos al ser humano buscando el camino de la vida, dentro
del marco de la Paternidad de Dios, que se revela en momentos de
llamado y debe ser seguido en días de prueba. Si el niño en esencia
tiene una vida moldeada como la de Jesús, entonces, asimismo,
diríamos que el Jesús adulto fue un niño, no en la dependencia
débil, sino en la exploración y la prueba, la obediencia y la fidelidad.

El camino más largo: Jesús en la tentación
con los discípulos y el niño

Satanás en otros disfraces

La tentación de Jesús, contada detenidamente en Mateo y Lucas es
un episodio significativo al comienzo de su ministerio, e impres-
cindible para el mismo. Es acerca de su vida en el mundo como el
siervo de Dios. En el desierto no se logró una victoria final; más
bien, el debate se concentró ampliamente en temas fundamentales
que figuran a lo largo de su vida. El diablo lo dejó después de
cuarenta días,[28] pero la tentación volvió a Jesús de otras maneras. Y
volvía a través de la gente con la que vivía. ¿Por qué debería sorprendernos? Ya que el mundo está lleno de la clase de gente que
somos, el diablo puede, la mayor parte del tiempo, como el padrino

de la mafia, descansar y disfrutar la buena vida en alguna Costa del Crimen y dejar que sus acólitos le ocasionen problemas al reino de Dios en el mundo.

Tentación por medio de los amigos de Jesús

La tentación vino de parte de Satanás –esa es su profesión. También llegó a través de los enemigos de Jesús: no es ninguna sorpresa. De acuerdo con Lucas 13:31, los fariseos, algunos de ellos simpatizaban con él y tal vez se preocuparon por su bienestar, pero otros eran hostiles y trataron de asustar a Jesús diciéndole que Herodes intentaba matarlo. Jesús no se amedrentó y les dio un mensaje para «ese zorro»: «Mira, hoy y mañana seguiré expulsando demonios y sanando a la gente, y al tercer día terminaré lo que debo hacer. Tengo que seguir adelante hoy, mañana y pasado mañana, porque n puede ser que muera un profeta fuera de Jerusalén». Esta historia, con las características propias de Lucas, nos recuerda que hubo presiones sociales que tentaron a Jesús para que abandonara su llamado. Pero cuando los enemigos agitan el miedo por lo que pudiera ocurrir, la tentación es una de las más fáciles de resistir, porque llega promocionando su hostilidad y provoca testarudez, orgullo, incluso una actitud desafiante.

Más seria fue para Jesús la tentación proveniente de amigos con el aparente compromiso compartido de una misión y el servicio del reino de Dios. Jesús escogió a doce para que fueran sus discípulos – y «uno de ustedes es un diablo», dijo de acuerdo con un informe sombrío.[29] Cuando la tentación le llegaba a través de sus discípulos, Jesús tenía que enfrentarla de nuevo.

Cuando Jesús les preguntó a los discípulos quién creía que era él, Simón confesó: «Tú eres el Cristo, el Hijo del Dios viviente». Él lo dijo, porque como afirmó Jesús, le fue dado por «mi Padre que está en el cielo».[30] Jesús dijo en algún otro lugar que era voluntad del Padre que lo que estaba escondido de los sabios y aprendidos se les revelaba a los niños».[31] Solamente como un pequeño, receptivo a la revelación del Padre, puede Simón ver y confesar que Jesús es el ungido de Dios. Solo así, Simón es llamado Pedro, que tiene algo que ver con la roca sobre la cual se construye la iglesia. Solo así a él se le confían las llaves para abrir o cerrar el reino de los cielos en el mundo.

De este modo, pudiéramos decir, gracias a su confesión de fe, los seguidores de Jesús llegan al punto al que Jesús había llegado en su bautismo. Allí, la voz del cielo lo proclamó como el Hijo amado. Aquí Pedro proclama: «Tú eres el Cristo, el Hijo del Dios viviente». De esta manera, lo que se dijo desde el cielo, ahora se dice en la tierra. Pero el solo decirlo no es suficiente, aunque así lo parezca, es para todo el mundo, para que quede claro: es una verdad que una vez conocida , nunca puede olvidarse. La pregunta surge en ambos casos: ¿cómo vivir esta revelación en el mundo? ¿Qué sigue? ¿Qué sustancia tiene la Palabra de Dios en el ser humano? Después del bautismo, Jesús se apartó por cuarenta días. Después de la confesión de Pedro, Jesús les ordenó a sus discípulos que no le contaran a nadie que él era el Cristo, y luego se apartó con tres de ellos y se dirigió a la montaña. En ambos casos hay cuestiones que tienen que resolverse en aislamiento. Este aislamiento no es para privatizar ni individualizar la fe, sino para verla más claramente, aceptarla más plenamente, inclusive para estar más abiertos a su mundanalidad característica. ¿En qué se habían metido los discípulos al confesar que Jesús era el ungido de Dios?

Dentro de esta comunidad de fe confesada por Pedro, Jesús les explicó por primera vez la naturaleza de su llamado y del reino de Dios: comenzó a enseñarles a sus discípulos que él debía ir a Jerusalén, que sufriría y lo matarían y al tercer día resucitaría. Entonces Pedro, al que Dios le había dado la confesión de fe, lo llevó aparte y comenzó a reprenderlo diciendo: «¡De ninguna manera, Señor! ¡Esto no te sucederá jamás!»[32] Pedro estaba siendo consistente con la ignorancia del no convertido que llevaba consigo en su confesión de fe. Llamaba a Jesús a que actuara de la manera como él se imaginaba y quería que Cristo fuera: un Cristo adecuado para un reino construido alrededor de la búsqueda de grandeza. A Pedro todavía le quedaba un largo camino por recorrer como discípulo.

Jesús no reaccionó contra Pedro como si hubiera cometido un pequeño error que podía subsanarse con una enseñanza gentil y correctiva. No, se volvió enérgicamente a él: «¡Aléjate de mí, Satanás! Quieres hacerme tropezar; no piensas en las cosas de Dios sino en las de los hombres». Lo que Pedro dijo conmovió a Jesús personalmente. Lo tentó con otra manera de ver al Hijo de Dios. El encuentro en el desierto con Satanás apareció de nuevo, esta vez de parte de su amigo. En vez de encontrar fortaleza en la compañía de sus discípulos, nuevamente fue consciente de su vulnerabilidad. El deseo básico humano de tener seguridad (salud, protección y la oportunidad de disfrutar la vida con amigos), era meritorio y atractivo. Generalmente se afirma como bueno. Aquí Pedro lo hace específicamente a Jesús, redefiniendo por lo tanto su llamado y misión, y amenazando la integridad de su relación con el Padre.

Jesús comprende que es un escollo que se atraviesa en su camino. Escandalizar al pequeño que cree en Jesús, y es causa de su caída, es más terrible de lo que puede imaginarse de acuerdo con Mateo 18:6. En esta historia, vemos que Jesús es uno con ellos en su vulnerabilidad. Ambos tienen una vida que vivir en un mundo donde surgen las ofensas. Para su tentación, Jesús fue colocado frente al fundamental escenario con opciones, por Dios o contra Dios y su voluntad y manera. Por eso no observó la situación como una oportunidad para enseñar, sino como una lucha entre imaginaciones contrapuestas. En este momento, Jesús por sí mismo tenía que decidirse de nuevo por Dios en un lugar complicado donde era más fácil tomar otro camino.

Las palabras de Jesús a Pedro estallan sorprendentemente, porque significa que siendo un discípulo, que sabe quién es Jesús, que lo confiesa y que ha sido designado como la roca sobre la cual se edificaría la iglesia, no le impide tentar a Jesucristo, como lo hiciera Satanás, y todo lo hace a la sombra de ser su amigo, un compañero de misión, preocupado por sus mejores intereses y sirviendo para la gloria de su reino.

Si los discípulos pudieron ser el vehículo de la tentación de esta manera, tal vez por la inocencia de su entusiasmo no informado hacia Jesús y el reino de Dios, no es de sorprender que ellos también fueran vulnerables a esa tentación, y menos capaces de resistirla que Jesús. De hecho, mostraron con sus acciones y palabras, una y otra vez, que estaban cayendo en ella. La búsqueda de ellos de grandeza respondía a sus profundos apetitos dentro de ellos mismos. Correspondía a sus motivaciones y ansiedades. El reino de Dios avivaba en ellos deseos que les impedía entrar en él. Tenían que «volverse» si iban a tener alguna parte en él. La grandeza para ellos estaba representada por el «reino», con su clasificación competitiva de la diferencia entre grande y pequeño, poderoso y débil, glorificado y despreciado.

Jesús se resistió a la tentación de interpretar mal el reino de Dios de esta manera. Esta tentación era como un proyectil dirigido al corazón de su llamado y misión. Bajo este asalto, tenía que oír de nuevo el llamado y la afirmación del Padre y escoger a Dios y no al hombre. Hacerlo así causó en él un doloroso conflicto con el poder hostil. Probó su capacidad para discernir entre lo verdadero y lo falso y decidir ser fiel. Podemos imaginar que el ilusorio buen sentido de la tentación fue inquietante.

Cuando la gente se siente acosada por estos sentimientos en situaciones en las que debe tomar decisiones significativas sobre asuntos serios, puede tornarse intensamente sensible a la soledad. Quedar sin compañía o apoyo ahonda la tentación. Jesús sufrió solo en el desierto. Pero invitó a sus discípulos para que «estuvieran con él y a ser enviados a predicar». Quería no solo capacitarlos, sino tener también compañía en su jornada. En Getsemaní les pidió que vigilaran y oraran con él –¿fue eso solamente por el propio bien de ellos? Jesús acogió complacido el apoyo de amigos. Agradeció el haber sido ungido por la mujer en preparación a su muerte.[33] Por eso, cuando él les dijo a los discípulos que el Cristo iba a ser matado, fue duro descubrirse solo y abandonando incluso por Pedro que le había dicho: «Tú eres el Cristo». No que Pedro ya lo hubiera negado y alejado, pero en lo que él imaginaba que era el reino de Dios, estaba abandonando a Jesús.[34]

Cuando los discípulos buscaban grandeza en el reino de Dios,

Jesús se encontró otra vez solo. Colocó a un niño en el medio para mostrarles cómo era el reino de Dios; pero también –podemos adivinarlo ahora– porque quería la compañía del reino de Dios en el lugar donde su pequeña e incipiente comunidad del reino de Dios se estaba desmoronando a su alrededor. El niño, la clase de ser humano del que está formado el reino de Dios,[35] era más que una ayuda pedagógica en las manos de Jesús; el niño era una fortaleza amable para él en la lucha contra la tentación, un recordatorio constante de su llamado. Cuando el diablo lo dejó al final de la tentación en el desierto, «unos ángeles vinieron para servirle». Cuando los discípulos se estaban convirtiendo inadvertida aunque dolorosamente en un obstáculo para él, Jesús colocó a un niño en el medio y este, sin decir una sola palabra, se unió a su testimonio del reino de Dios.

Los discípulos no estaban reflejándole a Jesús la señal del reino de Dios, que les mostraba cómo era y cómo entrar en él. Cuando los discípulos lo dejaron solo, cuando no lo consolaron en sus dificultades ni fortalecieron su discernimiento y compromiso con la manera como debía actuar, él encontró ayuda en el niño. Pudo haber seguido solo, pero eso habría insinuado que la búsqueda del reino de Dios era una tarea solitaria para gente muy especial. Jesús no se dio por vencido ante el principio y la esperanza de una búsqueda compartida del reino de Dios, de una comunidad que le era fiel, demostrando y compartiéndola como una posibilidad abierta para todos. Si los discípulos no iban por lo menos en ese momento a trabajar con él en comunidad, él encontraría otra manera. Encontró a un niño que intervino como representante y compañero del camino hacia el reino de Dios.

A través de la presencia del niño, podríamos suponer que Jesús encontró más que un refugio emocional de la soledad causada por la insensibilidad y dureza de los discípulos. Si los discípulos lo hicieron regresar a la tentación fundamental, el niño lo fortaleció siendo un testigo mudo contra el reino falso. Colocar al niño fue otra manera de continuar su obra. Lo que descubrió en el niño fue una manera de señalar el reino de Dios, de reafirmar su visión y compromiso con su carácter, y de educar a sus discípulos. Colocar al niño no fue escogerlo contra sus discípulos, o en vez de ellos, sino de seguir el argumento con ellos. Y como Jesús quería que ellos dieran un testimonio colectivo del reino de Dios (para que fuera más que una búsqueda refinada y espiritual individual) tenía que seguir argumentando con ellos de una manera social y comunitaria. No bastaba que él dijera: «Sean como yo, como modelo individual». Era más bien, «únanse a la comunidad. Yo comienzo haciendo esta comunidad con un niño».

NOTAS

1 Mateo 28:18-20
2 Juan 6:68
3 Juan 2:5
4 Dorothee Sölle, *Christ the Representative*, 1965, pp. 115-116. El libro de Sölle, en general, tiene una extraordinaria importancia para nuestro trabajo, y en particular para distinguir substitución y representación, y mostrar cómo la distinción es significativa en la teología y la práctica.
5 Hebreos 4:5
6 Hebreos 4:7-8
7 Efesios 1:14; 2 Corintios 1:22, el Espíritu como «sellado», el pronto pago.
8 Explícito en Juan 6:15; 18:36
9 Filipenses 2:5-11; Hebreos 4:14-15; 1 Juan 4:2; Apocalipsis 5:6; George F. Macleod, *Only One Way Left*, 1956, p. 145: «Hay un Hombre Coronado en los cielos [...] un Cordero que había sido sacrificado». Esta oración tan impresionante es el tema principal de este libro extraordinario, tristemente olvidado.
10 Efesios 1:13-14
11 Filipenses 3:8-16
12 Mateo 16:24-25
13 Mateo 3:17; 4:17
14 Mateo 4:1-11
15 Mateo 22:34-40
16 Filipenses 3:7-16; Hebreos 11
17 Mateo 4:13-25
18 D. Bonhoeffer, *The Call to Discipleship*, 1959, capítulo 6; *Letters and Papers from Prison*, carta del 21 de julio de 1944; Ethics, 1955, sección sobre "History and Good".
19 La historia devastadora de Romeo Dallaire de cómo ser fiel a un buen llamado puede quebrantar a una persona fuerte. La historia de la dirección de la Fuerza de las Naciones Unidas en Ruanda impropiamente apoyada antes y durante el genocidio de 1994: *Shake Hands with the Devil: The Failure of Humanity in Rwanda*, 2004.
20 Haddon Wilmer, "'Vertical' and Horizontal' in Paul's Theology of Reconciliation in the Letter to the Romans", in *Transformation*, vol. 24, Nos. 3 and 4, 2007, p. 159

21 Gerard W. Hughes, *God of Surprises*, 1985
22 Hebreos 11:1ss: toda esta gente de fe «se mantuvo firme como si estuviera viendo al Invisible (v.27).
23 C. S. Lewis, *La Silla de Plata*, 1953, capítulo 12. La Reina Bruja niega toda la conversación entre el sol y un león (Aslan) tildándolo de un mero sueño: «Dejen esas triquiñuelas infantiles. Tengo trabajo para ustedes en el mundo real. No hay Narnia, ni Mundo de Encima, ni cielo, ni sol, ni Aslan». Barroquejón pisoteó el fuego y la retó con un argumento para el que, en el Mundo de Bajotierra, él no puede probar. «Una palabra. Todo lo que has dicho es muy cierto, no me extrañaría nada. Soy un tipo al que siempre le ha gustado conocer lo peor para luego enfrentarlo lo mejor posible. Así que no negaré nada de lo que has dicho. Pero aun así queda algo más que decir. Supongamos que solo hayamos soñado o inventado todas esas cosas, árboles y pasto y sol y luna y estrellas y el propio Aslan. Supongamos que así fuera. Entonces todo lo que puedo decir es que, en ese caso, las cosas inventadas parecen ser mucho más importantes que las verdaderas. Supongamos que este foso negro que es tu reino sea el único mundo. Bueno, a mí se me ocurre que es harto pobre. Y eso es lo divertido, si te pones a pensar. Nosotros somos sólo niñitos imaginando un juego, si es que tú tienes la razón. Pero cuatro niñitos jugando un juego pueden hacer un mundo de juguete que le gana muy lejos a tu tan verdadero mundo hundido. Por eso me voy a quedar con el mundo de los juegos. Estoy del lado de Aslan en ese mundo, aunque no exista un Aslan que lo gobierne. Voy a vivir lo más como narniano que pueda aunque no haya ninguna Narnia. Por lo tanto, agradecemos mucho tu cena y, si estos dos caballeros y esta dama están dispuestos, abandonaremos tu corte de inmediato y partiremos en la oscuridad a pasar nuestras vidas en la búsqueda de Sobretierra. No creo que nuestras vidas vayan a ser muy largas; pero sería una pérdida mínima si el mundo es un lugar tan aburrido como tú dices». https://psiqueyeros.files.wordpress.com/2010/04/lewis-c-s-las-cronicas-de-narnia-iv-la-silla-de-plata.pdf
24 James E. Loder, *The Logic of the Spirit*, 1998. En marzo de 2012 CTM convocó a una conferencia en Princeton sobre la obra de Loder; los documentos que se entregaron allí se preparan para ser publicados.
25 Este tema se explora maravillosamente, no sin cierto romanticismo extravagante, en Jay Griffith, Kith: *The Riddle of the Childscape*, 2013.
26 La palabra «navegar» surgió en la consulta sobre Teología Infantil en Ciudad del Cabo y a partir de entonces no ha sido desarrollada en otras discusiones sobre Teología Infantil. En nuestra opinión merece más atención como metáfora para entender al niño y el reino de Dios.
27 Gálatas 5:1
28 Mateo 4:11
29 Juan 6:70; 13:2
30 Mateo 16:17
31 Mateo 11:25-26
32 Mateo 16:22-23
33 Mateo 26:6-13
34 En este pasaje, el niño estaba haciendo por Jesús lo que Jesús dijo que los discípulos habían hecho, según Lucas 22:28: ellos había «permanecido» —se mantuvieron hasta el final– con Jesús en sus procesos. Pero extrañamente, Lucas coloca su comentario positivo en la narración de la Santa Cena, junto con el informe de los discípulos y su disputa de quién era el mayor. Jesús los reprendió recordándoles que el reino al que habían sido nombrados como

discípulos de Jesús era muy diferente a los reinos del mundo. Entre ellos, el mayor debe ser como el menor que sirve (Lucas 22:24-30). Así, en la narración de Lucas, los discípulos siguen con él en sus pruebas, a pesar de que no viven en su forma y espíritu. Jesús anhela tener esta cena con ellos antes de sufrir – quiere compañía y se comporta como si la tuviera (Lucas 22:14-23). Y sin embargo, al mismo tiempo, le advierte claramente a Pedro que antes del amanecer ya habrá negado tres veces que conoce a Jesús, a pesar de su respuesta de que él estaba listo a morir con Jesús (Lucas 22:31-34).

35 Mateo 19:14

Capítulo cuatro

El discípulo

«—Les aseguro que a menos que ustedes cambien y se vuelvan como niños, no entrarán en el reino de los cielos».

MATEO 18:3

«...y el que no toma su cruz y me sigue no es digno de mí».

MATEO 10:38

JESUS ES EL HIJO que busca el reino de Dios. Tiene su propia manera de encontrarlo, incluso cuando lo está abriendo para los demás. Por eso Jesús escogió a los discípulos para que estuvieran con él, colaboraran con él en su misión y compartieran diariamente con él una gama de experiencias y encuentros mientras recorrían juntos su jornada. Entre estas experiencias fueron notables la Transfiguración (para Pedro, Jacobo y Juan), y para los once, Getsemaní. Y cuando colocó al niño en medio de ellos, este grupo alejado y competitivo le presenta oposición. Cuando se encamina a Jerusalén a beber la copa del destino, los doce elegidos están en otro orden de cosas. ¿Es fantasía ilícita imaginar que, confrontado por estos discípulos, Jesús se siente aislado e incluso abandonado, como sucedería al final?

¿Fue su sentir en este momento paralelo a la manera como él reaccionó ante el fracaso de ellos de no poder curar al muchacho endemoniado: «¡Ah generación incrédula y perversa! ¿Hasta cuándo tendré que soportarlos. Tráiganme acá al muchacho» (Mateo 17:17)? Aquí hay más que impaciencia y un reproche por la falta de fe: hay desengaño y soledad. Jesús había escogido a doce discípulos para que anduvieran con él por el camino. Cuando descubre sobre qué están discutiendo, siente cuán solo y débil está; qué poco se ha oído, acatado o entendido. Busca amigos que anden con él por el mismo camino y que tengan la misma mente y no encuentra a ninguno (Salmo 142:4). ¿Quién está allí para él? No los discípulos; así parece.

Al colocar a un niño en el medio (un pequeño: ¿apenas un pequeño?) Jesús actúa como mucho más que un maestro o un buen comunicador que ha encontrado una forma visual precisa para dejar muy en claro su punto. El acto de colocar a un niño en medio de ellos es de una rica textura y lleno de significado potencial. El mismo Jesús en este momento de su jornada, en la ruta hacia el Calvario, un buscador solitario del reino de Dios, está anhelando tener amigos en su misión. Lo único que puede encontrar es a un niño, que posiblemente anda a la deriva, con los ojos abiertos y sin ninguna presión, ningún plan –demasiado pronto para pensar en una profesión o carrera. Jesús lo toma, no solo como una palanca útil en el argumento con los discípulos, sino como una buena compañía en su misión. Jesús no estará solo. Será fortalecido en su desengaño e impaciencia al recibir para sí una señal del reino de Dios. Así como le dio a Juan el Bautista señales que lo animaran, de la misma manera saca alguna afirmación o consolación, por implícita y efímera que fuera, del niño.[1]

La motivación de la acción de Jesús de colocar al niño en el medio –es decir, lo que Jesús pensó y lo que lo motivó a hacerlo– no se encuentra explícito en la narración de este acontecimiento. Tal vez se descubra en algún otro lugar, por ejemplo, en Mateo 11:25-30. Incluso si estas no son realmente las palabras de Jesús, nos dicen lo que el Evangelista pensó él tenía en mente. Jesús censura a las ciudades que no quisieron arrepentirse al ver las señales hechas en ellas y optaron por consiguiente en trabajar independientemente del gobierno del reino de Dios: se sintió desengañado, impaciente, amenazado y rechazado. Es en esa situación que Jesús se alegra en el Espíritu cuando dice: «Te alabo, Padre, Señor del cielo y de la tierra, porque habiendo escondido estas cosas de los sabios e instruidos, se las has revelado a los que son como niños».[2] De esta manera Jesús repite la refutación al ofrecimiento de Satanás de darle todos los reinos del mundo; acepta que las ciudades no van a ser de su reino; de hecho, solo los pequeños[3] ven la oferta y responden a ella. Jesús se alegra de ello.

Su desengaño se supera al reconocer que esta es la bondadosa voluntad de Dios. Así que Jesús encuentra descanso para su alma (Mateo 11:28-29) y con esa base la ofrece a los que están cansados y agobiados. ¿Qué es lo que agobia a esta gente? Podría ser la misma experiencia de vida que Jesús tuvo en el mundo. En el mundo, las señales y ofertas de lo bueno se rechazan; gran parte del resultado de la vida urbana y de poderosas organizaciones es la frustración. En este mundo oscuro y cegado, la destrucción intolerable llena el horizonte del futuro. Pero no tanto. Hay una pequeña rendija precaria abierta hacia la vida, para que la vean aquellos que se humillan y están listos a recibir a los pequeños y a ser sus amigos. Jesús le da gracias al Padre[4] por esa apertura y avanza por ella. Llama a otros al mismo camino y se ofrece como guía, porque él mismo sigue ese camino: «Carguen con mi yugo y aprendan de mí».

El que Jesús colocara al niño en el medio debe leerse como algo mucho más que un mecanismo de comunicación para hacer entender una cuestión a sus discípulos que así lo necesitan. Revela algo acerca de lo que pasó en la elección que él mismo hizo por el reino de Dios, en el transcurso de un ministerio fructífero acosado por frustración y falta de solidaridad. Jesús no les dijo a los discípulos que se hicieran como niños, si bien era el remedio que necesitaban, mientras vivió y pensó de sí mismo como el Señor y Maestro que estaba sobre todo. La historia en Mateo 18 tiene así una importancia cristológica; es una clave para el Evangelio como un todo, y no un mero acontecimiento de menor importancia. A través de él una nueva luz se arroja sobre la misma naturaleza y llamado de Dios en Cristo.

El reto de la soledad de Jesús hoy

Los cristianos se consideran a sí mismos discípulos de Jesús, y presuponen que Jesús y sus discípulos son uno en la fraternidad del reino de Dios. Obviamente, los cristianos aceptan que son discípulos en entrenamiento y tienen por lo tanto mucho que aprender: a veces son lentos para hacerlo, otras veces se equivocan seriamente. Pero la relación básica, tal como se describe, es el de una comunidad de Jesús y de sus colaboradores que trabaja en consenso y mayormente en armonía. Nuestra propia imagen como iglesia es que somos la compañía o empresa de los amigos de Jesús. Los doce conformaron el prototipo o semilla de la iglesia, que es lo que somos «nosotros hoy».

Por eso nos resistimos a cualquier sugerencia de que los discípulos dejaron a Jesús solo y sin amigos porque no estaban con él en espíritu y en práctica. Todos los años en la Semana Santa, recordamos que ellos lo traicionaron, lo negaron o lo abandonaron al final, pero el movimiento del año cristiano nos permite minimizarlo como una aberración en una situación extrema. Lo meditamos profundamente durante un par de días, pero luego volvemos a un patrón o imagen dominante que se deriva de una lectura por lo general muy bonita del ministerio galileo, y del amor y entusiasmo con el que ellos lo dejaron todo para ser sus discípulos cuando Jesús los llamó por primera vez. Incluso si no actuamos muy de cerca con Jesús, confiamos en que él nos ama incondicionalmente, como nos complacemos en decir.

Nosotros, los amigos de Jesús, somos la iglesia en el mundo de hoy donde de manera obvia, opresivamente, muchos de los que están a nuestro alrededor no son nada amigos de Jesús. La presión externa negativa intensifica el sentido de que «nosotros», los de adentro, somos los amigos de Jesús. Y no comenzamos a leer la historia del evangelio con las antenas puestas para ver la soledad de Jesús *aun en la compañía de sus discípulos*, quienes simbolizan la iglesia de la cual somos parte.[5] Nuestro fracaso en aceptar este punto cuando leemos los Evangelios surge y se realimenta de nuestra incapacidad de pensar que tal vez hoy estamos dejando a Jesús en su soledad.

Piense en una clase no extraña de iglesia. Sigue adelante e incluso crece porque es una comunidad acogedora. Por lo tanto no puede arriesgarse a imaginar que tal vez está fallando en la amistad esencial que constituye la iglesia: la relación con Jesús. Su identidad se arraiga en el postulado de que los cristianos son aquellos que están *con Jesús*.[6] Esta clase de iglesia puede confesar falibilidad, errores, imperfección sin perjudicar la seguridad subyacente de estar con Jesús, quien nos abraza a todos con fidelidad misericordiosa.[7] Ser amigos así de Dios en Cristo puede embotar la sensibilidad y no dejarnos ver que hoy tal vez estemos también dejando a Jesús en su soledad.[8]

La cruz para los discípulos

Para los discípulos fue difícil mantenerse al ritmo de Jesús, en el camino y en el espíritu. Así que la brecha se abrió y se ensanchó. En el Evangelio, la soledad de Jesús se agudiza cuando declara abiertamente que va a la cruz y ese es el camino que él abre a todos lo que le siguen: «Si alguien quiere ser mi discípulo, tiene que negarse a sí mismo, tomar su cruz y seguirme» (Mateo 10:38-39; 16:24). En ese momento ellos se resisten, objetan, se muestran reacios e incluso tratan de quitarle el control a Jesús y alejarlo de un final tan indigno y oscuro en el que ellos no pueden ver nada bueno, mucho menos esperanza.

El llamado al discipulado a menudo se interpreta como una convocatoria abrupta y perentoria: Jesús nos llama diciendo: «Sígueme», y los que él llama inmediatamente lo dejan todo y se van con él.[9] Está la opción «lo tomas o lo dejas». La inflexible simplicidad del llamado no ha de suavizarse. No obstante, tiene otro lado: Jesús amó hasta el final a los discípulos que había elegido y no quería perder a ninguno de ellos. Las narraciones del evangelio indican que Jesús estuvo ocupado en un persistente, versátil y creativo trabajo de persuasión. Por eso cuando los discípulos mostraron su evasiva al llamado para seguir a Jesús, llevando la cruz, descubrió otras maneras de ayudarlos a entender y responder. Jesús entonces optó por el método del dueño del viñedo, en una de sus parábolas: una sucesión de siervos se dirige a los agricultores para recoger el fruto de la cosecha y estos los matan o maltratan. Por fin el dueño envía a su propio hijo pensando: «A mi hijo sí lo respetarán».[10] Como ya sabemos, la táctica no tuvo éxito, pero lo significativo, aquí y en todas partes, es el compromiso intencional de amor a un proceso de persuasión al presentar el llamado del reino de Dios.[11]

Además de decir sin rodeos, «toma tu cruz diariamente», Jesús colocó a un niño en medio de los discípulos que estaban evadiendo la cruz al buscar la grandeza. Con su mera presencia, el niño de manera silenciosa reafirma el llamado al discipulado. Cuando el niño y el llamado se unen, la persuasión amable pero firme pesa sobre los que, comprensiblemente, vacilan para considerar la invitación de «ven y muere».[12]

El vínculo que sugerimos entre la cruz y el niño no se hace explícito en los Evangelios, por lo tanto fácilmente se pasa por alto. Hasta donde hemos podido determinar, comentaristas raramente lo han hecho. Pero es posiblemente artificial y poco imaginativo tenerlos aparte y no dejar que se informen mutuamente. Los Evangelios nos dan la descripción de una conversación en curso entre Jesús y sus discípulos, en la que el llamado al discipulado, las predicciones de su pasión, y la colocación del niño ocurren. ¿Será que los que escuchaban las guardaron en compartimentos separados en sus mentes? ¿O pudieron sentir el espíritu de Jesús a medida que sus palabras y acciones se agolpaban en sus mentes? Parece razonable dejar que se unan en nuestro escuchar y en nuestro seguimiento.[13]

Se necesita cierta reafirmación del llamado al discipulado

Una reafirmación, reformulación o reiteración del llamado al discipulado era necesario porque los discípulos no estaban siguiendo lo que ya habían escuchado. ¿Lo habían entendido? ¿Era demasiado paradójico para ellos, con su discurso de perder la vida o salvarla? ¿O quizá demasiado aterrador? ¿Cómo podía ser que la alegría del reino de Dios viniera a través de una muerte vergonzosa y cruel, o representada por ella? ¿Qué posible relación hay entre gloria y una semilla que muere? Incluso una muerte ordinaria, mucho menos una humillante, es el fin de la vida consciente terrenal y frustra la esperanza y la estima propia. Por eso los discípulos persistían en lo que tenía sentido para ellos, de acuerdo con la sabiduría ordinaria del mundo: buscaban grandeza en un reino verosímil, donde es práctica normal que los súbditos exclamen: «¡Viva el Rey para siempre!» De qué sirve un rey moribundo.

Tanto el maestro afable como el vendedor eficiente saben que cuando el mensaje que proclaman no se entiende, el solo hecho de repetirlo en voz más alta y amenazante no ayudará. Más bien asustará a la gente y la sacará de sus casillas, y no habrá oportunidad de establecer su punto de vista. Tal vez provoque resistencia. Se necesita una reafirmación creativa. Variar la presentación no significa necesariamente alterar el mensaje; más bien puede servir para que el mismo mensaje sea más accesible e inteligible. Trata de superar obstáculos para su aceptación, y libera al oidor del miedo que paraliza y lo deja como conejo ante los faros de un carro. Pone la dura verdad con una luz diferente, sin cambiarla, para que en vez de enfrentarse a una vía cerrada que termina en muerte, se vea abrir una vía angosta que lleva a la vida. Anima, para que la gente pueda sumarse al reto en vez de sentirse abatido por él.

Así tal vez descubramos que el niño en el medio tiene este significado positivo: como don de Dios de vida en su plenitud y compromiso con ella, el niño da testimonio del total significado de la cruz cuando la lleva Dios, está en las manos de Dios, como lo fue con Jesús, cuya muerte fue devorada por la victoria.[14]

Sin embargo, ¿puede el llamado a tomar la cruz reiterarse colocando a un niño en el medio? ¿Es «niño» en este contexto un fiel equivalente dinámico de «cruz», o es que el mensaje se cambia por algo diferente? Si pierde su sabor y valor auténticos, el resultado no es un refuerzo de la invitación original, sino la aparición de una alternativa confortable. El reto de la cruz se suaviza para conciliar al discípulo que se resiste. Se convierte en «gracia barata»[15] que permite la complacencia, sin exigir sacrificio ni compromiso. El discípulo puede entonces celebrar su éxito negociando consigo mismo desde la austeridad, pero esa es una señal de la pobre comprensión de su llamado.

Leamos el texto bajo la hipótesis de que cuando Jesús colocó al niño en medio de los discípulos no estaba señalando un cambio de curso ni estaba siendo inconsistente consigo mismo. Él no estaba modificando ni minimizando los términos del discipulado que incluía llevar la cruz. Jesús quería discípulos que «estuvieran con él en sus pruebas y entraran al reino escogido para ellos» (como lo pone Lucas, 22:28-30). Así como Jesús lloró por Jerusalén,[16] así luchó por la vida de sus discípulos, guiándolos a través de todas sus dudas y resistencia para encontrar la vida mientras la perdían por su causa. Oró para que la fe de ellos no vacilara.[17] Para Jesús el niño no podía significar que había un camino al reino de Dios sin la cruz. De haber sido así, Jesús habría sido derrotado finalmente por la terquedad de los discípulos, como el comerciante que tiene que reducir su precio drásticamente para poder hacer cualquier clase de venta.[18]

Es exagerado pensar que para Jesús, la cruz y el niño simbolizaran dos formas diferentes de fe. Podría ser que los primeros discípulos vieron que ambas eran poco atractivas e irrazonables. Haríamos bien en considerar la posibilidad de que, como discípulos ahora, nos resulte tentadoramente conveniente elegir entre la cruz y el niño. Los cristianos a menudo se muestran capaces de leer el evangelio, luego actúan en forma muy diferente sin dudar de su conformidad en Cristo. Tal vez haya unos pocos cristianos que siguen a Jesús perfectamente en espíritu y en verdad, pero la mayoría de los cristianos cae en una de dos categorías. En la primera, oyen el evangelio y luego hacen un compromiso con la «realidad» sin que espiritualmente se preocupe. En la segunda, oye el evangelio y se acomoda a los aspectos prácticos de la vida, y constantemente se preocupa por la brecha entre el llamado y la respuesta, la fe y la práctica.

¿Es cristianismo centrado en el niño, cristianismo centrado en la cruz?

Es bueno dejar que el niño sea colocado en el medio, para buscar entrar en el reino volviéndose como niños y para comunicar el evangelio a los niños de formas accesibles. Pero es necesario tener cuidado para que esta adaptación misional y cultural no edifique un cristianismo sin la cruz que los discípulos deben aceptar. El creciente tamaño y dinamismo de misiones orientadas al niño significa que es más que un compartimiento marginal de práctica cristiana, con poco o ningún poder para definir o moldear el cristianismo en su conjunto.

El punto que hacemos aquí no es usual. En la mayoría del pensamiento y la práctica cristianos, el niño colocado en el medio no se ve como una reafirmación o reiteración del llamado de Jesús al discipulado en el camino de la cruz. Por tanto, la cuestión de si el niño ofrece un escape de la cruz, no se plantea. Más bien, el niño habla directamente de su propia presencia natural y de su valor «intrínseco». Su significado humano, universalmente accesible a cristianos y a no cristianos por igual, no incluye la cruz. El niño, tal como lo conocemos y lo cuidamos en la práctica, no se ve en el contexto de la historia del Jesús del evangelio.

Así, en gran parte del cristianismo contemporáneo, el camino está abierto para que el niño se convierta en el centro de formas de pensamiento y práctica que suavizan u obstaculizan el llamado de Jesús a seguirlo. La cruz ha sido siempre locura para algunos cristianos y piedra de tropiezo para otros, como también para no cristianos,[19] así que no es sorpresa que produzcamos variedades de cristianismo sin la cruz. Algunos son hermosos, otros poderosos. Parecen encajar más felizmente con el mundo pacífico que queremos construir, libre para la coexistencia religiosa, y no deshumanizado por una disposición fanática para la muerte.

Los guardianes seculares del niño no objetan al Jesús que acoge a los pequeños y los bendice, aunque quieren proteger a los niños del Cristo crucificado, que inclusive atemoriza a hombres adultos cuando los invita a venir y a morir. Muchos cristianos reconocen la sabiduría del cuidado preventivo en esta discriminación. Están conscientes acertadamente de que cualquier culto de sufrimiento es peligroso; no es consistente con el principio de Dios en Cristo y alienta la indiferencia y el abuso. Por eso ellos también se sentirían atraídos al niño como la inspiración simbólica de una alternativa al discipulado de llevar la cruz.

Como individuos y como miembros de organizaciones, a menudo imponentes y poderosas, los cristianos que trabajan con niños y para ellos, hacen bien preguntándose si el evangelio como ellos lo profesan, explícita e implícitamente, es una verdadera reafirmación y reiteración del llamado de Jesús, o si constituye una alternativa de ese llamado. Cuando se apremia a las iglesias a que den mayor prioridad a los niños, ¿están siendo invitadas a un seguimiento más pleno y más fiel de Jesús como el Señor encarnado, crucificado y resucitado? ¿O están buscando actividad cristiana para concentrarse más en los niños y que esta actividad los defina? ¿Le recuerda «el niño en el medio» a la iglesia en general que la salvación es en Cristo? ¿O queda Cristo relegado a un segundo plano en la iglesia, que está más ocupada en los niños, a menudo en formas moldeadas por la práctica secular, que con todas sus virtudes, tiende a excluir la cruz?

Cabe preguntarse si la historia cristiana muestra que las alternativas a la cruz centradas en el niño han sido más eficaces que la reiteración fiel de ella. Una manera de probar la hipótesis sería averiguar si haciendo más énfasis en la vida cristiana que lleva a la cruz disminuye el significado dado al niño.

Por otro lado, hacer hincapié en la cruz, el centro del evangelio, ¿tiende a marginar al niño como señal y sustancia del reino de Dios? Dicho de otra manera: donde el niño se ve como señal y sustancia del reino de Dios, ¿se vuelve el cristianismo impaciente con la cruz? Por lo menos desde un punto de vista superficial, afirmar la vida en el niño y encaminarlo al pleno desarrollo de su potencial parecería que va en contra del llamado a negarse a sí mismo.

En el cristianismo contemporáneo mucho de la teología operativa,[20] religión y visión pueden verse girar alrededor de la creación, la encarnación, la resurrección, la familia, el personalismo, el bienestar, el desarrollo y realización humanos, sin ser cuestionadas por ninguna *theologia crucis* [teología de la cruz]. Tenemos teologías de abundancia y prosperidad, y búsquedas de espiritualidad inclusive humanista e incluso hedonista. En nuestra cultura moderna de aversión al riesgo pensamos que la cruz es inapropiada para niños. ¿Quién quiere ser quebrantado, despreciado, rechazado, y experimentado en aflicción? ¿Quién quiere adorar a un Dios crucificado? Es bueno preocuparse por los niños, afirmarlos y reconocer sus derechos; alegrarnos cuando sus rostros se iluminan como el resplandor de la imagen de Dios; incluso descubrirnos nosotros en ellos mientras nos enseñan a llegar a ser el hijo eterno de Dios que según se ha dicho, hemos llamado a ser y convertirnos.[21] Es bueno respetar al niño como un misterio dentro del misterio, especialmente porque el niño no es la clase de misterio que nos saca de este mundo, sino más bien un ser que nos arropa en una humanidad activa, sensible, con esperanza. La pregunta que surge de todo esto es penetrante: inmerso en la vida con el niño, ¿qué significa para nosotros ser crucificados con Cristo, bautizados en su muerte?

Incluso si valorar al niño no excluye la cruz, podría no obstante servir para suavizar la cruz. Muchas formas de piedad cristiana nos ayudan a olvidar que la cruz fue un instrumento de tortura, de castigo y de detestable rechazo. Construir alternativas verosímiles para la cruz y su camino ha sido una dinámica importante en el crecimiento del cristianismo histórico en sus variadas formas. Allí donde la cruz no ha sido negada, se ha puesto en cuarentena como el glorioso privilegio especial de santos y mártires. En ocasiones el cristianismo suave induce a una reacción puritana. El llamado al discipulado se reafirma de manera estridente en protesta y lucha contra alternativas populares fáciles. Se promueve a un Jesús, que se vuelve contra otro Jesús. El Jesús amable, el que amó y acogió a los niños en sus brazos porque sabía que ellos pertenecían al reino de Dios, se hace parecer como incompatible con el Cristo que murió en una lucha apocalíptica y en medio de sufrimiento.

Desear la clase de reino donde los niños juegan en las calles, un reino de alegría, de libertad y de paz no es malo.[22] Podría argumentarse que el deseo de tener un reino de Dios donde pudieran gozar de poder y gloria, de abundancia y comodidad, sin la cruz, mostraba que los discípulos gozaban de mente sana. Cuando Jesús insistió en ofrecerles la cruz, estuvieron tentados a desear un reino sin él o desesperarse. Hoy, los discípulos pueden escoger cierta secularidad progresiva, incluso un mundo feliz. Es más fácil estar con Jesús cuando dice: «Sean como un niño, pertenezcan al reino de Dios simplemente como un niño», porque eso parece que no produce dolor, o por lo menos, es menos doloroso. Y más importante, afirma la vida, no se concentra en la muerte porque el niño es vida aquí y ahora natural y prometedoramente. Aquí hay buenas cosas de la tierra, sin interrupciones de conflictos apocalípticos e irrevocabilidad escatológica. Tanto el niño como la cruz están en la tierra, son terrenales, pero de formas diferentes. El uno puede recibirse alegremente como un buen regalo, el otro estira la fe y la gratitud hasta el límite.

El niño y el llamado al discipulado

El niño y la cruz son básicamente diferentes, por lo que la pregunta de si son alternativas no debe evadirse o borrarse. Sin embargo, el argumento de este libro descansa en nuestra aceptación de que cuando Jesús colocó al niño en el medio no les estaba ofreciendo a los discípulos un curso alternativo o una fácil reducción de los términos. Más bien estaba renovando un llamado costoso al discipulado, a seguirlo por el camino que él estaba tomando.

Entonces surge la pregunta: ¿De qué manera el niño en el medio reafirma el llamado al discipulado, dadas las diferencias evidentes entre ellos? Los elementos clave de la respuesta a esta pregunta aparecen en el texto de Mateo y se discutirá en los capítulos restantes de este libro: «Sean humildes como este niño» tiene cierto parecido a negarse a sí mismo (Capítulo cinco). «Recibir a un niño en mi nombre» conlleva un seguimiento práctico y costoso, en el que Jesús y el niño se encuentran unidos (Capítulo seis). En todo esto la cruz no se niega, sino que se toma en verdaderas transformaciones diarias. Recibir a un niño es la acción mediante la cual los adultos llegan a ser —en cuanto pueden— como niños, no solo en la renovación y frescura de la vida, sino también en la precaria vulnerabilidad en relación con Dios y el mundo (Capítulo siete).

El niño que tiene este significado es colocado por Jesús. Jesús que coloca al niño le da este significado, y este significado es más que una mera idea, una manera de mirar las cosas, o una enseñanza. Jesús lo compró con su carne y sangre, y con el acto de su resurrección continúa siendo acción encarnada. El significado está en lo que Jesús hace. Al colocar al niño en su medio, Jesús hizo algo decisivo y autoritativo con los discípulos. Es Jesús el que así une al niño y a la cruz e impide que los discípulos sigan preparando una alternativa conveniente en vez de una reiteración salvadora pero costosa. Jesús todavía coloca al niño en nuestro medio y nos invita con el niño, a que lo recibamos a él, al Enviado y a Aquel que lo envió.[23]

NOTAS

1 Lucas 22:43-44: En Getsemaní, cuando Jesús oró gotas de sangre que caían a tierra, un ángel del cielo se le apareció para fortalecerlo. En otros contextos, un niño podría hacerlo para él.
2 Lucas 10:21
3 En nuestra opinión, el término «pequeños» incluye a niños y a aquellos que son marginados en contextos sociales y por sus propios contextos sociales.
4 Las palabras de Jesús son singulares en este punto cuando entusiasma con esta exclamación: «¡Sí, Padre!» (naí, o Pater).

5   Compare la idea de la «multitud solitaria» en la que la distancia emocional se magnifica por la proximidad física.

6   Las imágenes paulinas refuerzan esta unicidad y unidad: por ejemplo, 1 Corintios 3;12

7   Lucas 22:31-32

8   La soledad de Jesús se nota en alguna devoción cristiana. *My song is love unknown*, cuenta toda la historia de Jesús como un viaje triste, conmovedor y transformador realizado en soledad.

9   Este es el tono y el significado que se pretende , de la manera en que Bonhoeffer habla acerca del discipulado, en el principio de su libro, *Discipulado*, 2001, p.57. «¿Cómo es posible esta sucesión inmediata de llamada y obediencia? La razón natural encuentra esto demasiado chocante, tiene que esforzarse en cortar esta sucesión tan brutal; es preciso que algo se haya desarrollado en medio, hay que explicar algo». Y «En este encuentro queda atestiguada la autoridad incondicional, inmediata y no motivable de Jesús». https://archive.org/stream/DietrichBonhoefferElPrecioDeLaGracia/DietrichBon hoefferElPrecioDeLaGracia_djvu.txt

10 Mateo 21:37

11 El poema de Francis Thompson, *The Hound of Heaven*, es una reflexión profunda y categórica sobre la divina persuasión de la persona resistente. William Harmon (ed.) The Top 500 Poems, 1992, p, 848 comenta que el «perseguidor canino» de este poema conmocionó a algunos lectores que «estaban más acostumbrados al santo de Cecil Frances Alexander, «Child so dear and gentle» que «guía a sus hijos al lugar donde él se ha ido».

12 D. Bonhoeffer, *El costo del discipulado*, 1959, p. 79: «When Christ calls a man, he bids him come and die» Esta es la traducción del original de R. H. Fuller, «Jeder Ruf Christi fuehrt in den Tod», literalmente, «Toda llamada de Cristo conduce a la muerte». Bonhoeffer, *Discipulado*, 2001, p. 87, nota 11.

13 Las predicciones de Jesús acerca de su pasión y la colocación del niño en medio de los discípulos no están mezcladas en los Evangelios, pero sí cerca una de otra.

	Mateo	Marcos	Lucas
Primera predicción	16:13-33	8:31	9:18-22
Segunda predicción	17:22-23	9:31	9:44
El niño en el medio	18:1-5	9:33-37	9:46-48
Tercera predicción	20:17-19	10:32-34	18:31-33

14 Isaías 25:8; 1 Corintios 15:54

15 D. Bonhoeffer, *El costo del discipulado*, capítulo 1

16 Lucas 13:34-35; 19:41-44

17 Lucas 22:31-32

18 Compare el encuentro de Jesús con el Gran Inquisidor en *Los hermanos Karamazov de Dostoievski*.

19 1 Corintios 1:18-30 correlaciona la predicación del Cristo crucificado con la elección de Dios del necio, del débil, del despreciado del mundo. Agregar un niño a esta lista no sería ajeno a su significado, aunque iba más allá de la imaginación de Pablo, tal vez.

20 Por teología operativa significamos la teología que está implícita en lo que hacemos como individuos y comunidades. Así la teología operativa puede diferenciarse de la que se profesa. Tal vez no sepamos cuál es nuestra teología operativa, pero es el fundamento que reside en nuestra práctica actual y tiene poder sobre esa práctica. No es satisfactorio hacer una profesión de fe salvo que esta esté en armonía con la práctica. Bonhoeffer critica a la gente cuando se esconde detrás de la «enseñanza de la Iglesia» (o, como hacen otros, detrás

de lo que «la Biblia dice») mientras elude la pregunta, ¿en qué creemos realmente? F. D. Maurice descubrió la teología operativa de muchos de sus contemporáneos cuando dijo que eran «ateos prácticos» a pesar de ser miembros de las iglesias. La explicación a su descubrimiento profético fue muy sencilla. Dios, dice Maurice, es el Padre de todos y Cristo es la Cabeza de la Raza Humana. Eso quiere decir que todos somos hijos de una misma familia. Pero en la Inglaterra capitalista de los comienzos del siglo XIX (por cierto un tiempo o lugar bastante inusual), no todos eran tratados como hermanos y hermanas en la única familia de Dios. Así que había una negación práctica u operativa de Dios como Padre. A veces, las teologías operativas pueden ser mejores y más cercanas a Dios y a su bondad que nuestras profesadas teologías. Es una misericordia que la gente a menudo es mejor de lo que dice, mejor de lo que pudiera llegar a ser dirigida por su religión si esta se saliera con la suya. Pero la teología operativa, refutada por la teología profesada se encuentra en una posición débil; es posible que sea confundida y atrofiada a menos que sea asociada con la teología que explícitamente confiesa y explora. Nunca podemos descansar contentos con la presuposición de que nuestra teología operativa es como un sustrato cultural que nos proporciona un buen fundamento para vivir aun cuando no sea expresada, donde puede ser puesta a prueba e influyente. Y es claro que no podemos inventar excusas por cualquier teología operativa que estemos viviendo, al desarrollar teologías profesadas más hermosas que no marcan ninguna diferencia en la práctica.

21 Karl Rahner, «Ideas for a Theology of Childhood», *Theological Investigations*, volume 8, 1971.

22 Isaías 11:6-9; 65:17-25; Zacarías 8:5

23 Lucas 9:46-48

Capítulo cinco

Humilde

«Por tanto, el que se humilla como este niño
será el más grande en el reino de los cielos».

MATEO 18:4

H EMOS MENCIONADO que el niño colocado por Jesús en el medio reitera el llamado al discipulado. La demanda de los discípulos no se debilita con la conversación de recibir al niño en vez de tomar la cruz. Sin embargo, las dos difieren como la vida y la muerte, la esperanza y la desesperanza, la alegría y la tristeza, la afirmación y el abandono. ¿Hay algún significado perceptible y práctico del niño para que la reiteración se logre?

Mateo nos ofrece tres maneras en las que el niño pudiera ser una reiteración:

▨ Primero, solamente Mateo menciona a Jesús diciendo: «A menos que ustedes cambien[1] *y se vuelvan como niños*, no entrarán en el reino de los cielos».

▨ Segundo, Jesús sigue: «Por tanto *el que se humilla como este niño* será el más grande en el reino de los cielos». Adagios como este aparecen en una variedad de contextos en los tres evangelios sinópticos.[2] Algunos afirman el principio básico del «reino al revés»:[3] «El que se humilla será exaltado». Otros dan ejemplos desafiantes: «si quieres ser grande, o el primero, debes ser el siervo y esclavo de todos». Lucas 22:26 dice que el mayor debe comportarse como el menor (*neoteros*), pero con énfasis en el que sirve, el inferior en rango, más que en ser simplemente un niño. Exclusivamente Mateo inserta el comentario acerca de la humildad en la historia del niño colocado en medio de los discípulos en disputa.

▦ Tercero, Jesús dice: «Y el que recibe en mi nombre a un niño como este, me recibe a mí» (Mateo 18:5). La recepción es la única explicación del significado del niño que ofrecen Marcos (9:37) y Lucas (9:48) mientras que para Mateo, es una de las tres.[4]

Estudiaremos cada una de las cinco maneras que nos presenta Mateo,[5] dejando que la lectura que hacemos de uno afecte la lectura de los demás. Al final, todos servirán para iluminar el mismo misterio del reino de Dios. De esta manera su significado solo sale a relucir a medida que se entretejen para dar paso a un patrón general.

A menos que se vuelvan

Volverse es un concepto importante en la descripción que la Biblia hace de la relación entre Dios y las personas. Ellas son llamadas por Dios y son su posesión, pero a pesar de eso se apartan de él, lo reniegan y abandonan su camino. Lo dejan para ir tras ídolos y hacen lo malo en su vida social. A menos que se vuelvan, no hay relación ni bienestar con Dios. Volverse a Dios implica un cambio de conducta y un cambio de mente (*metanoia*). La importancia del cambio está determinada en el gran mandamiento: Ama al Señor tu Dios con todo tu corazón, con todo tu ser y con toda tu mente, y, ama a tu prójimo como a ti mismo.[6] El cambio social, moral y espiritual está implícito en la Biblia con volverse al Señor, con la esperanza de que él se vuelva hacia nosotros (Santiago 4:8). Este volverse es el movimiento personal de enfrentarse a alguien, moviéndose hacia él en vez de darle la espalda. La metáfora física ilumina la relación humana con Dios (Jeremías 2:27; 32:33).

El llamado a volverse es una nota que se repite en la vida del pueblo de Dios. Dios les envía profetas: uno tras otro. No es un llamado que se hace y se responde de una vez por todas. Necesita escucharse día tras días. Por eso volverse se convierte en algo más que un incidente en la vida, un «día feliz cuando escogí», indica el modo de vida espiritual, personal y moral con Dios.[7] El que vive en comunión con Dios no pretende de ninguna manera que no tiene pecado, sino que lo confiesa para «no tener cuentas pendientes con Dios», según el antiguo refrán.[8]

«Volverse» en Mateo 18:3 significa más que un llamado a los discípulos para que cambiaran las opiniones que tenían de sí mismos y de su conducta. No sería inapropiado verlo como la urgencia de que se volvieran *a Dios, su Padre celestial*, y así volverse como «los niños», es decir, sus niños, que deben ser como él (Mateo 5:48; 6:9). El llamado a volverse en Mateo se asemeja al llamado tradicional del Antiguo Testamento, un llamado a volver o retornar a Dios quien se vuelve a nosotros. Como el Dios al que nos volvemos se revela como Padre, volverse a Dios significa, de alguna manera, hacerse como niños. Los discípulos adultos son llamados a ser sus hijos, sus niños y se les enseña a orar, «Padre nuestro». Pero porque Jesús colocó a un niño en el medio, estos niños adultos del Padre no deben interpretar el ser como niños como si fueran niños terrenales (que ya no lo son) no tiene nada que ver con su relación espiritual con Dios. Más bien, los niños del Padre celestial deben entenderse con la ayuda del niño en el medio.

¿En qué consiste un genuino volverse a Dios? Esta es una pregunta práctica y crucial, debido a que para diferentes personas el volverse a Dios toma rumbos diversos. El ayuno que se torna en una cubierta religiosa para peleas y pleitos es inaceptable, porque el ayuno que Dios escoge es el de dejar en libertad a los oprimidos y compartir el pan con el hambriento (Isaías 58:1-14). Jesús hizo la misma clase de pregunta.[9] En Mateo 18, volverse como niños es la caracterización más conspicua del cambio. Aunque podría parecer que esto define el volverse que se requiere, no está claro que tenga un significado obvio y practicable. Las palabras por lo general se extraen del texto completo, lo que permite que puedan aventurarse interpretaciones especulativas de parte de adultos cuya delicia, admiración y preocupación por los niños se mezcla con una fantasía nostálgica. Pero en vez de tomar esta frase fuera de contexto, buscamos la ayuda en toda la historia para encontrar su significado. Esta ayuda aparece de dos maneras. En primer lugar, cabe suponer que «el que se humilla como este niño» (Mateo 18:4) descubrirá un componente clave de «volverse como niño». Por esta razón el tema de este capítulo es sobre la humildad. En segundo lugar, en el próximo capítulo entenderemos cómo recibir a un niño nos ayuda a volvernos como niños (Mateo 8:5).

Humillarse como este niño

Jesús colocó a un niño en el medio para llamar a sus discípulos a la humildad. ¿Qué significado tiene este llamado para nosotros y por qué es tan difícil? ¿De qué manera el niño y la humildad se unen? ¿Por qué para nosotros el niño no es una señal de humildad en nuestra cultura? Ciertamente el niño no es una ilustración de lo que pensamos es humildad. ¿Realmente reinterpreta y refuerza el llamado a la humildad el niño en el medio?

1. La humildad en la historia cristiana

El compromiso con la humildad está profundamente arraigado en la Biblia y en el evangelio de Jesucristo. La humildad es la respuesta apropiada a Dios. Todo lo que sucede cuando hay paz entre Dios y la criatura humana, se caracteriza por la humildad. Levantarse contra Dios, de cualquier manera, ser orgulloso o vanagloriarse, no es solo inaceptable, sino que es desastroso porque la criatura no se ajusta a la realidad. La humildad es esencialmente realista.[10] La actitud correcta de los que temen a Dios son la contrición y la humildad de espíritu, de corazón.[11]

La humildad no es nada fácil. No es nada sencillo ni natural para la gente humillarse delante de la mano poderosa de Dios como lo comprueba la historia bíblica y cristiana. El llamado a la humildad no todo el mundo lo discierne. Muchos la temen y se resisten a ella. Sus defensores la tergiversan cada vez que corruptamente la predican a otros para obtener poder y rango para sí mismos. Con todo, en la historia del cristianismo la humildad se ha visto como algo esencial para la realización del verdadero ser humano. Ha sido ejemplarizada por varios santos: de manera inolvidable, por ejemplo, por San Francisco de Asís, como también por el «humilde pobre» que cree pero sin que se le honre.

En el contexto del cristianismo, la humildad se vio no solo como una virtud propia de individuos piadosos y santos, sino como un valor que debía encarnarse en el orden de la sociedad. La humildad estaba en el corazón de la vida como se concebía en la Ciudad de Dios y en toda la compañía de cielos y tierra con Dios y bajo él. La sociedad estaba sujeta al mandato y llamado de Dios; su norma era el cielo, no lo que pragmáticamente podía lograrse en la tierra. Había así una lucha perenne entre la humildad y el estado del mundo. A pesar de la falta de humildad en la práctica, la humildad era respetada como el ideal para todos los seres humanos como criaturas de Dios, que vivían en el único mundo de Dios y respondían en último término al juicio absoluto de Dios logrado en la revelación plena de la gloria de Dios.

A principios de la Europa moderna, en un cambio de época, la humildad fue destronada. No se trató de un cambio de la naturaleza humana –en la práctica los seres humanos siempre han exhibido humildad y arrogancia en variada intensidad y combinaciones. Fue un cambio en la valoración, en el patrocinio social y en la institucionalización de la humildad. Maquiavelo puede señalarse como marca del cambio, aunque apenas tuvo algo de parte en ello. Él vio cómo operaba la sociedad de la Florencia de los siglos XV y XVI, le dijo al príncipe cómo hacer para que funcionara eficazmente de tal manera que redundara en favor de ellos; en su búsqueda de poder y del éxito político hizo una virtud. No le dio miedo pagar el precio de este éxito, que incluía la marginalización de la humildad como algo ascético, monacal, propio de los devotos manifiestamente ajenos al mundo de una religión orientada al cielo. Esta clase de religión era improcedente o peligrosa para las búsquedas prácticas terrenales representadas por el príncipe y la concentración necesaria en el «reino político». Ese reino no podía permitirse arriesgar la humildad: el príncipe sabe que ser temido es más importante que ser amado. Por eso no rehúye gobernar mediante la fuerza y el fraude, y está siempre consciente de que cualquier señal de debilidad será explotada por sus enemigos.

La humildad, por el contrario, implica dar espacio a los demás, hacerse vulnerable y vivir por fe. No parece buscar el éxito en la batalla, la diplomacia o el mercado. Los arribistas sociales de cualquier clase o rango, el príncipe, el más alto de todos, tienen que evitar la humildad. Así la empresa política fija sus propias normas y meta. Es segura en sí misma, sin ceder al juicio de nada que no sea ella misma. Rompió con el orden moral unitario y universal que en los tiempos medievales se centraba en el Dios cristiano e hizo de la humildad una virtud. En cambio, persiguió su propia bondad, libre de cualquier obligación de responder a la ética extraña e impracticable.[12]

El Occidente desde entonces ha dejado de considerar la humildad como un valor ideal. Lo que aparenta ser humildad a menudo nos disgusta, lo que Dickens quiso significar cuando nos dio a Urías Heep.[13] Nietzsche rechazó la humildad porque destruye la supremacía del fuerte y vigoroso y pone en manos del débil y humilde una victoria tortuosa. Está ausente de lemas escolares y declaraciones de principios.

▦ La humildad descartada por los cristianos
En el pasado, el cristianismo inculcaba la humildad como una virtud clave: en nuestra relación con Dios, con los demás y en el arte del buen vivir.[14] Sin embargo, hoy, incluso los cristianos abandonan o rechazan la humildad. Los cristianos contemporáneos, como otros, sospechan de la humildad como valor. La confunden

comúnmente con baja autoestima y falta de confianza, que consejeros cristianos junto con sus colegas seculares, buscan contrarrestar. ¿Qué lugar ocupa la humildad en la sanidad y la renovación personales?[15] Algunas formas de adoración y enseñanza cristianas insisten en que la gente es preciosa, maravillosa, hermosa, «intrínsecamente valiosas» e importantes para Dios. Es posible que todo esto sea compatible con la verdadera humildad, pero cómo podría serlo no se ha explorado ni explicado. Las teologías de la liberación y la feminista sospechan permanentemente de la humildad porque se presta a formas flagrantes y sutiles de opresión que nunca debe ser tolerada, sino más bien hay que desenmascarar, resistir y eliminar.

El cristianismo tiende a asimilarse a la cultura. Nadie puede escapar de ser absorbido por la cultura. El orgullo, la jactancia y el no devaluarse son todos inherentes en gran parte de la empresa cultural contemporánea. El rechazo a la humildad tiene raíces más profundas en la naturaleza humana. La piedad no es defensa confiable contra el orgullo, como nos lo recuerda el fariseo en la oración (Lucas 18:9-14). Los predicadores tal vez insistan en la humildad, pero pueden solazarse en su propio desempeño.[16] Por consiguiente, no le damos a la humildad un permiso racional: no hay en ella belleza como para desearla (Isaías 53:2). Aun cuando la humildad no se rechaza del todo, poca explicación hay sobre ella porque no estamos seguros de qué es humildad. No tiene caso defender o apoyar lo que cambia de una forma a otra.

La humildad y la cruz

La humildad es modesta: la palabra posiblemente proviene del latín *humus* que significa «cerca del suelo». Para quienes no son modestos, la humildad amenaza un descenso, una caída. Significa pérdida de posición, o la destrucción del orgullo, o ambas cosas. La humildad por lo tanto puede temerse y atacarse. Se ve como pérdida y no está claro cuál sería el valor de aceptar al derrumbado. La humildad se acerca a la humillación, lo que hace que el instinto de resistirse a la humillación parezca bueno y saludable.

La humildad tal vez sea un episodio, aunque puede también denotar una condición continua en la que la mansedumbre y la pérdida han de aceptarse con contentamiento o tal vez con placer masoquista o conformidad quebrantada o apatía y desolación. La humildad es más que abdicación de ambición; en su forma más extrema, renuncia a la vida.

La gran humillación del cristianismo acerca de la humildad se revela aquí. El hecho central del cristianismo es la muerte de Jesús: la cruz. Se humilló a sí mismo hasta la cruz. Esto se interpreta como lo máximo de la humillación humana: la humillación del ser bajo el juicio y la voluntad de Dios. Es la forma tomada por Dios como la Trinidad, realizando y revelando la voluntad, el carácter y la gloria de Dios en humildad. La predicación del Cristo crucificado fue una piedra de tropiezo para los judíos y locura para los griegos (1 Corintios 1:22). La vergüenza de la cruz tiene que ser sobrellevada y superada despreciando la humillación (Hebreos 12:2), rechazando activamente el avergonzarse (Romanos 1:16) y jactándose en la cruz (Gálatas 6:14; Filipenses 1:20; 2 Corintios 11:30; 12:9).

El cristianismo radicaliza la humildad. Morir se convierte en el símbolo y la realización de la máxima humillación, liberando toda prerrogativa y expectativa. La humildad puede entonces verse como una amenaza a la vida. ¿Qué puede justificarla? La humildad y el sufrimiento en ocasiones han sido glorificados, como si fueran bendecidos y afortunados en sí mismos.[17] Aceptar la pérdida de la riqueza y la salud, de la belleza y la amistad, de la vida y el futuro se ha visto como virtud piadosa al extremo más heroico, valiente y Niñocategórico. La cruz ha sido a menudo equiparada con esta clase de humildad. La intensificación de la humildad, cuando se vincula con la muerte en la cruz, suscita la crítica radical: ¿puede evitarse en términos seculares, ser inhumano y malsano y negar pecaminosamente a Dios y la gracia de la vida desde un punto de vista teológico? En la práctica, si bien puede ser aceptada por respeto a lo que es sagrado, esta clase de humildad probablemente genere un gran resentimiento.

La humildad no es una característica natural de los seres

humanos, ya sea que lo veamos a través de una antropología evolu-
tiva, o desde la perspectiva cristiana de la creación, la caída y la
redención. Tratar de ser humilde es un esfuerzo que no mejora al
ser humano. Como virtud, ¿vale la pena su precio? Por eso, abandonar la humildad no debe menospreciarse como si no significara
nada, pues es un acto de orgullo pecaminoso. En algunos casos, se
renuncia a la humildad para buscar las maneras saludables, felices
y a veces prósperas de vivir como seres humanos.

A la luz de la humildad de Dios en Cristo, los cristianos, discípulos en potencia de Jesús, aceptan la invitación a ser humildes. Eso
es lo que buscan, pero no como si las objeciones para alcanzarla
fueran triviales. Creen que la invitación tiene un buen significado
aunque puede ser difícil discernir entre tantos ejemplos malos y
confusos. Tienen que buscar ese significado en la compañía del
niño en el medio. Encontrarlo abre el camino al reino de Dios, a la
vida, y no a la muerte.

2. El niño y la humildad

Debido a que la humildad ha sido en gran manera desechada como
virtud o estilo de existir en acción y en espíritu en nuestra cultura
e historia, podemos ver la dificultad de seguir a Jesús cuando dice:
«Humíllense». Coloca al niño en el medio como ayuda: «Humíllense
como este niño». ¿Pero no acrecentará el niño nuestra dificultad?

Sea lo que el niño significaba en la época de Jesús, los niños hoy
no son modelos de humildad y no pueden serlo por razones
sociales. Cuando vemos cómo se entiende al niño en las culturas de
cuidado del niño post-románticas y modernas y con base científica,
no oímos el llamado del evangelio a humillarnos. No vemos o no
queremos ver al niño como alguien humilde. El niño como tal y los
niños en general, de manera universal y natural no apuntan a la
humildad como una opción saludable.

La lógica de la polémica pastoral de la historia del evangelio presenta al niño en el medio como una crítica encarnada a la ambición de grandeza. No porque el niño sea por naturaleza humilde,
en su propia persona. El pequeño no puede ser modelo de ninguna

HUMILDE

virtud, porque la virtud exige dominio propio, responsabilidad y una disciplinada aspiración consciente.[18] Solo cuando crecemos el llamado a la virtud se hace concebible, y como nos lo recuerda el ejemplo de los discípulos, quizá pase un largo tiempo antes de que tenga suficiente sentido para que la escojamos. La virtud es una práctica de adultos a la que los niños solo pueden acceder paso a paso, mientras recorren el largo camino de su crecimiento.

No fue que el niño por sí mismo escogiera de manera responsable y espiritual ser un reto a la falta de humildad de los discípulos. ¿Cómo puede entonces un niño guiarnos a la humildad? No se trata del carácter particular del niño. Más bien, el niño colocado en el medio por Jesús representa la humildad, dado que la construcción social en ese entonces colocaba al niño en la escala social baja. El niño de esta historia significa humildad solo porque Jesús así lo dijo, y Jesús pudo decirlo convincentemente por dos razones. La primera, Jesús con el Padre recorrieron todo el camino de la humildad ejemplar, como siervo y siervo sufriente (Mateo 16:21; 20:25-28) y su aceptación de los niños fue parte de esa humildad.[19] El niño es señal de humildad porque está con Jesús como la manera deliberada, incomprensible de señalar la humildad, porque en la cultura que Jesús compartió con sus discípulos era algo normal que el niño fuera de baja condición, un siervo, casi marginado.[20]

Humildad, pobreza, baja condición social y baja estima

Las realidades sociales y económicas le dieron forma a la idea de la humildad en la tradición de Israel, tal como se refleja en las Escrituras. Los pobres son humildes principalmente porque son relativamente débiles, no porque cultiven la virtud de la humildad como característica personal. Están bajo los poderosos, ricos y arrogantes. Los humildes son servidores, no amos; el joven, no el viejo. El Magníficat, el cántico de María, se basa en esta visión del mundo (Lucas 1:46-55). Es en virtud de esta tradición que Jesús pudo recurrir al niño como señal de humildad.

Cuando comparamos lo que Jesús hizo y dijo con lo que pensamos de los niños, es posible que quedemos sorprendidos y aun alienados. Es difícil, incluso imposible, aprender humildad del niño en la cultura moderna, occidental y progresiva. El niño, como lo deseamos, no es humilde por naturaleza o crianza. No se espera que el niño que contemplamos bajo nuestro cuidado y aspiración, sea humilde o manso. El niño tímido es posible que sea visto como alguien que necesita ayuda correctiva para que no caiga aún más bajo de su potencial y tenga problemas al relacionarse. Ya no reconocemos la mansedumbre como cierta clase de fortaleza y belleza; por eso vemos la timidez como una falla, una carencia. Desear lo mejor para nuestros niños significa querer que ellos procuren su propio beneficio. No queremos que se queden en lo menos. Queremos niños resueltos social y físicamente. Estamos conscientes del valor de la audacia: el niño precoz ha de considerarse prometedor, y no fastidioso ni mal educado; los que lo cuidan deben darle su espacio.[21] Es posible que se encuentre algo de humildad en esta situación intergeneracional, pero no en el niño: los mayores están llamados a practicar cierta clase de humildad y contención para evitar cualquier acto que desmerezca al niño.[22]

Las características de un niño saludable, según buena parte de la comprensión contemporánea, no incluye la humildad, trátese de modestia personal o de sumisión social. Los niños son naturalmente pueriles al comienzo, pero nos gusta el hecho de que su puerilidad contiene un poder de vida firme, incluso agresivo, que se asemeja a una semilla poderosa que crecerá para convertirse en un árbol frondoso. La adaptación del niño es una capacidad valiosa que da esperanza aun cuando estén en desventaja; puede aprovecharse cuando los niños están en problema; debe cultivarse, estimularse y apoyarse. La adaptación se resiste a ser disminuida; rebota; no acepta humildemente su suerte.

Admiramos a Oliverio en el asilo.[23] Le cayó la suerte de ser el portavoz de todos sus camaradas cuando decidieron que no pasarían más hambre: «Por favor, señor, quiero un poco más». «Por favor, señor [...]» podría sonar humilde, pero no pudo ocultar el «quiero un poco más». La cortés fragilidad de Oliverio no fue suficiente para disuadir al sacristán y a los administrares gordos e ignorantes de detectar una subversión. Dejaron de ver la humildad agradecida y la subordinación sin quejas al pensar que ese era su deber, el tributo de las clases más bajas en el que descansaban su condición y orgullo. No rechazamos a Dickens que nos hubiera hecho regocijar en el espíritu, con la solidaridad, la protesta contra el hambre de Oliverio al rehusarse a demostrar la humildad que se esperaba de él. Oliver, creemos, no pedía caridad, simplemente reclamaba sus derechos. Muchos padres se deleitan con sus pequeños porque algunos de ellos, a veces, pueden ser al mismo tiempo manejables, divertidos y precoces. No obstante, esos mismos padres pueden estar preocupados años más tarde por adolescentes que, al llegar a la estatura de adultos, dejan de ser manejables o divertidos. Pero cualquiera sea el problema, ningún padre de verdad quiere que el casi adulto niño sea tan dependiente y crédulo como el infante. Habrá maestros espirituales que tal vez citen a Santa Teresa de Lisieux,[24] que hace una virtud de ser dependiente y vulnerable, pero la gente práctica, como padres, educadores, empleados inteligentes y gobiernos no pueden permitirse el lujo de estimular esa clase de personalidad. Esperan que los niños se desarrollen en colaboradores beneficiosos, capaces de iniciativas independientes e innovadoras, que compartan el duro trabajo de hacer y mantener humana, la vida humana en el mundo.[25] En realidad, la «preparación para la independencia» es una de las consignas contemporáneas de los profesionales que trabajan con niños.

De esta manera, incluso cuando se parece mucho al optimismo de un jugador en busca de consuelo, los padres continúan con los adolescentes, aferrados a la esperanza de que, con el tiempo, surgirá un adulto confiable y capaz. Entonces, toda la rebelión refinada o grotesca de la adolescencia, las transgresiones locas o discretas, los insultos triviales o graves a la dignidad y expectativas paternales, se ven en retrospectiva como dolores del crecimiento, inversiones costosas que han valido la pena. Un buen hombre o una buena mujer se ha desarrollado experimentando con ansiedad y ambición, firmeza y agresión. ¿Cómo puede el crecimiento de esta clase de persona, en un camino como este, explicarse en términos de humildad? No parece ser aquí una palabra clave. No describe la manera en que un niño normal se desarrolla o lo que queremos que el niño sea.

Es indudable que el niño en nuestra cultura no es el niño como Jesús y la sociedad de su día, lo veían. Si Jesús viniera a realizar su obra hoy y tratara de publica su mensaje al mundo usando el método de nuestra cultura, no tomaría a un niño para colocarlo en el medio como un indicador axiomático al reino de Dios junto con el camino del Crucificado. En varios puntos se ofenderían nuestras sensibilidades y convicciones. El niño tal como lo percibimos, no podría estar al lado de un profeta con este mensaje.

Esto no quiere decir que en el niño de hoy no pueda encontrarse ningún rastro de humildad, pero tampoco es obvio ni se afirma socialmente. No es parte de las concepciones populares que se tienen del niño. La reflexión después del evento, usando ideas de humildad sofisticadas aunque no por eso inválidas, pudieran descubrir que han estado allí en el niño a medida que crece. Verse a uno mismo tal cual es con sinceridad, ser realista en la acción, tranquilo y dispuesto a aprender de la experiencia, son elementos valiosos para la práctica de la humildad. Pero no son lo que irreflexivamente pensamos como humildad y no son prominentes en nuestra opinión de los niños.

Jesús no invitó a los niños a una audición o a una prueba para ver quién mostraba humildad como cualidad o virtud personal que pudiera ser un ejemplo para los discípulos. Un niño anodino, sin nombre, sin explicación, fue suficiente para su propósito precisamente porque la representación de humildad con la que Jesús estaba trabajando, en este argumento, era socialmente atribuida. El niño, independientemente de sus cualidades personales, era por lo general de baja condición en la sociedad y por eso podía ser el centro de una discusión seria y positiva sobre humildad.

Cuando los cristianos encuentran humildad, como todavía lo hacen, es poca la referencia que se hace al niño. Esto es solo parcialmente porque el niño hoy no es una señal fuerte de humildad.

En la tradición cristiana generalmente la humildad se ha enseñado sin el niño en el medio. Los cristianos que miran a Jesucristo ven cómo se modela la humildad radical e inagotable.[26] En presencia de esa gran luz, ¿qué necesidad hay de la estrella pequeña del niño? La humildad se genera en una devoción centrada en Dios, con reverencia ante su ser incomparable y santo: El Señor está en su santo templo; ¡guarde toda la tierra silencio en su presencia![27]

Estancamiento

Hay objeciones importantes contra la humildad y abstenciones a gran escala de practicarla tanto entre los cristianos como en los que no lo son. Si resumimos en dónde nos hemos metido tratando de ampliar este texto, parecería como que nuestro argumento se hubiera detenido.

Existe una aversión bien extendida contra la humildad como cualidad personal, estilo de espíritu y conducta. Se juzga más peligrosa que útil en asuntos prácticos. Cualquier recomendación de humildad se considera sospechosa como si fuera una herramienta del poderoso para aferrarse a lo que tiene y a mantener a los que quieren una parte, en la miseria. De la humildad como inferioridad social se escapan los que pueden y la resienten los subordinados débiles que no pueden. La gente reacciona contra el sufrimiento y las limitaciones, y rechazan la aceptación que a veces cuenta como humildad. El sentido de valor, dignidad y derecho son las razones para la resistencia. Nos inspiran visiones de vivir en sociedades que trabajan sin humildad.

Los cristianos comparten esta aversión a la humildad, y se han olvidado en gran medida de disciplinas espirituales orientadas a la humildad. Están impresionados, incluso perplejos, de las objeciones sociales y morales contra la humildad. Con todo eso siguen confesando a Jesús como Señor. Necesitan respetar el testimonio de las Escrituras. Todavía oran para que el nombre de Dios sea santificado y que su reino venga, y por ellos mismos a fin de estar preparados para recibirlo. Y algunas veces incluso leen Mateo 18:5.

Allí se ven confrontados por un niño que, cualquiera sea su carácter personal, lleva en sí mismo una realidad social limitada de humildad, y tal vez puede proponerse como una señal de la humildad, lo opuesto a esa ambición de grandeza que se convierte en obstáculo en el camino al reino de Dios.

Hemos visto, no obstante, que el niño de la antigua historia no nos ayuda inmediatamente a buscar una comprensión positiva de la humildad, porque nuestro niño de hoy no es igual. Más bien, si el niño se viera como ejemplo de esta humildad salvadora, habría objeciones al aparente endoso de la opresiva condición social del niño. No queremos niños humildes de carácter ni de condición.

Jesús propuso al niño para instar a los discípulos a humillarse. Fue una posible táctica persuasiva porque el niño era parte de una baja condición en la sociedad;[28] sabía que los discípulos veían a los niños de baja condición, por debajo de ellos, y ciertamente no eran serios competidores en la carrera[29] para ser el más grande. Así que debieron sorprenderse cuando se les pidió que se hicieran como niños. La invitación a una nueva y radical conformación de sí mismos sería una humillación para ellos. Así Jesús podía reiterar el llamado a tomar la cruz al colocar a un niño en el medio.

Nuestra vacilación acerca de hacer del niño un instrumento genera preguntas sobre Jesús que lo colocó en el medio. ¿Se confabula Jesús con una situación socio-cultural opresiva al usar a un niño para sentar su postura? ¿Explota su injusticia o inhumanidad para satisfacer sus propios propósitos? Si es así, ¿estaba Jesús encerrado sin ningún sentido crítico dentro de su cultura? En vista de estos problemas, ¿debemos abandonar a Jesús o al menos al Jesús de esta historia? Muchos lo hacen. Muchos abandonan del todo a Jesús, sin prestarle atención, se tornan resueltamente no cristianos e incluso anticristianos. Otros, también cristianos, se quedan con Jesús selectivamente. Todos los cristianos, conservadores y liberales, andan equipados con el telescopio de Nelson en sus mochilas cuando leen la Biblia y calculan la manera de seguir a Jesús.[30]

Pero, a pesar de lo selectivos que puedan ser, los cristianos no quieren de ninguna manera abandonar del todo a Jesús. En sus confusas experiencias de Jesús, buscan en él lo que es bueno y placentero y confiable.[31] Buscan con esperanza porque creen que el reino de Dios ha de encontrarse en el camino de él. Esta fe selectiva parecería ser inestable. Será juzgada por muchos cristianos, como también por militantes anticristianos, como inadecuada, porque a menudo se asume que la fe es una certeza absoluta, por eso la fe inestable no es fe. Pero es más realista y ayuda a vivir en el espíritu del hombre que clamó: «¡Sí creo! ¡Ayúdame en mi poca fe!» (Marcos 9:24), que abandonar la aventura de seguir a Jesús porque lo hacemos de manera tan imperfecta.

Aunque hay mucho acerca de Jesús que hace que la gente se dé por vencida, el mismo Jesús provee fundamentos para seguir con él. Cuando muchos dejaron a Jesús, algunos discípulos permanecieron con él, porque, como dijeron, habían creído en el que tenía palabras de vida eterna, aun cuando a veces no entendieran lo que él les decía (Juan 6:68-71). En ocasiones continuaron seriamente: «Vayamos también nosotros para morir con él» (Juan 11:16). En el momento cuando abandonar a Jesús parece la opción más racional, incluso necesaria, es posible vacilar y pensarlo de nuevo. Eso es lo que haremos. Hemos leído a Jesús, al niño y la humildad de una manera que parece caer en saco roto. ¿Puede haber otra lectura? ¿Puede un motor estancado prender otra vez?

Una segunda mirada a la humildad

Demos una segunda mirada para distinguir cuatro clases de humildad: **sometimiento, humillación, anhelo, respeto.**

1. Humildad: sometimiento y humillación

Ya hemos visto estas dos clases de humildad. A la humillación fueron llamados los ambiciosos discípulos. El camino está decidido para ellos y abierto para el Señor. Lo siguen como a su Maestro. Si tienen conflicto con él, se humillarán ya que el Señor humilla al orgulloso. Pero esencialmente la difícil y costosa humillación de los discípulos es una aventura de entrega voluntaria. En su centro está la disposición para la aceptación y la libre obediencia. Solo así puede la humildad ser un acto auténtico de la persona íntegra para tener una significativa relación personal entre el Señor y el discípulo. Es la manera de entrar, descubrir y hacer un camino realmente humano del ser. Jesús en Getsemaní es un paradigma de esta humildad voluntaria: entregó su vida en vez de que se la quitaran.[32] Se humilló sin ser meramente sacrificado. De igual manera, los discípulos no podían ser humillados a la fuerza. Incluso la humildad que puede lograrse a base de entrenamiento es limitada, y por supuesto, defectuosa. Los discípulos solo pueden humillarse si, en su integridad, se humillan, dándose a sí mismos como gente libre dotada de voluntad y razón.

La humillación es bien diferente a la segunda clase de humildad: el sometimiento, que predomina en los asuntos humanos, desde la familia hasta la más grande de las organizaciones, incluyendo la iglesia. El mundo no funcionaría sin esta clase de humildad: es una implicación de poderes. En ocasiones se torna intolerable, otras no. Relativamente benigno, el sometimiento se encuentra en el orden social justo y humano. La gente se coloca bajo él, y acepta los poderes que exigen subordinación porque puede verse que escasamente sirve los propósitos humanos. Aquí el sometimiento es calificado por la esperanza de la que hablaremos más adelante. Hay también formas malignas de sometimiento, y que más bien debe llamarse humillación. Carece de respeto por la humanidad del subordinado. El sometimiento no se modifica por la oferta de alguna esperanza más adelante.

Hay pedagogías de control que utilizan y justifican algún tipo de humillación. Maquiavelo era sabio como para conocer los peligros inherentes a la humillación como técnica de gobierno, pero no vaciló: le aconsejó al Príncipe que se asegurara de que esa humillación, cuando la usara, fuera drástica, para socavar el poder del humillado a fin de que no pudiera tomar represalias. Las prácticas y actitudes humillantes están bien enraizadas en el ser humano. A veces se reclaman por ser prácticamente necesarias, a veces emocionalmente satisfactorias. Nada, sin embargo, justifica la humillación: es una afrenta a la dignidad del ser. No deja ver ni respetar la imagen de Dios, dondequiera que Dios la coloque.

La humillación no hace progresar la humildad, más bien demuestra que el que humilla no entiende ni respeta la humildad. Es el resultado extremo de trabajar con dos presuposiciones erróneas. La primera, que esa humildad se espera de los demás, no de nosotros mismos. La segunda, que esa humildad puede imponerse, al poner a la gente por debajo. Pero ser puesto por debajo no puede ser más que una humildad falsa, que tiene su apariencia, mas no su realidad. Invitar a los que son humillados a gozarse en su humildad forzada le da con todo derecho un mal nombre a la humildad.

La humillación y el sometimiento son incompatibles entre sí, pero en la vida humana a menudo se enredan y confunden. Como la buena semilla y la cizaña, no han de separarse sino cuando llega la cosecha. Algunas de las objeciones contra las clases de humildad discutidas anteriormente surgen porque el darse voluntariamente se pierde y se desacredita ante el poder humillante de la opresión y la depresión. Por eso, por difícil que parezca, las dos necesitan, una y otra vez, distinguirse mutuamente. Una distinción conceptual no es suficiente: es un asunto de acción y de cómo vivimos. Incluso en el mundo actual, tan mezclado y confuso, estamos llamados a practicar la verdadera humillación incluso bajo los poderes humillantes que moldean el camino del mundo. Jesús nos ilumina el camino, porque él vivió la humillación todo el camino, incluso la cruz, que en las manos de los romanos era el instrumento de extrema humillación. Dios transformó la cruz en Cristo, con el sufrimiento de Jesús y la interpretación del Espíritu en la iglesia. Solo en esta «historia de salvación» la cruz fue redimida, arrebatada de las manos del príncipe humillante de este mundo (1 Corintios 2:7). Es por la gracia de Dios que la historia del Cristo crucificado puede contarse como la historia de una humillación que fue siempre fiel a sí misma, contra toda presión para que la luz de la humildad brillara y brille aún en las tinieblas imperantes de la humillación ofensiva.

Todavía vivimos en la mezcla confusa de la humildad en la forma de sometimiento y humillación. Enfrentados al llamado al sometimiento por una parte, y al miedo razonable de la humillación por la otra, necesitamos luz para ver la opción que se nos presenta y la inspiración para aceptarla. La ayuda nos aguarda en todo el evangelio: Jesús dijo: «El que se humilla como este niño». «Como este niño» no nos excusa de humillarnos, sino más bien lo afirma y aclara y de esa manera nos rescata de la humillación. El niños nos conduce a la humildad que es esperanza y reverencia.

2. Humildad: esperanza y reverencia

Esperar y reverenciar son maneras de restructurar la humillación para que no sea obstaculizada por objeciones y abstenciones. Esto se logra en parte dándole una visión más clara de cómo, por fe, la humillación se separa del sometimiento para llegar así a su auténtica plenitud. Revelan humildad, con la integridad del Evangelio.

Esta restructura revela la humildad más como narración que como un estado o condición. El oprimido es relegado al foso. El manso que se entrega, se humilla voluntariamente. Ambas historias se cruzan con la humildad como un estado de inferioridad o calidad de existencia. ¿Pero es ese el final de la historia? Igor [el burrito de Winnie Pooh]) se atasca en la penumbra, pero los que están a su alrededor en la Esquina de Pooh son fuertes y tienen esperanza.[33] Una mirada hacia adelante implica movimiento entre el ahora y lo próximo, hoy y mañana. La imaginación temporal entra en juego. Las fotografías extraídas de una película contienen verdad, aunque sin contar la historia que hace que la acción se comprenda. La humildad necesita verse como narración.

Una semilla cae en el terreno y al morir da mucho fruto.[34] Con una frase Jesús cuenta la historia de la humildad. La humildad de lo pequeño que cae y muere se revela en toda la historia de una humillación que reaparece maravillosamente en abundante nueva vida. La humillación no se dirige a un final sombrío. Tomada en su totalidad, la historia tiene un flujo que requiere que miremos hacia adelante. Estimula la esperanza.

La humillación puede sobrellevarse, la vergüenza se menospre-cia (Hebreos 12:2) si se fija dentro del contexto de la esperanza. La humillación implica cierto opresor hostil o indiferente. La espe-ranza resiste la humillación y recibe al opresor con actitud desa-fiante, porque lo que se ve en la esperanza es que el poder del opresor no es definitivo. Esperar, anhelar, incluso en su debilidad, ya muestra y prueba las fisuras de la pared de la prisión.

Incluso bajo la humillación, la esperanza le permite a la humi-llación ser una resistencia luchadora, una batalla voluntaria contra el opresor aun en la situación moldeada por el opresor.

La humildad como asociación de la humillación y de la esperan-za redefine el dominio del opresor desde dentro, porque combate su poder y derecho a definirla y a aferrarse a él.[35] No es ahora el único actor. Hay Otro en el campo, que tal vez pueda ponerse, pero que simple o definitivamente no es humillado.[36] La esperanza es frágil. La esperanza como la resistencia del amor para un mundo deformado por los poderes humillantes, carece de la certeza de la que alardean la planificación y administración poderosas.[37]

La humildad ofensiva e incluso la humillación generan propia-mente el deseo de escapar a la libertad. Como hemos visto, es natu-ral y correcto que la gente diga: Si esta humillación es necesaria para la humildad, no la quiero. ¿Por qué debo consentir en la pér-dida, en la humillación, en caer para no levantarme más?[38] De ahí el deseo de una simple inversión en la que los poderosos son destronados y los humildes y mansos son exaltados (Lucas 1:52). El deseo puede ir más lejos: el oprimido puede acariciar la tentación de buscar algo más que liberarse de la opresión; el ímpetu del con-flicto puede llevarlo a luchar por la libertad para ser opresor y ven-garse así de sus enemigos. A veces lo que cuenta como liberación es ganar el poder y el derecho para devolver mal por mal. Esperar de esta manera puede involucrar cálculos y validar preferencias que eliminan la humillación. Debido a que la humillación es de hecho inaceptable para cualquiera que la sufra, llega la tentación de pro-teger nuestra propia libertad y dominio buscando el poder para rebajar a otros, o ser indiferentes ante la humillación de otros, descontándolo como un simple daño colateral en lo que debe ha- cerse. Esta es la fragilidad de la esperanza que anhela cuando se pone a prueba en la práctica en un mundo despiadado, donde el llamado realismo incita a la guerra de todos contra todos.

3. Reverencia

La fragilidad de esperar como forma de humildad lleva a la cuestión de cómo puede protegerse de la corrupción y del colapso. En la vida que se nos da en Cristo, la libertad esperanzada se mantiene humilde porque continuamente se moldea en su fuente, que es la historia de Dios en Cristo, que «aunque era rico, por causa de ustedes se hizo pobre».[39] La fe nos arraiga en su humillación y sometimiento sin que él mismo buscara venganza. Esta fe, como ya lo hemos dicho, es indispensable y central para la fe y la vida cristianas. No obstante, una vez más necesitamos estar conscientes de los peligros. Ya hemos notado que hay formas de gloriarse en la cruz lo cual proyecta una sombra tergiversada de la imagen de Dios en la vida humana.

Un problema común del vivir cristiano aparece aquí. Caminamos con inseguridad entre el triunfalismo ambicioso y el culto del sufrimiento y la muerte. Oscilamos entre agarrar la libertad con el Cristo exaltado y huir de la vida para morir con Cristo cultural, emocional o en ocasiones físicamente. Cualquier clase de fluctuación es espiritualmente agobiante y confusa. Sin embargo, no se puede escapar de ella negando la una o la otra. Necesitamos encontrar una verdadera manera de vivir y estar donde las formas de humildad se unan y no compitan.[40]

Para que esto suceda la esperanza necesita arraigarse en la humildad que reverencia, y colaborar con ella. La reverencia es también lo que hace que la humillación sea diferente del sometimiento. Es la razón de la humildad en la Biblia y en la narración cristiana de Dios en Cristo.

Isaías 57:15 es un texto que para muchos sobresale en este tema. El Único excelso y sublime que vive en la eternidad. Su nombre es santo. Es correcto y bueno santificar el nombre de Dios, y orar para que Dios lo santifique. Nuestro Padre en los cielos debe reverenciar-se.

Reverencia implica humildad, porque el que reverencia está más abajo. Esto en sí no ofrece un escape de la clase de humildad censurable que hemos visto antes. Si el de arriba es un opresor, reverenciarlo simplemente refuerza la humillación del que la da. Nabucodonosor les concedió a todos los pueblos de su imperio una estatua grande para que la reverenciaran, para que reconocieran públicamente su subyugación a un gran líder, bajo la amenaza de echarlos al horno en llamas si se negaban.[41]

Surge entonces la pregunta: ¿hay algo o alguien al que le debamos reverencia y a qué clase de humildad nos lleva? ¿Hay algo o alguien digno de reverencia para que la humildad sin humillación se realice? En el testimonio bíblico se nos da Dios como el Padre de nuestro Señor Jesucristo con el Espíritu Santo para mirar hacia ellos y reverenciarlos. A Dios se lo ve y se lo conoce en su propia historia al humillarse para habitar con los que poseen un espíritu contrito y humilde.

Isaías 57 integra la reverencia al Único excelso y sublime con el movimiento hacia adelante y la visión que Dios le da. Comienza con el mundo encerrado en su maldad, del que solo puede esperarse la muerte. El hombre justo perece y se alegra de salir de este mundo para gozar de paz (Isaías 57:1-2). Así el mundo queda con los hijos de las hechiceras y sigue su desastroso camino sin aprender nada de los viajes fatigosos, incluso hasta bajar al sepulcro (Isaías 57:10). No se piensa en Dios, y por su parte, Dios guarda silencio, no interviene. Los hombres piensan que se saldrán con la suya, pero el viento se los llevará (Isaías 57:3-13).

Luego, un cambio a la esperanza: se avizora un futuro panorama en esta oscuridad, así que esperar es posible. Se le da al manso que al refugiarse en Dios, poseerá la tierra y heredará «mi monte santo». Ellos, diríamos, entrarán en el reino de Dios. Los que se vuelven al Señor con un espíritu contrito y humilde son revividos al ser perdonados, reciben paz y bendición con sanación y el resplandor del rostro de Dios se vuelve hacia ellos (Isaías 57:16-19).

El ser humilde mira hacia lo alto y reverencia al Único excelso y sublime que habita con ellos y así «revive» con una nueva vida. Esperar se hace uno con reverenciar. La humildad está llena de esperanza más allá de cualquier humillación. Reverenciar a Dios hace que la libertad se humille con verdadera humildad, sin el miedo de ser humillado: es una relación de confianza y libertad y gozo.

Esta humildad realzada y sin sombras es el regalo de Dios y la respuesta a ese regalo.

Reverenciar todo lo que es bueno, grande, santo o hermoso engendra humildad sin humillación. Los humildes son llamados a disfrutar lo bueno. Lo bueno tiende a inducir a la humildad: ejemplos seculares no son raros. En su discurso de investidura el 20 de enero de 2009, el presidente Barack Obama expresó: «Queridos conciudadanos: Me presento aquí hoy humildemente consciente de la tarea que nos aguarda, agradecido por la confianza que habéis depositado en mí, conocedor de los sacrificios que hicieron nuestros antepasados».

Si la bondad se percibe como perfección elevada o como superioridad despectiva, no logra este resultado. Pero la verdadera bondad es generosa, franca y acogedora. Existe en el compartir del gozo. La bendición del Señor trae riquezas, y nada se gana con preocuparse (Proverbios 10:22). El Altísimo de Isaías habita en el humilde. La morada de Dios con el ser humano en la creación es un hilo que corre a lo largo de la historia bíblica. Por eso la humildad responsiva es éxtasis, reverencia y sorpresa: es la risa que saluda al Señor que los hizo volver de la cautividad de Sión (Salmo 126:1). La bondad de Dios nos saca de nosotros mismos al revelar lo que está más allá de nuestro quehacer, de nuestras posesiones y de nuestra imaginación. Nuestras pretensiones de grandeza son vergüenza, de mal gusto. Esta vergüenza es una firme ofensa, pero su fuente, modo de funcionar y meta no son denigrantes ni humillantes. La humillación la enmarca la buena voluntad y generosidad evidentes que evocan sorpresa y esperanza.

Otro elemento de esperanza es la gratitud libre y gozosa: «El Señor ha hecho grandes cosas por nosotros, y eso nos llena de alegría».[42] Con esta clase de gratitud, la dependencia se acepta sin el sentimiento de ser humillado. El beneficiario a menudo resiente la caridad porque el de arriba la gestiona altiva o administrativamente. La gratitud siempre entraña cierta diferencia entre el benefactor y el beneficiario, el iniciador y el recibidor pero si esa diferencia se magnifica y explota en el proceso de dar, la gratitud se estrangula al nacer. A veces se argumenta que ser receptor es necesariamente humillante. Un regalo crea una obligación, una deuda moralmente obligatoria que no puede disolverse fácilmente ante la insistencia del dador de que se trata de un regalo gratuito. Incluso entre iguales, es difícil recibir un regalo sin sentir un reto a la propia dignidad y libertad. Pero sería un mundo sombrío y deprimente si el dar y el recibir fueran incompatibles con la libertad y la dignidad. Dondequiera que dar y recibir sean una alegría compartida, un mundo nuevo comienza a construirse, señal por señal.[43]

Hablamos aquí del diario vivir del ser humano. Por ejemplo, los jóvenes a veces se irritan porque viven en el hogar que institucionaliza la dependencia por lo que reciben de los padres. Solo cuando se han abierto camino y rompen esta dependencia pueden llegar más fácilmente a la aceptación de la vida como el regalo recibido de los padres, un regalo que deben disfrutar y agradecer sin ningún elemento de humillación. La capacidad de los padres varía en la manera de facilitarles esta transición a sus hijos; nada puede salvar al hijo del difícil trabajo de encontrar su camino.

Donde hay una comunidad abierta, la humildad deja de ser el tributo que el de abajo le rinde al de arriba. Se convierte en el espíritu común en el que todos comparten juntos la sabiduría común, el respeto y la esperanza mediante la cual la comunidad dialoga sobre las pruebas y tentaciones de la vida.

La humildad es intrínseca a la fe que responde a la gracia con asombro y gratitud. Romanos 5:1-5 muestra cómo «la dádiva de la vida eterna en Cristo Jesús, nuestro Señor» (Romanos 6:23) forma a los seres humanos en humildad. Primeramente son corregidos «justificados» por medio de Cristo contra todos los poderes que pudieran humillarlos. Entran a disfrutar la paz de Dios. Ya en gracia, se regocijan en la esperanza de la gloria de Dios. Todo esto describe la condición compleja pero unificada de la persona o de la comunidad de fe. Se presentan como los beneficiarios de la dádiva o regalo de Dios; y en esa condición son libres para disfrutar y esperar, al aceptar lo que es dado y al ser como fueron hechos. La humildad como reverencia y espera es integral al ser.

Dentro de esta plantilla, la vida real se echa a andar incluyendo sufrimiento y produciendo paciencia. Paciencia y resistencia producen la experiencia comprobada y la esperanza que no decepciona porque el amor de Dios se derrama en los corazones mediante el don del Espíritu Santo. Así las presiones que amenazan y quebrantan no logran humillar; la humildad de la confianza, la gratitud, el gozo y la esperanza se sostiene viviendo el regalo de Dios. La aparente secuencia linear de este texto se convierte en un círculo cuando el final se junta con el principio: el Espíritu Santo en el corazón es un don transformador que eleva a las personas para que permanezcan alegres delante de Dios, confirmando la justificación que lleva a la paz con Dios. Si, como se ha sugerido, tomamos esto como una descripción de humildad, es evidente que es sin humillación. Anticipa Romanos 8:31 al afirmar que ninguno de los grandes poderes negativos pueden tener o tendrán éxito humillando a los que están en Cristo, quien a través del Espíritu Santo busca a Dios y clama: «¡Abba! ¡Padre!» mediante todo el sufrimiento del tiempo presente (Romanos 8:14-30).

La humildad es intrínseca a la constitución de este ser humano «en Cristo». Es principalmente la humildad de la gratitud libre y alegre, aunque en su proceso de vida hay sufrimiento el cual, si solo, engendra humillación y desencanto, con desilusión y vergüenza. La sostiene el amor de Dios y del Espíritu Santo. Vivos en Cristo, respondemos a la humildad de la humillación de Dios mediante la participación activa en ella. Humillarnos delante de Dios no es humillación porque es ser levantados para compartir en el camino,

HUMILDE

el espíritu y la vida de Dios. La humildad se da dentro de la compañía del Padre y del Hijo.

El niño de nuevo: esperanza

Tal como el niño colocado por Jesús en el medio reitera el llamado al discipulado, descendiendo para seguir el camino de la cruz, así el niño colocado en el medio es señal de la nueva creación, repicando con la elevación del Hijo del Hombre. La humildad según la representa el niño no es humillación. El niño señala humildad, sin saberlo, practica la humildad como una virtud. La señal de la humildad se logra porque el niño es pequeño e inexperto. Esta pequeñez es una vulnerabilidad y expone al niño a los riesgos de humillaciones múltiples. Pero es también la pequeñez de la semilla la que, sin pretender ser lo que no es, sin orgullo ni jactancia, tiene el poder de la vida y el futuro dentro de ella. Y porque es pequeña, busca. La humildad que se ve en el niño es esperanzadora.[44]

Independientemente de cómo idealizamos y celebramos la existencia del niño, llegar a ser como niños envuelve una humillación para el adulto saludable. Significaría pérdida de autonomía, de control de la propia vida, de libertad para planificar, de la seguridad de tener esa potestad mediante la cual deseos y acción se correlacionan lúcidamente, de que se realicen metas escogidas significativas y se asuma la responsabilidad. Es ser llevado por el poder dado del crecimiento, incluso si este es imperceptiblemente lento y frustrante. La frase del niño, «Cuando crezca [...]» puede ser sueño o determinación: en ambos casos, alimenta la expectativa.

El niño, aunque pequeño, y aunque bajo en su condición, es la esperanza viva encarnada. El niño es un proceso de esperanza, de una esperanza naciente. El amigo de Karl Barth, Eduard Thurneysen, lo pone de esta manera:[45]

> «Jesús coloca a los niños ante nosotros. Los usa como una
> parábola para decir algo que es decisivo para nosotros. Los
> niños son personas que todavía están en el comienzo de la

vida [...] Para ellos [...] todo está lleno de posibilidad y promesa; la vida es un libro abierto lleno de páginas en blanco [...].

«Para nosotros (adultos) es demasiado tarde para casi todo. No tenemos una vida que apenas emerge ante nosotros. Por el contrario, hemos avanzado rápidamente hacia los surcos, o hemos llegado a un punto muerto [...] nos hemos fosilizado en nuestra vocación, nuestro trabajo [...] trabajamos como en una banda continua. [...] Somos fieles en nuestra vida matrimonial, pero simplemente la arrastramos como si fuera una carga. [...] Pero aún más importante, nuestras faltas, nuestros fracasos, nuestros pecados [...] hoy escasamente resistimos del todo. No obstante, gemimos y sufrimos. ¿No es esta la característica realmente onerosa de envejecer, que nos vemos forzados a ver, de tantas maneras, que regresar ya no es posible?

«¡Pero escuchen! "A menos que ustedes cambien y se vuelvan como niños". ¿Qué significa eso? [...] Sí hay tal cosa como un nuevo comienzo [...]

«[Con Jesús] existe esta posibilidad de un nuevo comienzo en una vida que ya se ha hecho mayor. Hemos dicho ya todo lo que puede decirse cuando decimos que [...] Significa ser un anciano con cicatrices, en semejante dilema [...] uno sin esperanza, sin posibilidades, y luego, de repente, encontrarse con esto: "Vengan a mí todos ustedes que están cansados y agobiados , y yo les daré descanso".

«Descanso que viene de Jesús [no] significa que debemos volvernos realmente niños, gente infantil [...] en muchas cosas externas e internas no podemos regresar otra vez. Pero en lo principal, sí podemos volver [...]

«Hay un nuevo comienzo, y una nueva creación posible en Jesucristo. [...] ¡Dejemos que el evangelio nos diga, "Podemos"! Ahora bien, no interrumpa en seguida para decir: "No, no puedo; soy muy viejo; estoy demasiado fosilizado; no hay nada en mi vida que pueda hacerse de nuevo". [...] Este nuevo comienzo acerca del que habla Jesús es Dios. [...] y el movimiento del reino de Dios de Dios hacia nosotros.

«Podríamos [...] decir [...] "Perdón de los pecados es lo que significa el pasaje acerca de volvernos como niños, aunque esta palabra en particular, pecado, no aparece aquí". Porque, ¿qué es pecado? Pecado significa separación de Dios. Pecado puede ser cualquier cosa en mi vida que hace que me aleje de este comienzo, y me cierra la puerta [...] Estas viejas paredes y particiones están perforadas. Jesús las penetró. Yo puedo, ¡soy libre! Eso es lo que él me dice. Es el perdón de los pecados.

«Somos demasiado fuertes en nosotros mismos para volvernos de verdad débiles delante de Dios, para que él pueda ser fuerte en nosotros con el poder de su perdón. Esta es la fortaleza del humilde y del pequeño y, como tal, el comienzo de la vida a la que Jesús nos llama. "El que se humilla como este niño será el más grande en el reino de los cielos". Por lo tanto, "A menos que ustedes cambien y se vuelvan como niños"». [...]

Al final de su vida, Barth todavía defendía este punto. Al considerar Mateo 11:25/Lucas 10:21 subrayaba que la revelación está «hecha exclusivamente para bebés (es decir, realmente pequeñitos, no metáforas para "gente necia o embrutecida")»:

«La pieza totalmente nueva que ha llegado en Jesús está abierta solo a quienes son un complemento adecuado, que están también abiertos a ella, porque no tienen nada detrás, porque no están detenidos ni bloqueados contra ella porque no traen consigo nada intelectual, moral, estética o religiosa *a priori*, porque son páginas en blanco. Este es sencillamente el punto de la historia acerca del niño que Jesús colocó en medio de sus contenciosos discípulos[...][46]

La humildad es esperanza, es la alegría de «Yo puedo» que viene de Dios en el perdón de los pecados, la que aplica la esperanza de Dios para todos los encadenados por el pecado. En esa esperanza, Dios se humilló a sí mismo incluso a la debilidad y vergüenza de la cruz para redimir y renovar la creación.

NOTAS

1   La palabra griega *strepho*, en Mateo 18:3 a menudo se traduce como «cambio». Pero la raíz griega tiene que ver con volverse. Epi-strepho es una palabra para conversión.

2   Mateo 20:26-27; 23:11-12; Marcos 10:43-44; Lucas 14:11; 18:14; 22:36.

3   D. Kraybill, *The Upside-Down Kingdom*, 1978.

4   De nuevo, cuando le traen los niños a Jesús para que los bendijera, (Marcos 10:15) y (Lucas 18:17) se refieren a recibir el reino de Dios como lo hace un niño. Pero en su versión de esa historia, tal vez de manera sorprendente, Mateo no menciona recibir (Mateo 19:13-15).

5   La primera forma, llegar a ser se discute en los Capítulos 5 y 6; humildad en el Capítulo 5; recibir en el Capítulo 6.

6   Una selección de textos bíblicos importantes podría incluir Deuteronomio 30:2, 10: «Vuelvan al Señor tu Dios»; 30:10 «Y te vuelvas a Señor tu Dios con todo tu corazón y toda tu alma». Esto es lo opuesto al corazón que se desvía de Dios para servir a los ídolos (Deuteronomio 30:17). Isaías 6:9-10, citado en Mateo 13:14-15 y Juan 12:40: «Haz insensible el corazón de este pueblo; embota sus oídos y cierra sus ojos, no sea que vea con sus ojos, oiga con sus oídos, y entienda con su corazón, y se convierta y sea sanado». Isaías 45:22; 55:7: «Que abandone el malvado su camino [...] que se vuelva al Señor, a nuestro Dios que es generoso para perdonar y de él recibirá misericordia». Joel 2:12; Hechos 3:19; 2 Corintios 3:16; 1 Tesalonicenses 1:9: «De cómo se convirtieron a Dios dejando los ídolos para servir al Dios vivo y verdadero y esperar del cielo a Jesús, su Hijo». Morris West explora *metanoia* («arrepentimiento, un cambio de corazón, una nueva dirección», p. 90) en su entretenida, pero juiciosa novela, *Lázaro* (1990).

7   Martín Lutero, en la primera de sus noventa y cinco tesis, dijo: «Cuando el Señor Jesucristo dijo "Arrepiéntanse", quería que la vida entera de los creyentes fuera de arrepentimiento».

8   1 Juan 1:5-9

9   Isaías 58; Mateo 6:1-18; Marcos 7:1-12; Lucas 18:9-14; Santiago 1:26-27

10 Nadie ha destacado esta cuestión tan sucintamente como Thomas Henry Huxley: «Siéntate ante un hecho como lo hace un niño, prepárate para dejar toda idea preconcebida, sigue humildemente a dondequiera o a cualquier abismo la naturaleza te lleve, de lo contrario no aprenderás nada». No hay necesidad de leer en estas palabras el contraste entre la ciencia natural y la fe. Charles Finney hizo una observación similar en su escrito «The Childlike Spirit an Essential Condition of Entering Heaven», http://www.gospeltruth.net/1852OE/520526_child_like_spirit.htm: [Traducción] Por (humildad) me refiero a no un sentido de pecado, sino a la disposición de ser conocido y apreciado de acuerdo con la verdad. El niño es en este sentido humilde. No es renuente a que se le conozca tal como es. Nunca ha pensado en tratar de esconder su verdadero carácter. Casi todo lo desconoce, y parece que muy alegremente supone que eso es así. Por lo tanto, le pregunta

a todo el mundo y bajo ninguna circunstancia se muestra ansioso porque debe exponer su ignorancia. De hecho, espera exponerla si así es, y no considera que no causa daño si debe hacerlo. Parece suponer que no puede haber objeción a ser conocido de acuerdo con la verdad en su caso».

11 Isaías 57:15; Daniel 4: la historia de Dios con Nabucodonosor, quien a través de su terrible jornada en el país lejano en el que perdió su humanidad, aprendió que Dios «puede humillar a los soberbios» (Daniel 4:37) y luego salvarlos.

12 Isaiah Berlin, «The Originality of Machiavelli», http//berlin.solf.ox.ac.uk/published_works/ac/Machiavelli.pdf; p. 45: Si los hombres practican la humildad cristiana, no pueden ser también inspirados por las ambiciones insaciables de los grandes fundadores clásicos de culturas y religiones; sus miradas se centran en el mundo más allá –si sus ideas están infectadas por incluso palabrería vacía de esta postura– es posible que no den todo lo que tienen tratando de construir la ciudad perfecta. Si el sufrimiento y el sacrificio y el martirio no siempre son necesidades malas e inescapables, pero pudieran ser de supremo valor en sí mismas, entonces las gloriosas victorias de la fortuna que van al valeroso, al impetuoso, y al joven

13 Charles Dickens, *David Copperfield*

14 Frank Pakenham, Earl of Longford, *Humility*, 1969; Tomás de Kempis, *Imitación de Cristo*, http:incharacter.org/observation/humility-vice-or-virtue/

15 *«Come down, O Love divine»* es en términos generales un himno vibrante que reafirma y da esperanza con versos como estos: «Oh Consolador, ven, acércate/dentro de mi corazón manifiéstate/y enciéndelo, tu llama santa otorga». Pero, ¿nos produce ansiedad la otra parte del himno? «Verdadera humildad del corazón, que toma la parte más humilde/Y sobre sus propias faltas llora con aversión».

16 Un venerable embajador se acercó al dictador Mussolini para hablarle de una conferencia internacional sobre el uso del gas venenoso en la guerra. Mussolini, examinando documentos en su escritorio, dejó al anciano diplomático de pie ante él. Por fin le dijo: «Bien, Su Excelencia, ¿cuál es el gas más venenoso?». A lo que el Embajador replicó: «el incienso». www.execupundit.com/2009/10/narcissistic-leader.html

17 Dorothee Sölle, *Suffering*, 1975

18 Compárese Finney, en la nota 10 arriba.

19 Damon So, *The Forgotten Jesus and the Trinity You Never Knew*, 2010

20 Por ejemplo, O. M. Bakke, *When Children Became People*, 2005, Capítulo 2

21 M. Bunge, *The Child in Christian Thought*, p. 283s. El famoso primer paso de Susannah Wesley en la crianza de sus destacados hijos fue mediante «conquistar su voluntad y producir un temperamento dócil». Ahora esto, para la mayoría de la gente, no es un buen consejo.

22 Francesca Simon, autora de los libros *Horrid Henry*, informa que a Perfect Peter los padres no lo quieren, en comparación con Horrid Henry, a pesar de que este último constantemente los mete en problemas y los preocupa lo que sufrirán cuando en pocos años, sea un adolescente y luego un adulto. Pero no es de sorprender que prefieran al honesto malvado de Henry y no la extraña conducta de Pedro, que no se acerca a la humildad de Urías Heep. Esta referencia no nos dice nada útil acerca del niño y la humidad, pero sí de la preferencia de los padres modernos por los niños que sistemáticamente no son humildes.

23 Charles Dickens, *Oliver Twist*, capítulo 2

24 John Saward, *The Way of the Lamb*, 1999, capítulo 1

25 Paul Lehmann hizo de esta formulación un gran tema: véase, por ejemplo, *The*

Decalogue and a Human Future: The Meaning of the Commandments for Making and Keeping Human Life Human, 1995.

26 2 Corintios 8:9; Filipenses 2:1-11

27 Habacuc 2:20

28 La baja condición del niño no implica necesariamente que los niños no fueron amados, atendidos, disfrutados y valorados para el futuro, mantenidos dentro de la familia y la cultura de formas enriquecedoras.

29 Una metáfora alternativa usada por Rowan Williams es «jugadores en su juego de negocios».

30 http://en.wikipedia.org/wiki/Turning_a_blind_eye

31 Aplican la regla general de Pablo, como en Filipenses 4:8-9 para moldear sus puntos de vista y su lealtad a Jesús, como el tema central y particular de su fe. Pensar en lo que es verdadero, honorable, amable, gracioso, etcétera, no está por demás en el discipulado. Jesús sabía que sus discípulos tenían que reflexionar sobre lo que pensaban de él, porque al ser él mismo, originó el tema perturbador y salvador acerca de con qué clase de hombre estaban tratando. Jesús les preguntó quién creían ellos era él.

32 Juan 10:17-18

33 Zolile Mbali, autor de *The Churches and Racism: A Black South African Perspective*, 1987, escribió un artículo no publicado para una consulta sobre política y perdón titulado «God after the Full Stop», donde Full Stop significa el punto en la lucha contra el apartheid en la década de los años ochenta cuando parecía que iba a terminar en nada, sino en un estancamiento violento sin esperanza. Dios mantiene la historia en marcha hasta el Full Stop, o más bien, hasta ponerla en marcha nuevamente.

34 Juan 12:24-26

35 Mateo 16:18. Aquí el opresor está representado por las puertas del reino de la muerte.

36 2 Corintios 6:3-10

37 Santiago 4:13-16 y muy cerca 4:6-10

38 Miqueas 7:8-10

39 2 Corintios 8:9

40 La poesía de George Herbert, *The Collar*, ofrece una profunda y conmovedora perspectiva de esta condición y la solución que él descubrió:
«Pero como lo he alabado y madurado más rigurosamente y pródigamente
En cada palabra,
En mis pensamientos oí un llamado, Hijo:
Y yo contesté, Mi Señor».
http://centaurocabalgante.blogspot.com/2013/03/el-templo-de-george-herbert-1633.html. Establecer el equilibrio adecuado –no rehusando la cruz pero tampoco glorificando la muerte– es un reto para una vida práctica y espiritual y también para apreciaciones teológicas de textos como Filipenses 3:2-11 e himnos como el de Isaac Watts: «La cruz excelsa [...] De todo cuanto estimo aquí, Lo más precioso es su amor».

41 Daniel 3:5-6, 15-18, 25-26

42 Salmo 126:3

43 Richard Titmuss, *The Gift Relationship: From Human Blood to Social Policy*, 1970

44 El Salmo 131 armoniza con nuestra discusión de la humildad y el niño: «Señor, mi corazón no es orgulloso (altivo) [...] he calmado y aquietado mis ansias. ¡Soy como un niño recién amamantado! [...] Israel, pon tu esperanza en el Señor». Este salmo nos lleva de nuevo a Mateo 11:25-30.
En el culto in memoriam de Judith Bull (16 de marzo de 2013), la reverenda

Hilary Edgerton dijo:

«El rey David, escritor de este salmo, tenía el mundo de ese entonces a sus pies. Éxito militar, poder político, programas de construcción y un mercado creciente en su ciudad; buena reputación porque todo lo que hacía, lo hacía con todo su corazón; un líder formidable con muchos seguidores.

«Me sorprende cada vez que leo este salmo, al ver qué sencillo e infantil es. El rey más grande de Israel de entonces dice: "Mi corazón no es orgulloso [...] he calmado y aquietado mis ansias. [...] como un niño recién amamantado".

«Cuando uno llega a ser exitoso, poderoso, responsable, bien conocido, es fácil caer. Algunas personas utilizan su poder para realizar su propio sentido de importancia a expensas de los demás; algunos se resquebrajan por la presión.

«Algunos siguen, a un alto costo, sirviendo a otra gente. David dice: "Mi corazón no es orgulloso [...] No me preocupo con grandes asuntos o cosas demasiado maravillosas para mí". Él ve a Dios y se ve a sí mismo en la perspectiva correcta: cualquiera de sus grandezas proviene de Dios.

«Por eso ahora es como un niño, que no puede hacerlo todo, que no puede hacer nada, excepto recostarse en los brazos de su madre. Está destetado, come alimentos sólidos, puede alimentarse por sí solo, como era, pero hay momentos cuando no se siente bien y tiene que volver al lugar donde nuevamente se siente seguro.

«Para mí, no hay una descripción más clara, más sencilla de confianza en Dios que esta: una persona poderosa que quizá no puede sentirse orgullosa porque hay momentos en los que dice, "esto es demasiado grande para mí, así que me volveré a Dios como el niño lo hace con su madre y confía en que pronto todo estará bien"».

45 Karl Barth y Eduard Thurneysen, *God's Search for Man*, 1935, es una colección de los primeros sermones de los dos amigos. Uno se llama «El Nuevo comienzo» sobre el texto de Mateo 18:1-9. Estamos en deuda con D. J. Konz por la evidencia de que Thurneysen fue quien predicó este sermón.

46 Karl Barth, *The Christian Life*, 1981, p. 81

Capítulo seis

Recepción

«Y el que recibe en mi nombre a un niño como este,
me recibe a mí».
MATEO 18:5

«Recibir al niño» en los tres Evangelios

LOS TRES EVANGELIOS SINÓPTICOS hablan de recibir a un niño. Inmediatamente después que Jesús coloca al niño en medio de los discípulos que competían por grandeza, Lucas (9:46-48) dice: «El que recibe en mi nombre a este niño, me recibe a mí; y el que me recibe a mí, recibe al que me envió». Solo después agrega: «El que es más insignificante entre todos ustedes, ese es el más importante». Esta declaración apunta a la humildad, pero sin la palabra ni el énfasis que se da en Mateo.

En Marcos 9:33-37, Jesús les preguntó a los discípulos qué venían discutiendo por el camino. Ante el silencio de ellos, Jesús dijo marcadamente: «Si alguno quiere ser el primero, que sea el último de todos y el servidor de todos. Luego tomó a un niño y lo puso en medio de ellos. Abrazándolo, les dijo: El que recibe en mi nombre a uno de estos niños, me recibe a mí; y el que me recibe a mí, no me recibe a mí sino al que me envió.

En Lucas y Marcos no hay nada que distraiga del llamado a dar una respuesta práctica al niño en el medio: el niño está allí para que lo reciban. En contraste, la orden de Mateo establece una distancia entre el niño y la recepción cuando llama primero a los discípulos a volverse y ser «como los niños» y luego a humillarse «como este niño», para entrar (o ser grande) en el reino de Dios. Marcos y Lucas no mencionan el reino de Dios cuando cuentan esta historia aunque en otras partes vinculan al niño con el reino.[1] Si este libro estuviera basado en Marcos o Lucas, habríamos llegado a la recepción mucho antes. Como seguimos a Mateo, es justo ahora, en el Capítulo seis, cuando se llega a ella.

La recepción es fundamental para el significado de esta historia

Humillarse a sí mismo, llegar a ser como niños y recibir a un niño es un tema que podría tratarse como tres conceptos y prácticas diferentes. O podrían converger como tres maneras interrelacionadas de participar con Jesús en el camino del reino de Dios. Si se interrelacionan, ¿qué l patrón siguen, y qué organiza el patrón? Este capítulo sugiere que recibir al niño moldea la relación de los tres, así que la humillación y el llegar a ser encuentran su significado dentro del marco de la recepción.

Recibir al niño es, como lo veremos, un proceso corriente natural. Pero tal como Jesús lo actuó e interpretó, es un camino hacia el reino de Dios, a la comunión viviente del Padre y el Hijo.

La historia como un todo es un ejemplo de una recepción real y determinante. La acción de Jesús de colocar a un niño *en medio de los discípulos* es de por sí un acto de recibir al niño. Jesús entonces hace primero lo que les pide a los discípulos que hagan: recibe al niño. Toma al niño físicamente y lo coloca en el medio. Este acto de recepción revela su mente y corazón. Vio que el reino de Dios «era como niños» y hace del niño una señal del camino del reino de Dios. En su propia vivencia buscó la clase de reino de Dios que podía tener como señal a un niño, y que inclusive debe encontrarse y recibirse para encontrarse y recibirse en un niño real. Jesús tuvo esa clara conciencia terrenal del reino de Dios a través del propio aprendizaje de vida con su Padre en el cielo.

Dentro del marco: humildad y ser como los niños

Pensar dentro del cuadro general de recepción, marca una diferencia importante para nuestro alcance de «ser como los niños» y «ser humildes como este niño». Estas frases pudieran entenderse como directrices para ocuparse de manera individual en alguna clase de desarrollo personal: en contraste, recibir al niño es una acción social que conlleva volverse hacia el otro. La búsqueda de ideales románticos espirituales pueden desconectarse de lo mundano: cuando se recibe al niño, hay un aterrizaje integral.

La búsqueda de humildad y de semejanza con el niño sin una recepción verdadera del niño tiende a intensificar el interés propio y sirve para validarlo. Aprender a tener fe no es compatible con el deseo de «hacer algo de uno mismo».[2] En una empresa tal orientada a sí mismo, el niño puede ser honrado ostensiblemente como modelo, guía y reto, pero se deshonra al ser ajustado a la subjetividad de otro y absorbido por ella. El niño real, colocado por Jesús, tiene su propio ser distinto de los que lo rodean. No debe disolverse en la idea de servir al proyecto de alguien más centrado en sí mismo. Si eso sucediera, el discipulado no incluiría la negación de sí mismo. Así la persona en realidad, no sale de sí misma ni se descentra. El niño idealizado no libera de la preocupación propia o narcisismo. Más bien se convierte en apenas otro pedacito del mundo que el discípulo asimila para sus propios intereses, preocupaciones y usos.

El discípulo verdaderamente piadoso, tal vez tome al niño como un modelo ideal o guía para su propia experiencia espiritual y desarrollo personal. El abusador asalta a la persona encarnada para satisfacer algún sentimiento perverso. Ellos difieren en mucho, y sin embargo tienen una característica en común: en ambos casos el niño la subjetividad de alguien más absorbe al niño y lo sujeta a ella.[3]

Con todo, el niño en su propia piel –que es una demarcación de visibilidad corporal– señala una alteridad irreducible y la capacidad de relacionarse. La presencia del niño real invita al que recibe a ser abierto y a respetar lo que está más allá de sí mismo. Solo siendo respetado puede el niño cambiar y bendecir al que recibe. Cuando se niega la alteridad del niño y se disuelve de alguna manera, se pierde la bendición y comienza el abuso contra el niño. La libertad y la integridad del niño real no se respetan, y por eso corre el peligro de convertirse en instrumento del poder superior del adulto.

Ya hemos explorado de qué manera el niño en el medio valida la humildad al reiterar el llamado de seguir a Jesús en el camino de la cruz. Recibir al niño implica entonces la dura y costosa disciplina de la humildad. Recibir genuinamente a un niño en el espíritu y a la manera de Jesús, es un duro y continuo trabajo en la tierra. Remueve los meros sentimientos románticos y sueños alrededor del niño. La humildad y el costo de darse son integrales para en la práctica recibir al niño. Humildad significa rebajarse, hasta la tierra, la cruz, la negación de sí mismo. Y sin embargo, la humildad es la puerta que lleva a la vida, no a la piedra sellada que apunta a la muerte. La esperanza que hemos visto como parte integral de la humildad en el evangelio es intrínseca al acto de recibir al niño.

Llegar a ser como los niños

De manera similar, cuando se recibe a un niño, «llegar a ser como los niños» deja de ser un proyecto de falso desarrollo personal. Si volverse como los niños se toma de manera literal y de por sí, es en ambos casos imposible y peligroso. Es irrealizable volver a ser un niño. Es absurdo por parte del adulto tratar de revertir el don de la edad adulta y cambiarse tomando al niño como modelo, porque es una meta que nunca puede lograr. Rechazar la edad adulta es desobediencia a la voluntad de Dios indicada por la trayectoria ordinaria de la vida humana: no podemos dejar de crecer y envejecer. Considerar la edad adulta como pérdida porque se aleja de una intimidad infantil idealizada con lo divino, carece de sentido en el seguimiento a Jesús.[4] Un adulto podría, en raros momentos, mostrar cierta semejanza parcial a un niño; pero que un adulto trate de llegar a ser como los niños, dentro de los límites de su madurez adulta, solo produce una puerilidad que caricaturiza e insulta a los niños de verdad.[5]

Los niños quieren respetar a los adultos. En términos generales no les gusta verlos hacer el ridículo. Se resisten a que el reino del niño, su manera de ser, sea asumido, explotado e implícitamente mofado por adultos. Pero eso es lo único que los adultos pueden hacer cuando tratan, con todo su inapropiado bagaje de adulto, de transformarse en niños.[6] El niño pregunta sabiamente y con disgusto: «¿En qué puedo confiar si los adultos a mi alrededor han abdicado? ¿A dónde voy para crecer si la puerilidad que veo en esta gente es lo que me aguarda?» El adulto que trata de llegar a ser como los niños pronto se frustrará; salvo que sea necio, verá que no está realmente logrando lo que intenta.

Tropezamos con locura y frustración si entendemos el texto de esta manera. Si le prestamos atención más detenidamente (como el niño que pronuncia las palabras una a una, y no pierde nada), estaríamos protegidos, no solo de ver al niño colocado en el medio, sino con la palabrita «como». El texto no dice: «Lleguen a ser niños nuevamente», o «Recuperen o hagan las paces con ese niño que fueron», o «conviértanse en un niño», o «sean el niño eterno».[7] Estas opciones tienden a dominar más que respetar el «como». Están orientadas hacia el desarrollo personal individual. Son preguntas que fallan porque evitan recibir al niño.

Llegar a ser como niños recibiendo a un niño

En consecuencia, el intento de los adultos de «llegar a ser como los niños» lleva al peligro, a la irresponsabilidad y a la imposibilidad. Distorsiona a aquellos que lo intentan. Más seriamente, deshonra el evangelio. No ayuda al crecimiento de la fe, ya sea en pensamiento o en práctica. Pero cuando «llegar a ser como los niños» se entiende mediante la práctica de recibir a un niño en toda su integridad, se considera viable, creativo y responsable, una manera genuinamente evangélica. ¿Por qué? Porque el adulto puede entonces dejar de preocuparse tratando de ser como un niño. En su lugar, permite que el niño que es recibido haga todo lo que es «ser niño» pide, y eso lo libera para desarrollarse como un verdadero adulto en humildad.

El adulto que recibe a un niño tiene que brindar una acogida cálida, propicia, segura, respetuosa, de espacio abierto, y constante, adecuada para el niño.[8] Tiene que caminar al paso del niño, hablar y pensar con el niño, sentir con el niño, aprendiendo de nuevo lo que el niño aprende por primera vez. Llega a ver a través de los ojos del niño.[9] De esta manera encuentra un nuevo ser con el niño y por medio de él. Comienza desde el principio con el niño y da pequeños pasos a través de puertecitas en el mundo, a medida que ese ser del mundo, se abre a la creciente percepción del niño. Mantener la compañía cercana pero no represiva con el niño, tal como lo requiere una verdadera recepción, genera más que una obser-vación externa del niño que sigue con su propia vida. Tal vez al que recibe se le den indicaciones vívidas de cómo el niño ve este nuevo mundo extraño, así que hay una participación imaginativa en la propia manera de ver del niño. Pensar y vivir con un niño incluye mucho escuchar y mirar, mucho guardar silencio, estar a disposi-ción para dejar que el niño sea niño. Es cierta clase de humildad que resiste la tentación de reclamar y poseer.

Recibir al niño da un sentido plausible, aunque parcial de ver a través de sus ojos, vivir a través de su vivir; pero este sentido llega con una advertencia intrínseca de no sobrevalorar el propio conocimiento del otro. Llegar a ser como un niño, ser parte de su ser en el mundo, es algo siempre parcial, transitorio y dependiente. Este llegar a ser, es la clase de regalo que el que recibe no puede considerar como posesión permanente. La calidad de niño, a dife-rencia de la niñez, es un acontecimiento que puede repetirse pero no es una característica perdurable. Acercarse a un niño de esta manera es pisar tierra sagrada y estar consciente de una belleza que inevitablemente la codicia, la envidia o el asalto destruyen. La recepción demanda trabajo responsable para manejar y proteger al niño. Esa puede ser una tentación poderosa e insidiosa ante la que se podría caer.

El juego

Llegamos a la humildad entregándonos para ser un siervo en el mundo pequeño del niño. La humildad toma forma como el valor para arriesgar lo impredecible de la vida encarnada en la particularidad de «este niño». La humildad de María, la sierva del Señor, incluyó su apertura a la espada que atravesaría su propia alma (Lucas 2:35).

El niño recibido hará todo lo relativo a «ser niño», lo que el adulto necesita para llegar a ser como los niños. El niño es niño; el niño en sí mismo no necesita «llegar a ser como niños» para ser niño. Ningún niño necesita jugar a ser niño, pero eso es todo a lo que los adultos en sí pueden aspirar.[10] Cada niño hace lo real a su manera, y con todo su ser. Por ejemplo, ¿debería ser motivo de preocupación el niño que aparenta ser mayor de su edad o demasiado serio? Probablemente no, mientras sea su manera de ser niño, y no que se le haya impuesto opresivamente. Ser un niño puede parecer como juego a los adultos, pero eso muestra cuán fácilmente los adultos pueden engañarse y luego fosilizar sus errores en su lenguaje. Lo que para los adultos parece juego, es vida para el niño.

Los adultos que miran con desdén al niño, tal vez llamen juego a lo que ven e incluso piensen «las cosas pequeñas satisfacen las mentes pequeñas». Los adultos bondadosos y maternales dicen que al niño debe dársele ayuda y espacio «para jugar». Pero si se nos da una indicación de lo que ser un niño significa y qué es encontrar el propio camino en la vida como un niño, sabremos que no podemos despreciar su actividad como «juego de niños». El niño es realmente niño en la seria continuidad de su ser, donde tiene que encontrar y poseer su propia y creciente identidad y responsabilidad momento tras momento, con sus retos y oportunidades.

Es el adulto el que juega, al vivir una vida polifónica de muchas partes y haciendo eso con varios grados de control consciente y buena y mala duplicidad. Los adultos explotan su capacidad por el juego deliberado: a veces lo disfrutan, otras se disgustan. Se miran con recelo o intimidados preguntándose qué juego están jugando los demás. Jugar es parte de la bendición y de la trayectoria de ser adultos. Saber que juega puede ser una gracia salvadora para el adulto, ya que así no se toma demasiado en serio y más bien encuentra alguna libertad experimental del ser habitual. El adulto que no juega es triste; pero es peor pensar que los adultos no juegan, o no deben jugar. La propia dignidad fomenta la arrogancia al punto de negar que es juego.

El niño se convierte en un adulto que juega solo a través de años de práctica, y toma conciencia del juego y el aprendizaje para distinguirlo del trabajo y de una fatiga letárgica en la vida. A medida que la niñez va quedando atrás, la existencia se torna pluralista y las actividades se segmentan y son provisionales.[11] Los adultos son llamados a ser como los niños. Responder a ese llamado depende de la capacidad para jugar, y la evoca. No es tanto que los adultos se unen en el juego de los niños, sino que el niño ayuda al adulto a vivir la vida.

El juego es importante para la vida en el reino de Dios porque es fundamental para la socialización. El jugador (el actor es mejor ejemplo que el deportista competitivo) encuentra libertad para que su propio ser esté disponible para jugar a otras personas. De esta manera le da expresión al otro que es diferente de sí mismo; explora e ilumina lo que yace detrás de las fronteras de lo conocido y poseído. El actor le presta su propio ser a otros. La parte a ser actuada la recibe profundamente el actor; el espacio para hacerlo es costoso.[12] En todo este proceso hay tanto humildad (aunque a menudo se esconde detrás de la celebridad y la arrogancia competitiva), como también convertirse en otros.[13]

La recepción en la práctica diaria

El niño como señal del reino de Dios puede convertirse en una idea metafórica y de esta manera desaparece del mundo. Pero el niño colocado en el medio por Jesús, el niño recibido, es humano, puesto en la tierra, más que idealizado. Humanizar el reino de Dios no es la realización plena del reino de Dios. El cielo no baja a la tierra, por lo tanto ya no hay diferencia entre el cielo y la tierra. Si así fuera, el reino de Dios se disolvería en alguna versión –quizá una versión religiosa– del mundo, y de esta manera se niega. El mundo entre tanto permanecería caído y mezclado, carente de la invitación redentora trascendente. Humanizar el reino de Dios es la sustancia y el principio de la vida de oración; es una búsqueda que encierra el patrón «en la tierra como en el cielo».[14]

El niño no humaniza el reino de Dios porque lo realiza en su propio ser. Recibir al niño en el nombre, a la manera y en el espíritu de Jesús, es recibir una señal que apunta a mucho más que su presente encarnación, y así nos mueve a orar por la venida del reino de Dios. Pero orar por el reino de Dios que aún no está plenamente aquí no es dejar atrás al mundo y «remontarse a mundos desconocidos». Más bien, cuando esta oración se plasma en la recepción de un niño, ocurre una humanización de lo que se está orando. El reino de Dios está «entre ustedes» por la presencia del niño.[15] Con toda la gente en todas las situaciones, la humanización es la manera auténtica de señalar y buscar el reino de Dios. Es imposible buscar verdaderamente el reino de Dios sin la siembra real de una semilla. Trátese de teología o de religión popular, el reino de Dios no debe buscarse por medio de un vuelo a la alteridad celestial.

La acción de buscar el reino de Dios y orar por él es esencialmente un acto de buscar la humanización que es fiel al reino de Dios. Y esa búsqueda tiene que hacerse con todo nuestro ser. No puede hacerse meramente orando palabras, dejando que Dios haga la obra. Dios, Creador-Padre, Hijo-Encarnado y Espíritu-Acogedor, ya se ha humanizado y está constantemente humanizando el reino, pero no sin el ser humano. La humanidad ha sido creada y está llamada a manifestar a Dios y a colaborar con él. La búsqueda humana de la humanización del reino de Dios incluye el trabajo con material humano. Por eso avizoramos acciones que son apropiadas y explícitas como señales del reino de Dios y experimentamos con ellas.

Algunos opinan que esta humanización del reino de Dios se hace en la liturgia; los liturgistas emplean las cosas de la tierra: colores, sonidos, texturas, movimiento, pan y vino y agua: todo esto produce humanización. La palabra es humanizada en el sacramento. Pero aunque es verdad, es limitada. La liturgia se ve fácilmente atrapada por la separación de la práctica eclesiástica, la exquisitez del esteticismo religioso, la impiedad de sacar mejor provecho de procedimientos apropiados, conducidos por personas apropiadas, que por el amor liberador y la generosidad del reino de Dios como lo humanizara Jesús en su ministerio al colocar al niño en el medio. El niño hace ruido en la iglesia; y cualquiera que trata de moldear a una familia común y corriente dentro de una base litúrgica convencional se sentirá frustrada y con toda razón. El niño es un recordatorio crítico del corazón del asunto. La liturgia puede salvarse de sí misma cuando se recibe al forastero.

Jesús señala y prioriza acciones ordinarias, desordenadas como la de recibir a un niño de verdad. Esta práctica es, para muchos, algo personal, íntimo y de toda la vida. Para otros resulta ocasional, más remotamente profesional, científica o política. La recepción no se restringe a padres ni a profesionales que trabajan con niños. La gente que no tiene hijos propios no puede evitar vivir en una sociedad con niños. La mera presencia de niños nos llama a todos a participar en recibirlos. Para criar a los niños se necesita un pueblo entero.[16] Posiblemente, los niños al comienzo de su vida no necesiten más que un par de padres u otras personas con las que pueden establecer un vínculo, pero la familia nuclear requiere el apoyo de una infraestructura social. Si los niños han de lograr todo su potencial, una sociedad pluralista e intergeneracional debe recibirlos. Figuras remotas y ocasionales, al igual que otras cercanas y cálidas contribuyen significativamente. La protección contra cualquier tipo

de abuso es esencial, pero los niños necesitan un contexto fasci-
nante que incluya personas que infundan en ellos respeto, e incluso
un poco de temor. El secreto es conseguir que todas las diversas personas que viven juntas como en el caso de un pueblo de variedad
complementaria, tengan relaciones útiles y saludables con el niño[17].

Algunas personas no tienen contacto con niños y no quieren
comprometerse, aunque pagan impuestos para que sean atendidos
y educados. El dinero es un instrumento indispensable para recibir
al niño y necesita darse con amor, inteligencia y humildad desin-
teresada. La persona resueltamente soltera o sin niños, no debe dis-
gustarse porque paga impuestos para lo que él pueda rechazar
como «los hijos de otras personas». Debe por lo menos recordar
quién trabaja ahora para garantizar que su pensión de jubilación
esté disponible cuando la necesite –otras personas y sus hijos. Sin
embargo, todos debemos orar para que vea que hay mucho más
que una pensión que se gana al participar en recibir a un niño,
porque él también está invitado a entrar en el reino de Dios.

Una gran mayoría de personas descubre que recibir a un niño
es algo que se les da en el transcurso de la vida y simplemente lo
acompañan. Algunos sienten que la recepción se les impone de
manera escandalosa inconcebible. Los niños se conciben y nacen
por miles todos los días y cada nueva llegada pide a gritos la recepción. Ser recibido es algo intrínseco a la realidad del niño. Sin ella,
el niño no puede sobrevivir, mucho menos desarrollarse. La naturaleza requiere recepción, pero no puede obligarla. De esta manera,
la naturaleza nos pone a prueba: ¿notamos que la recepción se
requiere y se estimula, y responderemos a la invitación para trabajar con la naturaleza y darle así al niño la recepción adecuada?
¿Emprenderemos y persistiremos en el largo peregrinaje de descubrir lo que recibir a un niño significa y cómo debe lograrse? ¿O se
abandonará al niño? El propio niño nace en un acontecimiento de
recepción que es fundamental para la sociedad y se celebra en
muchas culturas como una bendición. El niño es concebido y llevado en el vientre: la naturaleza no tiene manera de que el niño
nazca sin esta recepción valiosa. Las mujeres aquí llevan la

delantera. Recibir al niño es a menudo el producto de un instinto poderoso, si bien el instinto maternal no es universal. Sin embargo, es lo suficientemente común para que recibir al niño parezca algo natural. Este instinto revela la verdad de que la recepción del niño se da y se anima en la naturaleza corporal, junto, e incluso antes, a cualquier pensamiento intencional.

La recepción física e instintiva del niño no es en sí misma suficiente para lograr el florecimiento de la humanidad en el niño y en los padres. A muchos niños se los recibe en el vientre, pero en algún lugar a lo largo del camino, ya sea de la guardería infantil al colegio y a la vida adulta, la recepción falla y son abandonados o rechazados física o espiritualmente. El niño señala la realidad natural de la recepción, así que podemos ver que la recepción se acomoda al niño y a los padres; pero no está garantizada por la naturaleza. La recepción, entonces, incluye la demanda de una acción humana responsable que busca crear belleza, amor y vida abundante de la materia prima de nuestro ser terrenal.

En aquellos lugares donde la anticoncepción y el aborto están disponibles, el nacimiento de cada niño se convierte en una cuestión de elección. Así, el padre natural se encuentra en el mismo lugar del padre adoptivo. La mujer que lleva al niño en su vientre enfrenta la misma opción del hombre que puede inseminar y alejarse: ambos se ven retados por el advenimiento del niño, a la opción de amar fielmente. El nuevo niño nos coloca a todos en un lugar donde el pecado grave, la incapacidad y el fracaso pueden descubrirse cuando la promesa implícita naturalmente de la recepción, no se realiza. La elección humana es la base frágil aunque inevitable para recibir al niño. A menudo, lo que comienza en esta debilidad lo fortalece la naturaleza a medida que múltiples lazos con el niño, en la familia y en el pueblo, se acrecientan con la práctica. La vida es la concurrencia de la elección con lo dado; aunque es precaria e imperfecta, lleva la semilla y la señal de lo que es perfecto y seguro en el reino de Dios venidero.

Recibir al niño y el reino de Dios

Recibir al niño es la práctica ordinaria de gran parte de la gente. En su diaria accesibilidad profundamente misteriosa, vale la pena reflexionar, meditar y celebrar. Revela el valor humano, humaniza y encarna el corazón del reino de Dios. Abre nuestros ojos a la recepción generosa de acogida de Dios, Padre, Hijo y Espíritu. En la tierra nos complacemos con el abrazo liberador de la hospitalidad de Dios, la *koinonía* de toda la creación. Pero nuestro disfrutar de las festividades de Dios como sus invitados no acaba ahí en la recepción divina. Somos llamados a ser colaboradores activos de Dios para compartir y propagar su hospitalidad aquí y ahora. Pablo lo resumió claramente: «acéptense mutuamente, así como Cristo los aceptó a ustedes [...]» (Romanos 15:7). Una variante en Efesios 4:32: «[...] perdónense mutuamente, así como Dios los perdonó a ustedes en Cristo», concuerda con el Padre Nuestro (Mateo 6:12-15) y la historia del siervo despiadado (Mateo 18:21-35).

Fundamental para la historia en Mateo 18, es el reino de Dios. ¿A qué se parece y cómo ha de entrarse y cómo inspira una transformación de nuestros valores y metas? El niño en el medio se da como la indicación para responder a estas preguntas. No se menciona explícitamente el reino de Dios en las palabras: «El que recibe en mi nombre a este niño, me recibe a mí; y el que me recibe a mí, recibe al que me envió» (Marcos 9:37; Lucas 9:48). Pero estas palabras no deben leerse como si el sujeto de la conversación hubiera sido cambiado: la metáfora políticamente derivada del reino de Dios, no ha sido en favor de una relación personal con Jesús y el Padre. Escoger uno contra el otro puede parecer atractivo. Hay mucha piedad cristiana, como también cultura secular, que desarrolla lo personal y pasa por alto el reino, así como hay realismo político que excluye lo personal. Pero recibir al niño, al Enviado y al Emisor unidos y «entrar en el reino de Dios», son dos maneras de decir lo mismo.

Así el reino de Dios no se queda atrás mientras esta conversación cambia al idioma de la recepción, pero se ve desde otro ángulo, tal vez de una manera más completa. Esto no sorprende ya que al reino de Dios no puede definirse completamente. No hay palabra en sí que defina la realidad, ni muchas palabras pueden señalarla. Ya hemos visto que el reino de Dios no es una versión santa de cualquier reino terrenal; el lenguaje del reino, en la enseñanza y acción de Jesús, es sacudido por la fe y la esperanza trascendentes y transformadoras. El reino de Dios se presenta en parábolas, una variedad de imágenes e historias sorprendentes que nos dicen solamente a qué se «parece», y así nos invita y anima a buscarlo, una y otra vez, de maneras escasamente visibles. Y ese buscar incluye jugar con palabras e ideas para explorar a Dios en nuestro vivir y reflexionar. Este texto nos mueve a esta exploración. Y ponderamos: independientemente de lo que las palabras «reino de Dios» señalen, ¿puede también indicarse con las palabras «recibir a un niño en el nombre de Jesús»? ¿En qué realidad convergen estos dos indicadores? Hacer cualquier cosa en el nombre de Jesús es alinearse con él y compartir y servir su acción en el mundo, es decir, buscar el reino de Dios. Se recibe a Jesús cuando se recibe a un niño en su nombre. Y cuando se recibe a Jesús, Aquel que lo envió es también recibido. Jesús y su Padre son la esencia del reino de Dios. ¿Qué sería de ese reino si Dios, Padre, Hijo y Espíritu Santo no estuvieran en el centro? Una palabra perdida en el vacío. O un símbolo del mal, desprovisto del amor santo y la gracia salvadora y la vida victoriosa de la Trinidad. Por lo tanto, recibir al Hijo y al Emisor es encontrar la realidad del reino de Dios. Necesitamos ambas imágenes para estar en el camino.[19]

El reino de Dios, como recepción acogedora

El reino de Dios no es un estado de cosas ni un proyecto que puede separarse de Dios (a menudo en tiempos modernos se trata así cuando se habla de servir al reino sin confesar al Rey, o el reino, como el dominio y forma viviente de Dios, se torna en «valores del reino»). La comunión con el Padre y el Hijo es la vida esencial del reino de Dios (Mateo 11:25-27).

Esta traducción creativa y sorprendente del reino de Dios de recibir a Jesús y al que lo envió es tanto ventajosa como peligrosa. No tenemos que trabajar con lo que una sola imagen y modelo, –reino– nos da; sus límites y tentaciones se contrarrestan con más contradicciones y advertencias, porque ahora se nos invita a ver el reino en una clave totalmente diferente. Eso ayuda. Pero el peligro está en que se escoge lo personal contra lo político, la comunión con el Hijo y el Padre sin ningún sentido de reino. Gran parte de la religión contemporánea, ya sea cristiana u otra, cae en este error. Lo que pudiera salvarnos aquí es mantenernos cerca del lenguaje misionológico del texto: «El que recibe al que yo envío me recibe a mí, y el que me recibe a mí recibe al que me envió». El Padre y el Hijo no se mencionan en esta frase. Jesús es el enviado, y la recepción ocurre en la verdadera práctica de la misión –en el sentido básico y trascendental de *missio Dei*, que es mucho más que la práctica de sociedades y juntas misioneras. Servir a la misión de Dios en el mundo impide que nos quedemos en relaciones personales limitadas, aunque sensitivas y profundas, y nos hace asistir a personas, situaciones, metas y valores que van más allá de nosotros mismos.

El reino de Dios se acerca en la vida ordinaria cuando se recibe a los pequeños, a los forasteros despreciados y a los pecadores perdidos. La recepción, la acogida, es en sí el acontecimiento del reino de Dios. La invitación a entrar en el reino de Dios y disfrutar de su banquete es humanizada por Jesús cuando recibió a pecadores y comió con ellos. La comida es significativa porque es mucho más que satisfacer el hambre. Es un encuentro humano con muchos ángulos. Los pobres y los excluidos reciben el mensaje: disfrutan el hecho de comer con Jesús en el momento y eleva las esperanzas para algo más, como el banquete mesiánico en el reino de Dios (cf. Lucas 22:16). Ser dejados de lado es la porción ordinaria de los pequeños, por eso es una grata y alegre sorpresa cuando se ven tratados de una manera diferente. «Cuando el Señor hizo volver a Sión a los cautivos, nos parecía estar soñando. Nuestra boca se llenó de risas [...]» (Salmo 126:1-2). La acogida de Jesús es una sorpresa tan feliz, que para ellos es como la acogida de Dios. El ser recibidos de esta manera los anima y ellos a su vez reciben a Jesús. Aman mucho, porque mucho se les ha perdonado: la interacción entre la recepción de Jesús y el ser recibido aparece en historias como la de la mujer que unge a Jesús.[20]

La gracia de la acogida de Dios: la invitación para comunicarla

La vida en el reino de Dios es vida interior y se debe a la acogida de Dios. La acogida está en la «sublime gracia» que salva a los que no pueden salvarse a sí mismos. El amor de Dios toma la iniciativa y establece el último contexto en el que vivimos y nos imaginamos a nosotros mismos y al mundo: «Amor sin muerte y siempre pleno rebosando libérrimo y sin límite, un eterno compartir, un todo entero, pleamar sin reflujo, agua de vida».[21] De esta manera somos constantemente invitados a vivir con esperanza, paz, gozo y generosidad.

Pero estas buenas nuevas de la acogida de Dios no siempre se oyen como una invitación a una vida activa. Debido a que es tan generosa y tan suficiente, y porque está dirigida a aquellos que han llegado al extremo, a menudo se interpreta como un regalo que debe recibirse con las manos vacías, un beneficio que funciona por virtud propia. En este cuadro, la acogida del reino de Dios no nos llega como un paquete que necesita construirse, sino como un aeromodelo listo para volar. En realidad, la gracia a veces se ve incluso más de manera parcial: lo único que necesitamos hacer es abrocharnos el cinturón y el piloto nos llevará a nuestro destino. Si la gracia en sí misma es completa, satisfactoria y de acción independiente, detiene entonces la actividad de vivir. Favorece imágenes del cielo, como en el himno de F. W. Faber:

> «Padre de Jesús, la Recompensa del amor
> Qué éxtasis será,
> Postrarse ante vuestro trono
> Y a Vos contemplar».

El significado de la recepción en el evangelio se pasa por alto si se entiende de esta manera parcial; o si el énfasis se pone en recibir beneficios que suplan y satisfagan las necesidades. De hecho, podría ser perjudicial, porque anima demasiado a las personas a pensar en sí mismas en términos de sus necesidades, como si estuvieran definidas por su debilidad e incapacidad; o por sus deseos, derechos y demandas. Si se somete a los seres humanos a verse a sí mismos como dependientes desanimados o ansiosos, se pierden de la gloria de la imagen de Dios, quien es el gran dador y el activo receptor.

La acogida de Dios es gracia que proviene del amor gratuito e inmerecido. Pero como tal, es la invitación de Dios para vivir como aquellos que son llamados a reflejar a Dios en el mundo. Seguir a Jesús y entrar en el reino de Dios significa actuar en su nombre y recibir a aquellos que por ser despreciados, no tienen manera de comprar un sustituto para la recepción.[22] Esta acción no es una manera de tratar de ser salvo por obras, sino por fe. Más bien, responde con gratitud consciente a la gracia de Dios quien, en Cristo, nos llama a todos a la dignidad de ser compañeros de trabajo.

Vivir y trabajar a la manera de Jesús es el fruto de la gracia que se nos da en él. La gracia no produce inactividad arrogante, sino vida en Cristo. «Es dando como se recibe». Por lo tanto, Jesús no bendijo a sus discípulos con privilegios, sino les dio algo que era real solo si se compartía y se entregaba.[23] No debían buscar un lugar de privilegio en el reino de Dios para sí mismos, sino recibir a un niño, rompiendo así la aversión y el disgusto de su indiferencia, su arrogante importancia, su desprecio por el «trabajo de las mujeres» y su preocupación por su propia comodidad y sus proyectos. Solo así podrían ellos recibir a Jesús y entrar en el reino de Dios.[24]

Recibir, el meollo de la misión

Jesús escogió discípulos para enviarlos a proclamar el reino de Dios (Mateo, capítulo 10). La recepción en esta misión, tiene una función crucial.

Comúnmente, la misión se ve como todo aquello que misioneros y agencias misioneras realizan, o lo que le ofrecen a la gente. Tienen como meta proporcionar todo aquello que a juicio de ellos la gente necesita: alimentos o medicamentos, o conversión o plantación de iglesias o transformación social. Los misioneros, ya sean individuos o agencias, o la Iglesia están en control, por ser dadores. Suministran lo que otros reciben. Ya son convertidos y salvos y van a los que necesitan ser convertidos y salvados. No es así en el capítulo 10 de Mateo. Los mensajeros señalan la cercanía del reino de Dios haciendo lo que pueden para ayudar, curando y echando fuera demonios. Pero estos actos de provisión poderosa no son ni la meta, ni el meollo de la misión.

La clave no está en lo que ellos pueden hacer como agentes de poder, sino lo que son y representan. Son enviados (Mateo 10:16) como «ovejas en medio de lobos». De alguna manera tienen que ser fieles al emisor (sencillos como palomas) y no obstante hacerse el camino entre los lobos (astutos como serpientes). No quieren ser atacados salvajemente; producir mártires heroicos no es el objetivo de esta misión; más bien su meta es la de seguir hasta que el Hijo del hombre venga (Mateo 10:23). La misión no está moldeada por un santo deseo de morir. Los mensajeros tratan de ser recibidos y no rechazados, y de las maneras más acogedoras, ser recibidos en los hogares de la gente para que la paz entre en sus casas. Si no son recibidos, siguen adelante. Como los mensajeros representan el reino de Dios, recibirlos es la manera de acoger el reino de Dios.

El reino de Dios no llega exigiendo aceptación de manera imperiosa. El misionero no es como un funcionario de hospitalidad que demanda casas: el reino está más bien representado por mensajeros que pueden fácilmente ser rechazados. Así que acogerlos y recibirlos requiere de cierta generosidad de parte de los que los

reciben. Y tal vez más que eso: demanda cierta fe y esperanza crea-
tivas que les permitirá ver y aceptar la oportunidad de que estos
pequeños y débiles mensajeros representan una posibilidad que es
más grande que ellos mismos.

Entonces, la recepción activa está de por sí llena de significado.
Al acoger al portador de la invitación, el receptor humaniza el
reino de Dios en su hogar. Ser recibido es una marca característica
del reino de Dios. El misionero-oveja les ofrece a los que conoce la
oportunidad de decidir no ser como lobos: pueden brindarle hospitalidad al mensajero, acoger a alguien que necesita refugio, ali-
mento y amistad: Si se aprovecha la oportunidad, entonces el que
recibe el mensaje participa en el reino de Dios, no como consumi-
dor de algún bien particular, sino como un dador activo. Al pobre
misionero se le da abrigo en la noche y de esta manera la paz entra
en esa casa. Juntos, el dador y el receptor, actualizan el ser humano
a la imagen de Dios y a la manera de Dios de hacer las cosas.

El contenido salvador de esta misión no la define suficientemente la enseñanza ortodoxa ni la provisión de una iglesia correc-
tamente ordenada. Lo lleva el misionero que llega como Jesús, «sin
un lugar donde recostar su cabeza». Jesús necesitaba ser acogido. Él
dependía significativamente y aún lo hace, de la recepción. Cuando
los discípulos salen en su misión, como ovejas humildes entre
lobos, y no con el interés y la simpleza de competir por grandeza,
inspiran la recepción que pueden recibir de los demás. Gracias a
que llegan en el nombre de Jesús, los que los reciben, reciben a
Jesús –y con él, a Aquel que lo envió. Así el rey del reino de Dios es
recibido cuando estos «pequeños» son recibidos. Los mensajeros
podrían –en muchas medidas– ser personas de diversas contex-
turas, competentes, impresionantes; pero en la misión, enviados
por Jesús, se humillan y se hacen pequeños, como niños. Esa es la
cadena de recepciones. Esta cadena es una vía a la vida y realidad
fundamentales del reino de Dios: el compañerismo de personas en
comunión.[25]

Ser recibido es para el niño una necesidad natural. La recepción es visible y se entiende fácilmente cuando el niño está en el medio. Este niño –como el bebé abandonado en un bolso en una estación de ferrocarril– reclama la recepción por el solo hecho de ser y estar allí.[26] Este niño en un sentido real y fundamental, puede ser un ministro y misionero del reino de Dios. El niño lo es solo como alguien que pide recepción en su debilidad. Los niños no deben ser víctimas de abuso, ni engañados al pedírseles prematuramente que sean predicadores o que realicen alguna función de adultos. Hacerlo, cierra la posibilidad abierta del niño ya que se le confina a un modelo de adulto observado y limitado. La iglesia debe dejar esta explotación de la maleabilidad del niño a gente maligna como los que obligan al niño a ser niño-soldado. Al niño no debe infectársele con la ambición y la ansiedad del actor de plataforma, antes de que hayan entendido la cuestionabilidad de la religión pública.[27]

En contraste con el adulto, el niño sirve al reino de Dios como un ser humano exento de estos juegos, que no es responsable de las solicitudes que se le hacen, y no está equipado para realizarlas. El trabajo de la iglesia, con toda su vulnerabilidad para tergiversar a Cristo y el evangelio, tiene potencial para servir al reino de Dios, y constantemente está llamada a la tarea por la persistencia clemente de Dios. Pero está bien cuando los que son llamados a ministerios eclesiásticos, junto con la iglesia adulta que los llama, viven la genuina y paradójica humildad de ser nada más que vasos terrenales.[28]

Esta es una disciplina espiritual bastante desconocida por líderes y predicadores cristianos de éxito. Si tienen un sentido de ella en lo secreto de sus corazones, raramente pueden encarnarla y compartirla en la comunidad.[29] Pero el niño, por sí mismo, está fuera del juego, y difícilmente impresiona públicamente. Pocos niños poseen dones precoces en algunas esferas específicas como música y matemáticas, pero la mayoría de los niños no son así en absoluto; y ningún niño tiene la experiencia, las palabras y la sabiduría para guiar y enseñar. Por eso, no es así como el niño puede ser un siervo y representante activo del reino de Dios.

Simplemente como lo colocó Jesús, el niño señaló el reino de

Dios. Nada se le preguntó. No habló, ni enseñó, ni trabajó. A este niño no se lo distorsionó para que creciera prematuramente. Se le permite ser un niño. Eso significa que el niño puede ir y venir. El niño es abrazado –pero no aprisionado–; al final de un verdadero abrazo, los brazos se abren para liberar al abrazado, respetando así su propia identidad y vida.[30] El niño no debe ser utilizado, ni puesto a trabajar, ni ser halagado y madurado con funciones públicas prematuras. El niño se recibe no por su capacidad o por su potencial, sino simplemente porque es un niño.

A finales del siglo XX y principios del XXI ha sido común pensar y hablar de los niños como «actores sociales» o «agentes sociales». Y algunos en la iglesia lo han tomado muy en serio: ver a los niños con el potencial de ser agentes e incluso líderes en la misión transformadora del mundo: y así buscan movilizarlos para el reino de Dios en el mundo. Estos niños corren el riesgo de ser instrumentalizados. En nuestra opinión, no es posible que esta manera de entenderlo pueda ni remotamente derivarse de Mateo 18.

El niño señala el reino de Dios al estar allí como una invitación personal, encarnada, presente y práctica a otros para que lo reciban. Debido a que la invitación está encarnada en el niño, la recepción debe ser dirigida y moldeada por el niño. La recepción debe hacerle justicia al niño. ¿Y qué es eso? Recordemos la necesidad fundamental y natural que tiene el niño de ser recibido. Por ejemplo, si un niño tiene hambre, alimentarlo es hacerle justicia a su condición. Pero el niño tiene más que hambre. El niño tiene un potencial diverso que no puede medirse ni catalogarse totalmente. El niño tiene toda una vida por delante: ¿cómo se hace justicia a todo lo que se espera, se delinea y se revisa repetidamente, pero que nunca se asegura a la vida del niño que crece?

Recibir, pues, al niño, incluye el compromiso de hacer justicia a un reclamo que no se conoce totalmente. Como el compromiso es indefinido, debe ser un acto de fe y una promesa de amor, que «todo lo espera».[31] Lo indefinible no es inherente al niño; es característica de todos los seres humanos. Es necesario respetar el misterio si ha de hacerse justicia. Pero la práctica de la recepción siempre tiende a la definición. Acoger a un niño requiere la provisión de oportunidades limitadas específicas. Cuando el niño entra en lo que se le ofrece, esto lo forma de una u otra manera. Todo niño tiene derecho a llevar un nombre.[32] Aunque el nombre no define ni describe a quien lo lleva, es una forma de marcar y respetar la individualidad del niño, en su propia conciencia y a los ojos de los demás. No llevar un nombre es correr un peligro, más que ser libre. El niño tiene que aceptar un nombre y trabajar con ese nombre de pila: el misterio indefinido se lleva y se desarrolla dentro de los límites de un nombre. El nombre tanto sostiene como pone en peligro el ser del niño. La recepción debe en la práctica lograr dos metas en una sola acción: sostener y no poner en peligro. Toda crianza, educación y cuidado resultan ambiguos; tratar de mantener el niño a salvo, puede privarlo de la aventura.

No se trata de un dilema teórico; más bien ayuda a explicar por qué los padres a menudo sienten que no importa lo que hagan, está mal. No se escapa del problema prescindiendo del concepto social de la recepción sobre la base de que el niño se pertenece a sí mismo. Esa es una verdad parcial, que justamente les recuerda a padres, a depredadores y a la sociedad en general que, al recibir al niño, la tentación de poseer y modelar debe dominarse. La ansiedad y la ambición permiten la dominación para que no se le haga justicia al niño. Pero ver a un niño –o a cualquier persona– injustamente como que pertenece solo a sí mismo también falla en hacer justicia a su sociabilidad, consigo mismo y con los demás. El «pertenecer a sí mismo» es cuestionado por el evangelio: el reino de Dios significa verdaderamente que todas las cosas pertenecen a Dios, con quien solamente el misterio de las personas está seguro.[33]

En su vida en la tierra y en su presente resurrección, Jesús llega como sus discípulos, como oveja entre lobos, en busca de ser recibido de una manera amigable, respetuosa, buscando hacer justicia. Cuando Jesús es representado por sus discípulos, estos no se convierten en grandes embajadores ni en soldados poderosos, capaces de imponerse a la gente por el poder que reciben de Dios. Jesús no los saca de su vulnerabilidad y dependencia al encontrar

recepción. Más bien, Jesús se esconde en la debilidad de sus repre-
sentantes. Y ellos lo representan sinceramente cuando comparten
su debilidad y cotidianeidad. Cuando son recibidos, él es recibido –
como la parábola en Mateo 25 claramente lo expresa. Lo que los
seres humanos son, incluyendo a Jesús, está en gran parte oculto a
la vista. Solo se discierne mediante un acto de fe, amor y esperanza
que sobrepasa las apariencias y que ve y afirma valor donde es difícil de creer.

Esta visión profética a menudo se esconde y se realiza en la
acción de recibir al pobre, o al hambriento, o al niño. Los que
fueron contados como ovejas en la parábola, no vieron que habían
sido confrontados por el Hijo del hombre, y por eso se les dio la
oportunidad de recibirlo como lo merecían. Fue en el último día,
cuando el Hijo del hombre viene a juzgar, y todo es revelado, que
llegan a saber. Lo que hicieron que era bueno, generoso y correcto
tuvo más valor y significado que lo que sabían en ese momento. Por
medio de esta parábola, Jesús nos dice lo que las ovejas y las cabras
de la parábola no sabían: que el Hijo del hombre se nos presenta
como seres humanos que necesitan ayuda y que con facilidad se
pasan por alto y se les trata como personas sin importancia. Al
colocar al niño en nuestro medio, Jesús dio el mismo mensaje.
Ninguno de nosotros podrá decir cuando llegue el juicio final:
«Señor, ¿cuándo te vimos y no te ayudamos?» Porque se nos ha
dicho que recibir a un niño en su nombre es recibirlo a él y a Aquel
que lo envió.

Por lo tanto, somos llamados a ser acogedores, a recibir a la
gente sin favoritismo de personas (Santiago 2:1-9). Todo esto se
arraiga en las simplicidades del mandamiento a amar. Así lo pone
Hebreos 13:1-3: «Sigan amándose unos a otros fraternalmente. No
se olviden de practicar la hospitalidad, pues gracias a ella algunos,
sin saberlo, hospedaron ángeles. Acuérdense de los presos, como si
ustedes fueran sus compañeros de cárcel, y también de los que son
maltratados, como si fueran ustedes mismos los que sufren».

En consecuencia, hay una constante y fluida interacción entre
las recepciones ordinarias del niño, según se practican en la vida

diaria por el instinto paternal, el hábito social y la aparente necesidad humana y, por otro lado, la percepción y la todavía experiencia meramente incipiente de recibir a Jesús y al Padre en el acto de recibir a quienquiera que se nos presente. Al responder a las necesidades de la gente mediante la recepción básica ordinaria nos alineamos con Jesús, y al recibirlo, recibimos al que lo envió.

La recepción es un acontecimiento de gracia y acogida a extraños vulnerables, cuya venida pone a prueba nuestra apertura al extraño regalo de Dios. La fe y la negación de la fe en Dios se efectúan en la recepción y en el rechazo de la gente y la tierra.

El misterio espiritual de recibir a Jesús y a Aquel que lo envió es mayormente invisible y sobrepasa nuestro entendimiento. Ocasionalmente lo vislumbramos; lo sentimos en fragmentos; tal vez lo anhelamos y buscamos, pero nos quedamos haciendo la pregunta tan bien expresada en el antiguo himno:

> Pero ¿qué con quiénes te encuentran?
> Ni la lengua es capaz de decir
> ni la letra de expresar.
> Solo el experto puede creer
> lo que es amar a Jesús.[34]

Podemos ocuparnos con la búsqueda de comunión espiritual con lo que es apenas visible. Buscar lugares donde el velo entre este mundo y el otro es fino puede convertirse en nuestra vida, a medida que luchamos para liberarnos de la trivialidad del mundo y de nosotros mismos. María se sienta a los pies de Jesús y deja a Marta abrumada con muchos quehaceres. Podemos acatar –¿o malinterpretar?– el consejo de Pablo: «[...]busquen las cosas de arriba, donde está Cristo [...] Concentren su atención en las cosas de arriba, no en las de la tierra, [...] su vida está escondida con Cristo en Dios» (Colosenses 3:1-3).

Hay cierta clase de búsqueda espiritual que hace que el niño en el medio sea carga y distracción, algo en la tierra que nos encierra en lo mundano y nos impide la vida escondida con Cristo. Los primeros discípulos no sufrieron mucho de esta espiritualidad, porque buscaban la grandeza en el reino de Dios como el poder conquistador en la tierra. Por eso excluyeron al niño por ser pequeño y débil. Pero para muchos cristianos hoy, es diferente. Si bien nuestras ambiciones son a menudo tan interesadas como las de aquellos primeros discípulos, sabemos que el reino de Dios es espiritual y tratamos de realizarlo nosotros mismos espiritualmente. Luego, Jesús nos pregunta, como les preguntó a los discípulos: «¿De qué se preocupan? ¿Qué persiguen?» Responder al reino de Dios en el punto donde es humanizado. Jesús, la Palabra encarnada, reta nuestra espiritualidad al colocar a un niño en el medio para que sea recibido.

Somos inteligentes y podemos ver adónde nos conducirá. O quizá no usemos nuestra inteligencia, pero pronto lo sabremos. Recibir al niño nos mantiene ocupados y nos desgasta. No nos alcanza el tiempo para orar. Ya el espíritu no se remonta a las alturas.[35] Ya no disfrutamos de la oración como la aventura de nuestro espíritu que se eleva para explorar a Dios y gozar de su presencia, porque eso depende del tiempo libre que el niño interrumpe. ¿Qué se puede hacer? He aquí un ejemplo de un intento real de responder al tema de manera práctica y pastoral:

> Un grupo de cristianos, hombres y mujeres, conversan acerca de su vida de oración. Una joven madre recuerda lo cerca que se sentía de Dios y cuánto dedicaba a la oración en años anteriores cuando estaba soltera y era una cristiana ferviente. Ahora, dice, mi vida de oración ha caído en picada: «Casi nunca oro. Dos pequeños me ocupan todo el día, y ya en la noche solo me resta ir a dormir». Se siente mal y quisiera regresar a lo que era antes, porque como cristiana, debería tener una buena vida de oración, visible y convincente. Con una vida devocional así, viviría sintiéndose cerca de Dios y Dios de ella. Pero a pesar de esta pérdida, cree que estuvo bien casarse y tener hijos. Sin embargo, sigue lamentando su pérdida como si nunca hubiera escuchado las palabras de Jesús: Todo aquel que recibe a un niño en mi nombre, me

recibe a mí y a Aquel que me envió. Esto quiere decir que está cerca de Dios, y Dios está cerca de ella, aunque tal vez no lo sienta.

Si ella ve esto, necesita primero el concepto, el texto, que le permita nombrar y apreciar lo que se le ha dado en sus hijos, y segundo, la gracia y la fortaleza para seguir recibiendo a los niños, diariamente, que no es que no sea paralelo al camino de la cruz. Ciertamente, incluye decir NO al propio yo que se acomodó en sus días de libertad como soltera. Reclama fe en la oscuridad cuando aparentemente Dios no está cercano. Las iglesias no le habían indicado esta forma de mirar a Dios y a Cristo, a la oración y a los niños y a sí misma. Son muchos más los que como ella, no reciben ayuda de la iglesia. La experiencia de ella es tan común, y es tan abrumador contrarrestar el adormecimiento espiritual que está experimentando. No obstante, podría darse aquí gracia redoblada, promesa redoblada.

Fue una madre la que planteó el asunto y recibió la respuesta. Pero no es solamente para las madres. A los padres tal vez les resulte más difícil afrontar la cuestión y aceptar la respuesta, pero ellos también lo necesitan. De esta manera todos los que trabajan con niños y los que son responsables de ellos –es decir, todos nosotros, incluso los que ofrecen importantes excusas para decir que los niños no son de su incumbencia.[36]

Ahora bien, al llegar al final de lo que hemos determinado será la revisión final de este capítulo, una voz nos pregunta si la nota de gozo ha brillado por su ausencia, o por lo menos ha estado demasiado pianissimo de principio a fin. La recepción produce alegría. Cuando el hijo pródigo regresó a casa, el Padre preparó una fiesta tan retumbante que el hijo mayor que trabajaba en el campo, la oyó. «Teníamos que hacer fiesta y alegrarnos, porque este hermano tuyo [...] se había perdido, pero ya lo hemos encontrado». «Hay alegría en el cielo por un pecador que se arrepiente». «La mujer que está por dar a luz siente dolores porque ha llegado su momento, pero en cuanto nace la criatura se olvida de su angustia por la alegría de haber traído al mundo un nuevo ser. Lo mismo les pasa a ustedes: Ahora están tristes, pero cuando vuelva a verlos se alegrarán, y nadie les va a quitar esa alegría». 1 Juan comienza celebrando las múltiples recepciones que constituyen la sustancia de la comunión del Padre y el Hijo, de proclamadores y oidores, para que así «nuestra alegría sea completa».[37]

NOTAS

1   Marcos 10:15, Lucas 18:17; cf. Mateo 19:13-15.
2   Bonhoeffer, Letter 21 July 1944; H.Willmer, "Otto Dibelius and Dietrich Bonhoeffer" in *Studies in Church History*, volumen 15, 1978, p. 447.
3   Un ejemplo limitado de cómo sucedería esto, incluso leyendo Mateo 18, se encuentra en todas las interpretaciones que dicen que el niño aquí es una metáfora por los discípulos que son los verdaderos pequeños. Así el texto se lee de manera que fortalece la importancia propia de los discípulos y los encierra en ellos mismos, en vez de abrirlos hacia el reino de Dios por medio de recibir.
4   William Wordsworth, *Intimations of Immortality from Recollections of Early Childhood*.
5   John Saward, *The Way of the Lamb: The Spirit of Childhood and the End of the Age*,1999
6   *Chitty Chitty Bang Bang* comprueba cómo la usurpación del niño es algo horriblemente corrupto para los adultos y de crueldad espantosa para los niños. El Barón Bomburst, gobernador de Vulgaria, acapara todos los juguetes para él y su corte pueril y emplea al Capturador de niños para que quite a todos los niños del camino.
7   Estas son formas populares de encontrar significado en «llegar a ser como los niños». Hay algo que decirles. Hacer las paces con el niño interior a veces tiene valor terapéutico. Pero especialmente dentro de nuestras culturas individualistas, todas ellas carecen de defensas contra el llegar a concentrarse en sí mismo y de asumir el desarrollo personal o la auto-realización. De nuevo, estas preguntas tienen valor en sí mismas, pero no son suficientes.
8   Keith J. White, *The Growth of Love*, 2008
9   Anne Richards y Peter Privett (ed.), *Through the Eyes of a Child*, 2009
10 K.J. White, *The Growth of Love*, p. 148
11 Shakespeare no es escritura sagrada infalible, pero promueve y faculta el pensamiento acerca del ser humano, al darnos lenguaje, como:

> *El mundo entero es un teatro;*
> *y los humanos, simplemente actores*
> *con sus entradas y con sus salidas.*
> *Cada hombre a lo largo de los años*
> *hace varios papeles, y conforman*
> *sus actos siete edades. Es primero*
> *el bebé, que berrea y que vomita*
> *en brazos de la nana. Luego el niño*

con su radiante cara matinal:
apático, cargando su mochila,
se arrastra receloso hacia el colegio
como si fuera un caracol. Después
es el amante, que resopla como
una fragua caliente y le compone
una canción patética a las cejas
de su novia. Después es el soldado:
lleno de palabrotas y barbudo
como un oso, celoso del honor,
veloz, siempre dispuesto a pelearse,
buscando la burbuja de la fama
hasta en la boca misma del cañón.
Luego es el magistrado: la barriga
redonda y firme a fuerza de capones,
la barba recortada, severísimos
los ojos, todo lleno de sensatos
proverbios y de ideas novedosas.
Va cumpliendo su rol. La sexta edad
nos trae un arlequín enflaquecido
con ojeras y anteojos y en pantuflas;
su juvenil colgante, bien guardado,
no va con este cuerpo que se achica,
y su voz ronca de varón va haciéndose
de nuevo la de un niño, y chilla y falla
cuando trata de hablar. La última escena,
con la que acaba esta confusa historia,
es la de otra niñez y el puro olvido,
sin ojos, diente o gusto, ya sin nada.

    Como gustéis – Acto 2, escena 7

12 Alice Minnie Herts Heniger, *The Kingdom of the Child*, 1918

13 Se admite; la sugerencia de que el niño vive la vida mientras el adulto juega no es fácil de aceptar, especialmente cuando se hace tan crudamente como aquí. No puede explorarse ni probarse aquí adecuadamente, pero queda como desafío. No debe rechazarse del todo: la convención establecida de que los niños juegan y los adultos no, no merece su aceptación casi universal. Cuando esta supuesta diferencia sirve para explicar por qué los niños naturalmente conocen el secreto del buen vivir, y los adultos lo han perdido, agrava el problema.

14 Mateo 6:12-15; 18:18-35

15 Lucas 17:21

16 O, dicho sabiamente, se necesita toda una iglesia local para criar a un niño: http://www.christianitytoday.com/women/2013/march/it-takes-church-to-raisechild. html?utm_source=ctdirect-html&utm_medium=Newsletter&utm_term=9465739&utm_content=161010890&utm_campaign=2013. Para ver el adagio original, un proverbio igbo yoruma, véase http://www.afriprov.org/index.php/african-proverb-of-the-month/23-1998proverbs/137-november-1998-proverb.html

17 Keith J. White, *The Growth of Love*, capítulo 10

18 La verdad y belleza del poema de George Herbert, *Amor, me das la bienvenida* [...]

no debe negarse, pero su final, –«Tú siéntate, dijo Amor, para gustar de mi carne. / Así me senté y comí»– no es todo para humanizar la recepción de Dios. [Traducción: Cristina Campo: https://books.google.com/books?id=wtUw9xADlLMC&pg=PA40&dq=George+Herbert+poemas

19 En este libro evitamos la práctica común de abreviar «el reino de Dios» por «el reino». Muchos de los que así lo hacen no tratan de menoscabarlo; quieren buscar los «valores del reino» más que la propia preocupación privatizada y el pietismo escapista. Pero el reino de Dios no debe destilarse en «valores» que pueden conocerse y buscarse sin encontrar ni conocer al Rey. Decir incesantemente «el reino de Dios» o el «dominio de Dios» nos recuerda una verdad esencial, aunque cuestionada.

20 Mateo 26:6-13; Lucas 7:36-50 es una historia parecida que explora más extensamente las reciprocidades y los rechazos de la recepción.

21 J.G. Whittier. Traducido por Benigno Sánchez-Eppler y Susan Furry. http://static1.squarespace.com/static/54395733e4b0dcb6b7141216/t/5456b8cfe4b029f9549ff815/1414969551632/WhittierNEYMBeaconHill.pdf

22 Mientras una acogida genuina, como la verdadera amistad, no puede comprarse, el dinero puede comprar aproximaciones artificiales, como lo argumenta Michael Sandel en *What Money Can't Buy: The Moral Limits to Markets*, 2012, pp. 93-94.

23 Mateo 14:16; Marcos 6:37: «Denles ustedes mismos de comer».

24 Mateo 25:31-45

25 Stanley James Grenz, *Theology for the Community of God*, 1994, p. 305; Damon So, *The Forgotten Jesus and the Trinity You Never Knew*, 2010

26 Oscar Wilde, *La importancia de llamarse Ernesto*: El inhóspito recibimiento de Lady Bracknell que se rehúsa a recibir al pobre huérfano Jack Worthing que había perdido a sus padres y fue hallado, cuando era un bebé, en un bolso abandonado en la Estación.

27 *El Compromiso de Ciudad del Cabo*, 2011, p. 55: «Nos enfrentamos a personas en liderato que escasamente han sido discipuladas [...] la proporción de «no-como-Cristo» y el liderato mundano en la iglesia mundial hoy es evidente [...] la respuesta no está en más capacitación de liderato, sino en mejor capacitación para el discipulado. Los líderes deben ser primero discípulos del mismo Cristo». [Traductora]

28 2 Corintios 4:5-7

29 A Pablo no le gustó el hecho de que su presencia fuera tan débil; luchó para aceptar que su debilidad era el camino mediante el cual el poder de Cristo podía estar en él; pero todo ese tiempo, las iglesias a las que fue llamado a atender, hacían más difícil el ser sincero ya que tenían un apetito insaciable y corrupto por tener líderes impresionantes. 2 Corintios 10:10;12:9; 1 Corintios 3:4

30 Miroslav Volf, *Exclusion and Embrace*, 1996, p. 145

31 1 Corintios 13:7

32 *Convención sobre los Derechos del Niño*, artículo 7

33 En este punto diferimos de Martin E. Marty, quien contrasta la libertad auto-posesiva del niño con control, y así no concreta ninguna clase de «señorío» que pudiera compartir libertad, ser y dignidad, en vez de limitarla.

34 De San Bernardo de Claraval, *Es dulce el recuerdo de Jesús*.

35 Francis Thompson, *No estamos en tierra extranjera*.

EL REINO DE DIOS ESTÁ EN VOSOTROS

¡Oh mundo invisible, te miramos,
Oh mundo intangible, te tocamos,
Oh mundo inconocible, te conocemos,
Oh inaccesible, te arrebatamos!

Si el pez no emprende vuelo para hallar su elemento,
ni el águila naufraga para el aire encontrar.
¿por qué entonces pedimos al móvil firmamento
nos diga si Tu aliento cubre su inmensidad?

No es donde se oscurecen los remotos sistemas
ni donde Te supone nuestra imaginación,
dentro de nuestras almas cerradas y blasfemas
se oye el rumor pausado de Tus alas, Señor.

Los ángeles mantienen sus antiguos lugares,
¡Basta dar vuelta a una piedra y echan a volar!
Sois vosotros, son vuestros rostros extrañados,
Los que pierden su visión esplendorosa.

Pero (cuando triste que no puedes estar más triste)
Llora y sobre tu pérdida tan sombría
Brillante el tráfico de la escala de Jacob
Apostada entre el Cielo y la estación Charing Cross.

Sí, en la noche, alma mía, hija mía,
Llora aferrada al borde de los cielos;
y mira a Cristo caminar sobre las aguas,
¡no de Genesaret, sino del Támesis!

36 John Collier, *Toddling to the Kingdom*, 2009, p. 250
37 Lucas 15:7,32; Juan 16:21-22; 1 Juan 1:1-5.

Tal vez hayamos minimizado el transformador efecto redentor que la acción de recibir a un niño pueda tener en el que lo recibe. Elizabeth Hassen, de Etiopía, durante un curso sobre Teología infantil en Manila, llamó la atención a una historia acerca de niñas de la calle en Rumania. Sus corazones se endurecieron y amargaron a causa del abandono y el abuso que sufrieron. Más adelante tuvieron sus propios hijos.

«[...] Los pequeñines cambiaron la actitud de las jovencitas: ahora, estos son su mayor preocupación. Todos los días vestían a los niños lindamente y me los traían para que los admirara [...] Hoy Fátima le puso a Carol un vestido rosado muy bonito y un sombrero rosado precioso y me la trajo; ambas sonreían maravillosamente [...] Estas niñas que habían perdido la confianza debido a adultos malintencionados y explotadores, tienen dificultad para aceptar nuestro amor. De igual manera, se les dificulta aceptar a Dios como alguien que las ama. Sin embargo, confían en estos bebés indefensos, impotentes para darles y recibir amor. En realidad, Dios está derritiendo sus corazones al derramar su amor por medio de estos infantes. Estas criaturitas les enseñan a las jovencitas cómo volver a amar y a vivir, al ser capaces no solo de dar sino también de recibir amor».

Sue Bates en Phyllis Kilbourn (ed.), *Shaping the Future*, 2008, p. 113

Capítulo siete

El Padre

«Miren que no menosprecien a uno de estos pequeños[…]»
MATEO 18:10

Dos versículos sobre el abuso infantil

A COGER A LOS NIÑOS es algo bueno y apropiado. El recibimiento se ve natural como debe ser, aunque en la realidad no siempre ocurre así: los niños en todas partes del mundo son rechazados, olvidados, son víctimas de abuso a mayor escala y en una multitud de tristes maneras, no se les da ningún respeto. Estas reacciones negativas hacia los niños se denuncian como «antinaturales» y en cierta forma lo son; pero son desgraciadamente cosa común. Están enraizadas en la naturaleza humana. «La naturaleza» es ambigua. No es una guía confiable para hacer lo correcto. Rechazar los niños es una violación de las normas e ideales de la humanidad, pero no está fuera del rango de lo que los seres humanos pueden imaginar, realizar y aun encontrar valor en ello. La inhumanidad es humana −no es demoníaca ni bestial. Recibir a los niños es significativo en parte porque los niños a menudo son fácilmente rechazados, marginados y despreciados. Esta es la razón por la que necesitamos que se nos pida recibir a los niños: tristemente «no es tan obvio». Mateo 18 señala esta ambigüedad yendo directamente desde el amanecer de recibir a un niño, y con él, recibir a Cristo, hasta el anochecer que se refleja cuando se rechaza a un niño.

Dos de los versículos que estudiamos, seis y diez, hablan sobre el rechazo. Daremos más atención al último de estos, Mateo 18:10: «Miren que no menosprecien a uno de estos pequeños. Porque les digo que en el cielo los ángeles de ellos contemplan siempre el rostro de mi Padre celestial». Dentro de los parámetros dados por estas palabras, nosotros leemos las más conocidas, el versículo mayormente citado, versículo seis: «Pero si alguien hace pecar a uno de estos pequeños que creen en mí, más le valdría que le colgaran al cuello una gran piedra de molino y lo hundieran en lo profundo del mar».

Lo que dice en el versículo seis frecuentemente se saca de su contexto, se limita y tergiversa de modo que se convierte en una licencia de ira punitiva en contra de quienes abusan a niños en formas extremas y criminales.[1] Sus palabras de tono violento y subido se utilizan para expresar los sentimientos (simultáneamente justificados, farisaicos y frustrados) de gente buena que está en contra de tales ofensores. Es, sin embargo, cuestionable si Jesús estaba dirigiéndose a un grupo como el pedófilo, comúnmente demonizado ahora. El dicho es dirigido, como el discurso entero, a los discípulos en general. La palabra «alguien» hace un llamado a todos a un autoexamen por cuanto hay muchas formas de hacer tropezar a un pequeño en la fe.

Tomamos a Mateo 18:10 como el marco de discusión porque el enfoque no se hace punitivamente en contra del malhechor, sino que más bien habla en favor del pequeño, dando un extraño testimonio de Dios como defensor y recurso del pequeño. Coloca al niño en el medio en vez de señalar a aquellos que podrían ofender o maltratar al niño. Aún más, no nos mueve al moralismo ni al temor social como lo hace el versículo seis. Uno de los riesgos de tal temor es que en nuestra (posiblemente) ira de justicia contra el abusador, Dios es desplazado por la multitud. No se menciona a Dios en este versículo. Por el contrario, el versículo 10 nos lleva a luchar con la teología donde es más necesario y al mismo tiempo más cuestionado. Nos hace pensar sobre quiénes somos y dónde estamos como seres humanos, y quién es Dios y dónde está en la batalla de la vida. Su sencillo mensaje moral, «No menosprecien a ninguno de estos pequeñitos» está enraizado inexorablemente en el misterio teológico. Quizás este texto raramente se cita porque su llamado a la teología se juzga, o innecesario o muy difícil. Admitimos que pensamos larga y profundamente antes de atrevernos a la aventura de este territorio que nos reta en este último capítulo de nuestro ensayo.

Jesús se opone a menospreciar a los niños en el medio al colocar a uno en el medio

Jesús no menosprecia a un niño, a un pequeño. Ver un niño como un símbolo del camino al reino de Dios es lo opuesto a menospreciar. El aviso a no menospreciar a los niños está implícito en la acción de Jesús al poner un niño en medio de los discípulos.

Los discípulos no están en la posición (¿y quién lo está?) de decir que no se necesita este aviso. En su ansiosa competencia por ser el más grande, los discípulos no dejaron espacio para considerar al niño. El niño estaba marginado al punto de ser irrelevante, por no decir invisible, para los discípulos. Su mentalidad excluía al niño, contándolo como nada.[2] Jesús, no obstante, los sorprende al poner al niño en medio e invitándolos a recibirlo. Para ellos, que un niño fuera un símbolo del reino de Dios era una idea nueva. Y como esta era la manera en que los discípulos pensaban y actuaban, poner un niño en el medio era ponerlo en riesgo de ser menospreciado. Sabemos poco de estos discípulos, pero podemos imaginar que no iban a intimidar o amenazar a un niño en medio de ellos: los discípulos no eran ni intencionales ni abiertamente abusadores. Era más bien que ellos no tenían en cuenta al niño porque ellos eran mayores y él pequeño. En la actualidad la palabra profesional es «negligencia» a diferencia de «abuso», pero la palabra que Jesús utilizó fue «menospreciar». Quizás ellos no eran abusadores, pero posiblemente eran capaces de menospreciar. Por lo tanto, no podían estar seguros de entrar al reino de Dios. El niño los puso a prueba: ¿habrían perdido el contacto con la realidad de su maestro, y no estaban en la misma sintonía?

Mateo 18:6

Leamos entonces el versículo seis como si hubiera sido dicho a cualquiera que escuchara con respeto a Jesús, en vez de dirigirse a abusadores de niños cuyas ofensas específicamente los lleva a la alerta de necesaria, aunque limitada, ley criminal. El texto nos da dirección espiritual a todos nosotros quienes, con nuestro relativo poder y sensibilidad restringida, podríamos causar tropiezo a los pequeños. De la misma manera que el niño se coloca en medio de nosotros para mostrarnos el camino al reino de Dios, asimismo se nos da un aviso de alerta, no tanto sobre el infierno a la manera tradicional, sino como consecuencia moral y espiritual de causarle tropiezo a un niño.

«Más le valdría...» De modo que se nos pide imaginar lo insoportable: tener una vida que es peor que una muerte terrible; estar vivo sin tener el más mínimo aliciente para vivir la vida con propósito. Este dicho no es para reducirse meramente a la amenaza de un castigo futuro, aunque esto no se excluye. No se trata de envolverse en imaginar un futuro que yace más allá de nuestra experiencia y conocimiento. Lo que hace es suficientemente aterrador: nos llama a enfrentar la realidad presente en la vida del menospreciador. Los culpables de que otros tropiecen −concretamente, por ejemplo, colocando una piedra en el paso de un invidente[3] − pensaría que se puede salir con la suya porque nadie lo ve o le pide cuentas. Pero el juicio ya ha sido ejecutado en su propio ser, en lo que ellos se están convirtiendo. Por causarle tropiezo a un pequeño, ellos mismos han tropezado en la vivencia de su propia vida, por eso sería mejor que estuvieran muertos y definitivamente incapacitados para no seguir causando daño. Al causarle tropiezo a un pequeño en el curso de la vida, el victimario se pone a sí mismo en contra de la vida, sin vida, aunque estén vivos.[4]

Para la gente decente no es fácil abrirse a estas palabras, como si les hablaran de la misma manera a todos, como a seres humanos. Por el contrario, las escuchamos como si fueran reservadas para un selecto grupo de gente diferente a nosotros. Es comprensible que la gente se proteja a sí misma para no ver cuán cerca está la maldad en la experiencia humana y cuán profundo y terrible se siente cuando invade y destruye seres humanos comunes y corrientes, y las relaciones.

Nos alejamos de visiones de la humanidad que en este texto podrían sugerirse. Nuestro mundo actual es un refugio para los extremos, altos y bajos, que irrumpen nuestra vida controlada y manejable.[5] Instintivamente, preferimos la quietud y la idea de una vida relativamente sin problemas que tenían los hobbits [raza ficticia de seres antropomorfos que pertenece al «legendarium» del escritor británico J. R. R. Tolkien] del «centro de la tierra». Sorprendentemente, cuando Jesús les dijo a sus discípulos que él sería rechazado y crucificado,[6] Pedro protestó diciendo: «¡No permita Dios! Lejos de ti, Señor». Pedro se rehusó a entretener cualquier pensamiento de que aquel a quien él seguía lo pudiera llevar a la vergüenza, a la derrota o a la muerte. Pero todo lo que se decía del reino de Dios y el camino de Jesús mediante la muerte y resurrección nos enfrenta a la invitación de entrar a territorio desconocido e inmanejable. Es una piedra de tropiezo para nosotros en la misma forma en que no fue fácil para Pedro. En un sentido de auto protección, clamamos, «¡No permita Dios! Lejos de ti, Señor». Al escuchar el evangelio, como en ningún otro lugar, se nos muestra que somos esencialmente pequeños, independientemente de qué tan grande sea nuestro cuerpo, nuestra billetera, mente o condición.

A muchos de nosotros nos falta el coraje y la imaginación de enfrentar la vida si no estamos dentro del proyecto del manejo moderno tecnológico y del individualismo guiado por la terapia hedonista del cuidado propio. A menudo, nuestro cristianismo confirma esta manera restringida de ser, en vez de llamarnos para avanzar más allá de ella. Está adaptado a hacernos sentir como en casa con nosotros mismos y en el mundo: es nuestra «zona de comodidad». Es posible que haya elementos de protesta y anhelo, pero a menudo no es más que cierta melancolía, lo que no hace ninguna diferencia en el mundo de nuestras vidas. Sabemos que la gracia barata es inaceptable porque Bonhoeffer lo dijo;[7] pero mayormente vivimos ahí, encubiertos de otra forma. La gracia barata permite acomodarnos irreflexivamente a los patrones de este mundo, en vez de perseverar en la invitación de Jesús a seguirlo al nuevo mundo de Dios.

Aun dentro de los límites de las comodidades que armamos y cuidamos para nosotros mismos, la vida es vulnerable a las perturbaciones. Nuestro mundo puede desmoronarse por muerte, pérdida, alguien nuevo que llega, la intromisión de un viejo recuerdo o una llamada inesperada. No solo amenazas indeseadas de destrucción perturban, sino también cosas buenas, como la belleza, el gozo, lo sublime, que nos sorprenden.[8] La Biblia es preciada como baluarte de seguridad personal y social y comodidad, pero es un texto peligroso: nunca podemos predecir cuándo y cómo nos trae al extraño Nuevo Mundo.[9] Cuando esto ocurre, el lenguaje demarca dónde está ocurriendo el terremoto en la medida en que las palabras colapsan bajo la presión. Así es con la teología, hablando de Dios. Podríamos decir, «Dios», pero si no temblamos al estar en la presencia de lo santo, ¿estaremos cerca de hablar verdaderamente «de Dios»?[10]

Mateo 18:10

Este versículo comienza con la instrucción de no menospreciar a los pequeños. Se trata de un concepto más amplio y refrescante que «causarles tropiezo»: no tan concreto y colorido, pero no por eso menos penetrante. Menospreciar comienza en el corazón y la mente. Pensar bajo y en contra de su objeto como sugiere el término *kataphroneo* en griego. Se convierte en expresión en palabras y acciones, es el motor y significado del abuso. Tiene poder de hacer sentir a las víctimas que son pequeñas o nada a los ojos del que las menosprecia. Menospreciar asalta la estimación propia y corroe el ser interno del pequeño. Su maldad alcanza su clímax cuando la voluntad y el espíritu de la víctima quedan bajo el control de quien la menosprecia y se menosprecia y degrada a sí misma.[11]

Subestimar a los pequeños es el primer paso para aprovecharse de su vulnerabilidad y relativa debilidad. Subestimarlos y pasarlos por alto puede ser el resultado del descuido o la ociosa indiferencia e insensibilidad.[12] Entonces, no son respetados lo suficiente como para cuidarlos apropiadamente. Pero menospreciar va más allá de la negligencia. Algunas veces el que menosprecia se burla de los tropiezos de los demás y luego se enorgullece en su perverso sentido de humor. El intimidador puede estar posando como alguien con substancia, que encuentra a otro más pequeño que se convierta en su víctima y compensación. Mucho del menosprecio cae dentro del ámbito de la oración: «Padre, perdónalos, ellos no saben lo que hacen, aunque deberían».

Pero algunos sí lo saben. El hombre astuto y despiadado, seguro en su impunidad, prepara jóvenes para ser explotados sexualmente, siendo la causa de que vayan de una mala experiencia a otra, que se extiende aun hasta la destrucción irreparable como personas.[13] El menosprecio es audible en su vocabulario despectivo – sus víctimas son mera «carne» y «basura». Cínicamente torna la palabra «amor» en un instrumento de engaño y aprisionamiento. Utilizar palabras para que su belleza, promesa y precisión sean tergiversadas es una manera básica de menospreciar: envenena el agua subterránea de la vida humana. Menospreciar a la gente va de la mano con la perversión del lenguaje.[14]

Con un lenguaje pervertido, menospreciar puede aparecer como una manera aceptable de ver la vida. Algunas veces, el menosprecio se disfraza a sí mismo de lo que sostiene como necesario o normal. Se vuelve invisible.[15] El menosprecio no se limita a personas obviamente despreciables. Un barniz de afecto puede disfrazar el menosprecio. El paternalismo corre el riesgo de desdeñar a la gente porque arma su propia condición y rol en la dependencia de aquellos que necesitan ser mantenidos. Si no ve nada más que esta dependencia, puede caer en menosprecio. ¿Fue el Gran Inquisidor un menospreciador?[16] Él cuidó de la gente al rehusar el riesgo de dejarla vivir en la libertad que Cristo trajo y representó. Por tanto, él los disminuyó. Así que, maestros, jefes, trabajadores sociales, padres, pastores y políticos pueden ser menospreciadores. Ellos no se salvan por tener las mejores motivaciones. La advertencia contra el menosprecio se les dio a los discípulos cercanos a Jesús: es un mensaje para todos nosotros.

Menospreciar es doblemente malvado porque califica a otros por debajo de su verdadero valor y lleva al despreciador a valorarse por encima de sí mismo. Hacerle daño a las dos partes corrompe totalmente la relación, en la que no puede haber verdad o esperanza o amistad. Nadie es tan pequeño como para ser subestimado desde que Cristo murió por todos.[17] Ninguna excelencia califica a alguien para ser menospreciador desde que Dios el altísimo y santo mora solo con los humildes.[18]

El menosprecio: personal, suprapersonal e impersonal

El punto principal del menosprecio está en las relaciones interpersonales entre personas y grupos. La vida humana y las relaciones nos enseñan lo que menospreciar significa.[19] El menosprecio toma una multitud de formas, y la vida está saturada diariamente cada día con despreciar y ser despreciada en la medida en que la gente se ve tentada a hacerlo, sufrirlo, tomar represalias y esforzarse por superarlo. El menosprecio es posible en el mundo porque las criaturas son limitadas, vulnerables, inseguras y variadas. Donde hay diferencias, comparaciones y competencia es inevitable y puede ser odioso. Para algunos fines, los rangos, tablas de clasificaciones y jerarquías son útiles, pero abren la puerta al menosprecio.

Aunque primordialmente interpersonal, menospreciar también aparece en formas no verbales. El lenguaje del menosprecio tiene una capacidad metafórica para iluminar la experiencia humana en todas sus dimensiones y contextos, incluyendo las no humanas e inanimadas.

Conflictos, pérdidas y humillaciones no siempre son obra de agentes intencionales; algunas veces no hay agencia humana que pueda hacerse responsable de estas heridas. Algunas veces las circunstancias son como paredes, erguidas alrededor nuestro, encerrándonos. Son huecas, sin rostro, sin voz, sin rastro en la mente. Pero marcan una impresión en nuestra pequeñez semejante a la de ser menospreciados, como una experiencia deprimente, como un reto a responder. En la medida en que las paredes se cierran, «nos dicen» que no contamos para nada, que todas nuestras esperanzas y valores no conducen a ninguna parte y que nuestra estima propia son pretensiones inútiles. Alientan una sensación de humillación, injusticia y desempoderamiento. La pobreza en la que viven millones manda el mensaje, «Usted no importa».[20]

Considere la muerte como despreciador. Le llega a la mayoría de la gente como un evento natural en el curso ordinario de la vida y sin la acción de un menospreciador humano, como un asesino o cuidador negligente. Que no pueda escapar de la muerte no es motivo de queja ni de reclamo contra ningún agente personal. Aun así, para algunos enfrentar la muerte es sentirse menospreciado. No es solo en la Biblia que la muerte se ve como el último enemigo, que provoca y queja.[21] La muerte acaba con la vida. A menudo parece que corona y confirma la fragilidad e injusticia de la vida, llevándose el gozo y la belleza. Parece desechar seres, como en un motón de basura, pasando de la indignidad a la nada. Para llegar a la nada – ¿no es ese sentimiento de robo, dolor e injusticia lo que está en el centro de todo aquel que se siente menospreciado? Hay un poder hostil obrando que desconoce el respeto por el valor de las criaturas. La muerte es el símbolo del menosprecio que enfrenta nuestra vulnerabilidad como criaturas. Somos menospreciados por la muerte.

Ver a un menospreciador activo en el evento natural de la muerte es ciertamente simbólico: una forma de personificación. Pero tales formas tienen valor para enfrentar realidades con las que debemos vivir. Lo mitológico no debe exagerarse, pero está bien cimentado en la vivencia, por lo tanto no debe despreciarse.[22]

Mirar la muerte como un despreciador va de la mano con reconocer que el ambiente físico en la tierra no es un hábitat consistentemente amigable para la humanidad.[23] En gran parte es hostil a la raza humana. El mundo tiene un orden y dirección a base de estructuras personales y procesos, por lo menos algunas de ellas son palpablemente hostiles. No sorprende que algunos vean a los seres humanos como nada más que juguetes de poderes superiores, restándoles seriedad, amor o respeto.[24] Cualquier intento teológico de pasar por alto el lado oscuro de la experiencia en el mundo, con la excusa de que un Dios amoroso está totalmente en control de todos los eventos globales y locales, nos lleva a la irrealidad e incompetencia de la vida. Hay varias interpretaciones razonables de nuestra experiencia humana. Una que no puede desecharse sin consideración es que somos acosados por capas de menosprecio que carcomen la fibra de los cimientos de los valores y significado. Conocer y creerle a Dios en Cristo es tomar una posición en contra de este múltiple menosprecio. Sin embargo, no puede resistirse con solo rehusarse a pensar en ello.[25]

En la Biblia y la tradición de la fe cristiana hay mitologías y meditaciones que salen de la experiencia de la gente que lucha con el menosprecio multidimensional. A través de los Salmos conocemos gente rodeada de enemigos que se burlan y les desean el mal. Estos opresores maquinan muerte, sintiendo placer al hacer realidad su menosprecio en la destrucción de sus víctimas.

El mundo mismo provoca todavía un lamento, como en este poema:

TEOLOGÍA DEL TSUNAMI

Dios juntos fue barrido por la ola
Que no dejó habitación en pie sobre la tierra
El mar tragó sin comentario
Alisando en el olvido la memoria
Padres, niños, madres no

Una vez fueron niños ahora nada son
Ola desvanecida, tsunami menospreciado
Muerto sin un brazo alrededor
Sin ojos que lo vieran

¿Y los niños que viven todavía?
¿Cómo se puede ser niño sin padre, madre?
Retorcidos aún por la ola, traficado por el mar,
Decepcionados por la caída tectónica

Menospreciados por una inhóspita tierra
Ocupada con su propia historia [26]

No menosprecies

Debe tomarse con seriedad el menosprecio si el texto de Mateo, y de hecho, la Biblia y la fe cristiana no se reducen a una piadosa evasión. Es necesario registrar el menosprecio como una terrible realidad, que nos causa tropiezo en el camino al reino de Dios. Quizá otros tengan mejores ejemplos o análisis que dar, pero estamos indicando una forma de reflexión de la terrible naturaleza del menosprecio en sus diversas formas. Sin embargo, este texto del Evangelio no explora el menosprecio como lo hemos estado haciendo. En vez de eso, simplemente contradice y prohíbe la práctica. Y al hacerlo nos lleva a un territorio aún más misterioso.

Mateo 18:10 comienza con una simple advertencia: «Miren que no menosprecien a uno de estos pequeños». Y luego se concentra en cómo Dios se opone al menosprecio, lo vence y lo echa a un lado con su afirmación. La razón por la que no se debe menospreciar a los pequeños es explícita y perturbadoramente teológica: «Porque les digo que en el cielo los ángeles de ellos contemplan siempre el rostro de mi Padre celestial». En contraste con Mateo 18:6, la atención no se enfoca en el ofensor y su castigo, sino más bien en el desespero y la esperanza del menospreciado. Trata el menosprecio desde el punto de vista del menospreciado, y no en la culpabilidad y el peligro del menospreciador.

Ser menospreciado es más que ser tratado de manera enfermiza por otros: significa ser llevado a un sentimiento de soledad en la lucha por la vida. La fe, la esperanza y el gozo, la fibra de una vida buena y de relaciones buenas, se pierden. El valor esencial se devalúa; la vida es mutilada.

Ser menospreciado llega a lo más profundo de la persona, y desde allí refleja una oscuridad que hace que la relevancia y presencia del mundo, de la vida y de Dios queden anuladas. La esperanza final del menospreciado es que Dios está allí para él,[27] pero su profundo desespero radica en que la capacidad para aferrarse a esa esperanza le es arrebatada. Es como si Dios no estuviera disponible para ellos; o que Dios no puede ni hará nada por ellos. El rechazo del niño, el menosprecio de los pequeños, es un asunto teológico no solo porque Jesús lo prohíbe, sino porque Dios, al igual que los niños, parece estar abrumado por el menosprecio. Por eso surge la pregunta sobre el fundamento de la fe y la vida cristianas: ¿cuál es la realidad de Dios? ¿Qué está haciendo Dios para que la vida humana sea y se mantenga humana?[28]

Es por eso que este versículo presenta mayor dificultad que el seis: es más fácil perseguir al abusador que proteger, confortar y restaurar el menospreciado. Ver al abusador es más fácil que ver a Dios. No es en castigar al ofensor, sino en acompañar al menospreciado en su largo peregrinaje hacia la luz y la sanidad, donde la teología (habla de Dios) tiene el mayor trabajo que realizar.

¿Qué ayuda y esperanza hay para el menospreciado en la extraña teología de este texto? Dice que no deben menospreciarse porque, (dice Jesús) «sus ángeles, en los cielos, ven continuamente el rostro de mi Padre que está en los cielos». Nuestro primera, y aun segunda reacción podría ser preguntar qué asistencia práctica posible representa esto. El menospreciado y oprimido en la tierra necesitan afirmación auténtica. Quieren rescate del poder del enemigo que los escarnece y desprecia. Ellos quieren «una ayuda real en tiempo de angustia». En la Biblia hay historias de la venida de Dios con actos de liberación, que lleva a su pueblo de las tinieblas a la luz. El testigo de la Biblia hace eco en la comunidad de fe, la cual afirma y regocija las grandes obras que Dios está haciendo en la tierra.[29] Pero este texto no parece apuntar a las obras de Dios en la tierra ahora. En lugar de eso, se nos han dado ángeles en lo que pudiera considerarse un tipo de escena celestial separada.

¿Qué diferencia hace que contemplen el rostro del Padre? «Así en el cielo, como en la tierra», es el patrón de la oración cristiana, pero a menudo en la práctica pareciera que el enlace entre los dos estuviera roto, y el cielo distante e inoperante en la tierra. Las imágenes de los ángeles y el rostro de Dios se construyen en la distancia, en la espera e incertidumbre de la práctica de confiar en Dios. Aun si los ángeles contemplan el rostro del Padre, ¿de qué nos sirve cuando estamos rodeados de los rostros malignos de nuestros enemigos?[30] Ser menospreciado por el enemigo es peor cuando el que debe intervenir para ayudar no lo hace «temprano en el proceso».[31] El menosprecio coloca distancia entre la necesidad y la ayuda; aun una promesa de que la ayuda «algún día» llegará deja el dolor de la espera;[32] y al esperar, la duda carcome la esperanza y la fe.

En la lucha contra el desespero, conviene señalar primero que la confesión y celebración de la fe cristiana requiere este tipo de lenguaje. La fe y la esperanza en Dios no se pueden expresar en afirmaciones triunfalistas baratas. El lenguaje es verdad de Dios cuando, como Jesús, conlleva distancia, espera e incertidumbre dentro de su confesión positiva, «aferrándose al cielo con las uñas».[33] El lenguaje no se utiliza aquí para hacer declaraciones de hecho desde un punto de vista seguro de la vida, sino para orar en la vida y por la vida, en contra de la pérdida de esta. Jesús nos instruye en este tipo de lenguaje, al conducirnos a través de señales provocativas y parábolas a la lucha en Getsemaní.

Todo esto es duro de soportar. Sería más sencillo escapar de la tensión, ya sea por rendirnos a buscar de Dios o fabricando un capullo espiritual de paz, un aposento alto con puertas firmemente cerradas en contra del temido mundo. Pero tal vida a medias no la ofrece Dios en Cristo. Este texto habla de la fe en una forma positiva y estimulante, aunque nunca sin distancia, espera e incertidumbre. Indirectamente da testimonio de la vulnerabilidad, aun de la tranquilidad de Dios. Sus imágenes reflejan la decisiva respuesta de Dios en contra del menosprecio, y cómo Dios se expone a él en compañía del menospreciado. El lenguaje es inusual, porque evade la descarada simplicidad que se encuentra en los conflictos convencionales de fe y escepticismo. Su refrán es más complejo, como «yo creo, ayúdame en mi poca fe», lo que es más «que fe que busca entendimiento», sin que sea incompatible.

El rostro de mi padre en el cielo

El rostro revela la persona: Es la marca más compleja y fundamental de identidad.[34] El rostro comunica la persona a otros, por la sonrisa y el ceño y otras expresiones. El rostro le da forma a las relaciones; antes que alguien hable, el rostro dice si la otra persona nos atiende o nos rechaza. Los rostros generalmente son (se cree que son) manejados por otra persona, así que son instrumentos que pueden tanto engañar como revelar: las sonrisas deben interpretarse y probarse. Algunas personas amigables tienen rostros prohibidos, ya que les es posible «sonreír y sonreír y ser un villano».[35]

Los rostros de personas poderosas y de las que queremos son especialmente importantes para nosotros. Para el amante, por lo menos en ficción romántica, hay solo un rostro importante, y la vida depende de si ese rostro se voltea hacia él con una sonrisa en la que puede confiar. El ceño de los reyes y de todos los que les suceden produce miedo. El rostro del que se sienta en el trono puede ser tan terrible que la gente pide a la peñas que caigan sobre ellos para esconderse de su mirada (Apocalipsis 6:16).

La Biblia sabe de lo prohibido, de lo escondido y de la apartada faz de Dios. No ver el rostro de Dios es estar abandonado y sin la bendición de Dios (Salmo 10:10-11; 13:1). Dios algunas veces esconde su rostro. El justo Job le pregunta a Dios por qué debe hacer esto (Job 13:24). Para el inocente esta separación significa angustia y perplejidad. Para el pecador es el juicio justo de Dios, quien «esconde su rostro de» (Salmo 30:7; 44:24; 102:2; 104:27-30;

143:7; Isaías 59:2; 64:7; Jeremías 33:5) y «fija su rostro en contra» de él (Levítico 17:10; 20:3,5; 26:17; Jeremías 44:11; Ezequiel 14:8; 15:7).

Por otra parte, como en la bendición aarónica (Números 6:24-26; cf. Génesis 32:20; 33:10), ver el rostro de Dios es un símbolo de favor, gozo y ánimo: «El Señor te bendiga y te guarde; el Señor te mire con agrado y te extienda su amor; el Señor te muestre su favor y te conceda la paz». El Salmo 22[36] es el clamor de un «gusano y no hombre», desdeñado por los hombres y menospreciado por la gente (Salmo 22:6-7) lo que se convierte en una exhortación a todos los que temen a Dios para adorarlo, porque él no ha menospreciado ni aborrecido la aflicción del afligido; y no ha escondido su rostro de él, sino que has escuchado cuando a ti clama.

El Salmo 27:7-9 esboza un drama en tres movimientos:

Oye, Señor, mi voz cuando a ti clamo;
compadécete de mí y respóndeme.
El corazón me dice: «¡Busca su rostro!»
Y yo, Señor, tu rostro busco.
No te escondas de mí.

En primer lugar, la invitación de Dios a buscar su rostro simboliza la disponibilidad de Dios de bendecir sus criaturas y nos asegura su acogida. Luego, el corazón responde ansiosamente, con una sed impaciente de beber el agua viva de Dios (Salmo 42:1-3). Aun la oración se hace pidiendo que Dios no esconda su rostro; y más aún: «Mis lágrimas han sido mi comida noche y día mientras los hombres me preguntan continuamente, ¿Dónde está tu Dios?» La invitación de Dios no se da por sentado. El rostro de Dios es la generosidad de Dios, pero no debe asumirse a la ligera que está siempre disponible. El resplandor del rostro de Dios es su elección y buena voluntad, así que el esconder el rostro debe siempre tenerse en cuenta, ya que el respeto a Dios implica reconocerlo como Dios libre y bondadoso. Y hay enemigos que llevan a cabo el ataque al interior de lo más profundo del alma abatida, no solo amenazando la vida, sino haciendo burla de Dios en su ausencia.

Cuando venimos al Nuevo Testamento, encontramos que el

rostro de Dios resplandece en Jesucristo, la imagen del Dios invisible (Colosenses 1:15; Hebreos 1:3; 2:9; Juan 1:14,18; 14:9). Es Dios quien ordenó que «la luz resplandeciera en las tinieblas», quien ha iluminado nuestro corazón para darnos la luz del conocimiento de la gloria de Dios en el rostro de Jesucristo (2 Corintios 4:5-6). El rostro de Jesucristo es el rostro de Dios hacia nosotros en un juicio que se lleva a cabo en una gracia que recrea y justifica. Es para nosotros y no en contra de nosotros. Es en contemplar su rostro, en la apertura y libertad del Espíritu, que somos hechos libres y transformados de gloria en gloria (2 Corintios 3:17-18).

El rostro de Dios en Cristo es el rostro del Dios encarnado y crucificado. Así que, contemplar el rostro del Padre produce un reposo triunfante, puesto que nos incorpora dentro de la vida de Dios como se vive en Cristo crucificado. El tesoro real que Dios nos ha dado, pero que tenemos en vasos terrenales, dice Pablo (2 Corintios 4:7), al lanzar uno de sus compendios de lo que es la vida en Cristo. Seguir a Jesús, como le fue dado a Pablo después de la resurrección de Jesús, incluía llevar la muerte de Cristo en su cuerpo mortal para que la vida de Cristo pudiera manifestarse. En Cristo, la gloria del Padre se ve en la medida en que resplandece sobre nosotros, pero como la luz del Cristo crucificado incluye –y no cancela inmediatamente– la distancia, la espera y la incertidumbre que ya hemos detectado en Mateo 18:10.

Sus ángeles contemplan el rostro de mi Padre en el cielo

Aunque los niños por naturaleza buscan el rostro de un ser humano, un símbolo del rostro de Dios,[37] el niño menospreciado no contempla directamente el rostro del Padre. Ser menospreciado crea distancia y bloquea la visión. Hablar de estos pequeños como si estuvieran frente al Padre con los ojos abiertos a su sonrisa sería pasar por alto la realidad de que son menospreciados. Vulnerables al rango de menosprecio que acosa la vida humana, los niños, al igual que el resto de nosotros, experimentan distancia, espera e incertidumbre de varias maneras. No es por incompetencia y completa inmediatez al rostro del Padre que los niños llegan a conocerse a sí mismos en fe y esperanza.[38] Aun los pequeños descubren el enigma de la oración. A menudo las oraciones más urgentes y justificables no logran lo que ellos piden. Los niños que no se dan por vencidos ante Dios cuando descubren que la oración no «funciona» como se esperaba, solamente persisten, encontrando formas de vivir con la espera, la distancia y la incertidumbre, tomando el yugo de Cristo sobre ellos y encontrando su reposo. Eso es lo que significa crecer en fe.

Mucho del cristianismo contemporáneo le da poca atención a las doctrinas de mediación. Cristo como mediador es raramente el tema de las enseñanzas, la exploración y meditación.[39] Modelos románticos de cómo el amor de Dios estimula el intento de vivir siempre en una relación personal consciente y directa con Dios. Así la mediación de Dios en Cristo a través del Espíritu Santo se subestima. Los «medios de gracia» se descuidan cuando no se necesitan. Valorar la mediación envuelve reconocer la distancia. Sin esa admisión, no habrá disposición de recibir ángeles. En su acción de representar al menospreciado frente al rostro del Dios fiel, los ángeles permanecen como recordatorio de la distancia.[40] Ellos no nos recuerdan la distancia haciéndola o guardándola, así que esa brecha está resuelta. Estos ángeles no son los querubines, ni la flecha en llamas que protegieron el regreso al árbol de vida, cuando el hombre fue expulsado del Edén.[41] Un puente es un mediador que invita, conoce y facilita la comunicación. Conecta un lado con el otro, pero de tal manera que a todos los que lo usan les da la vertiginosa idea de altura y profundidad y longitud.[42] La brecha todavía está ahí, no cerrada sino facilitada por el puente.

Algunas personas se tornan hacia los ángeles para buscar y encontrar ayuda. Otros no los ven y tienen pocas expectativas de recibir ayuda de ellos. Aun así todos somos dirigidos a ellos. Nos ayudan haciendo lo que a nosotros se nos ha mandado a hacer. Tener fe y esperanza en Dios, mirar al Padre, orar «Padre Nuestro», es todo lo que nos toca hacer. Pero los ángeles nos representan en el lugar donde no estamos, así que nos alientan y nos impulsan en fe a lo que aún no hemos alcanzado.[43] Los ángeles están ahí «para los que no tienen oraciones que expresar, y que en su desesperación quedan mudos».[44]

Los ángeles han sido en gran manera eliminados de nuestras mentes.[45] Los ángeles convencionales, con sus alas aeronáuticamente imprácticas, vuelan solo en tarjetas navideñas. Algunos conceptos e imágenes de ángeles se han vuelto impensables debido a los cambios culturales. El peligro es que, con su desaparición, este texto se evapora. Dejarlo así, sin embargo, no es la única opción. Podemos inquirir si los ángeles pueden entenderse en términos de significado y valor cotidianos para nosotros.[46] Francis Thompson insistía en que «los ángeles mantengan sus lugares antiguos»: ellos no han desparecido ni han dejado su trabajo. Si se les extraña, es por la manera en que nosotros, con nuestras «desencantadas caras», miramos hacia otro lado y no tenemos ojos para ellos. Él nos insta en nuestra situación desesperada y miserable («cuando estás triste no se puede estar más triste») para «mover una roca y prender un ala»[47]

Supongamos que Mateo 18:10, a pesar de todo su colorido antiguo, es un texto práctico contemporáneo. Si es así, no deberíamos leerlo como si nos estuviera retrocediendo a una cultura que no podemos habitar libremente. Es más bien una invitación a ver a los ángeles que son funcionalmente eficientes en lidiar con asuntos reales de la vida como se nos da ahora. Cualquiera que sea la imagen por medio de la cual visualizamos a los ángeles, el punto importante es encontrarlos y apreciarlos como «escalinata» de soporte de carga entre el cielo y cualquier pedacito de tierra que sea nuestra –para Jacob fue Betel,[48] para Thompson, la cruz compartida.

Buscar funciones angelicales en la vida humana, en vez de estar solo atadas a formas angelicales, va más allá del rango de lo que nuestros ojos ven en la Biblia como también en la vida contemporánea. Cuando Caín mató a su hermano Abel –un menosprecio definitivo– él negó cualquier responsabilidad y esperaba que Dios creyera la historia de lo que negó: «No lo sé. ¿Acaso soy yo el que debe cuidar a mi hermano?»[49] Tal negación de la responsabilidad implica y agrava el menosprecio intrínseco del acto de matar. Pero Dios tenía sus fuentes de información: «Desde la tierra, la sangre de tu hermano reclama justicia». La sangre es como los ángeles de Mateo 18:10, que representa a Abel frente a Dios. El ángel-sangre fue parte del acontecimiento terrenal, dentro, no desde arriba. Para un detective moderno la sangre es un rastro que queda en un asesinato y que sirve como fuente de información del asesino; en el relato bíblico, es el eterno eco del clamor y oración del asesinado.[50] El Padre en los cielos no es miope; él ve la importancia de las cosas terrenales y recibe a estos ángeles con brazos abiertos.

Cada Caín cuenta su historia pensando que puede engañarse a Dios y que el hermano no importa. Pero Dios que oye el clamor de la sangre desde la tierra le responde a Caín la verdadera historia que Abel ya no puede contar por sí mismo. Al escuchar tales clamores, nosotros también podemos contar la historia. Luego, no solo contamos las historias de los ángeles: nos acercamos a ser ángeles nosotros mismos. Por supuesto que al participar en esta acción angelical, no debemos darnos aires de grandeza; las historias que cuentan los ángeles nunca son sobre sí mismos, expresando sus deseos y sentimientos, sino sobre los menospreciados y excluidos. Esas historias son intercesoras.[51] Contar una historia de Abel es resistir la desenfrenada historia de Caín. La práctica de contar la historia de Abel requiere identificarse con Abel contra su menospreciador. Modelada en esta historia antigua, nuestras historias son resultado de nuestro escuchar el clamor de la sangre desde la tierra, de nuestra mirada, nuestra atención y anotación. Hacemos más que reportar lo que escuchamos; entramos en ella y la soportamos; y así nuestra narración de la historia se convierte a su vez en una representación angelical delante de Dios.

No es solo cuando se comete asesinato y se derrama literalmente sangre que esta historia se convierte en un modelo relevante. Hay muchas maneras de menospreciar a otros que no matan el cuerpo, pero que comparten el espíritu de odio, miedo, celos e irrespeto del asesino. Todavía es común trivializar eventos y procesos de menosprecio, continuando como si nada seriamente incorrecto se hubiera hecho. Un apretón de manos al final del partido[52] y se deja a la débil victima que absorba el dolor en silencio, que la tierra se remoje con la sangre hasta que se olvide. Así, el ámbito de Caín se amplía y fortalece en su práctica de deshonestidad. El menospreciado todavía llora en frustración, luchando por ser escuchado y vindicado. La comunicación humana siempre es ambigua, indecisa en sus actitudes y mezclada en sus efectos: algunos medios se confabulan con Caín, pero otros velan y hablan en favor de Abel.

Ahora hay muchas declaraciones y convenciones de derechos humanos.[53] A la luz de este texto, estas se pueden ver como ángeles funcionales. Hablan en favor del menospreciado, retando a gobiernos y a la gente a «cuidar» a todos los hermanos y hermanas con verdadero respeto y generosidad práctica. La diversidad de menosprecio la notan y rechazan esta cantidad de artículos y especificaciones de cómo se debe tratar a cada ser humano. Estas declaraciones se diseñan para que se implementen y ejecuten por medios legales, y sirven de criterio para el uso de poder de parte de gobiernos y otros. Estas hacen una diferencia significativa en la forma en que se conduce el mundo. Pero sus estándares y aspiraciones están lamentablemente lejos de cumplirse completamente. Estas no pueden tomarse como descripción de lo que es el mundo. Cuando a mil millones de personas lea hace falta agua potable segura, es obvio que el derecho a la vida no se respeta ni se disfruta. Las declaraciones de derechos humanos son afirmaciones de obligaciones que aspiran a algo mejor de lo que se logra actualmente. Son la voz de la queja, como el clamor de la sangre desde la tierra. La distancia, la espera y la incertidumbre moran en estas declaraciones. Son como ángeles erguidos, con esperanza y sufrimiento, en la distancia entre cómo son los seres humanos y el Shalom que desean y al que son llamados.

En tiempos recientes, muchos cristianos han tratado enérgicamente de ponerse al día con la sabiduría del mundo y sus mejores prácticas. Así que han argumentado por los derechos básicos cristianos con respecto a las prácticas de trato de niños, partiendo de la Convención de las Naciones Unidas sobre los Derechos del Niño de 1989. Pero ellos generalmente no han comprendido los derechos desde una perspectiva teológica cristiana realista, pasando así por alto la frustrante agonía de la distancia entre las aspiraciones de los derechos humanos y lo que le pasa a la gente en realidad.[54] Los cristianos no deberían discrepar de la Convención sobre los Derechos del Nino ni titubear para trabajar por los derechos de los niños; los derechos de los seres humanos no son contrarios al derecho de Dios. Pero deberían ser testigos de lo que ellos y otros saben: la Convención no refleja cómo es el mundo; no es ni siquiera una promesa firme de lo que se logrará dentro de poco por poderes humanos; en el mejor de los casos es una agenda para trabajar y orar constantemente.

Abogar por los derechos humanos es una oración encarnada en el trabajo que representa al menospreciado ante el rostro del Padre.

Siempre en contemplación del rostro del Padre en los cielos

Los ángeles todavía están con nosotros, en ropas de trabajo modernas. Se les debe ver en aquellos que toman la causa del menospreciado en el diario vivir del mundo. ¿Pero qué y quién es el público final, definitivo para esta defensa? El texto nos dice que es «el rostro del Padre». ¿Tiene sentido interpretar las declaraciones de derechos humanos como si fueran dirigidas a Dios? Los que abogan se levantan por los menospreciados y con ellos, pero ¿se levantan en la presencia del Padre? Y si lo hacen, ¿qué significa eso? ¿De qué sirve? Esta pregunta es inevitablemente teológica. En este caso, ¿no es la teología una carga innecesaria, un desconcierto heredado que socava la claridad y la eficiencia?

El menosprecio y Dios

Los cristianos creen que los seres humanos viven dentro del llamado y la promesa de Dios (lo que implica la doctrina de la creación, providencia y salvación). Pero esta vida con Dios se contradice cada vez que los seres humanos son desechados y menospreciados por parte de menospreciadores deliberados e identificables, acosadores, tiranos y explotadores, o por la indiferencia impersonal y la letalidad del mundo. La contradicción suscita preguntas y protestas que se dirigen a donde recae la responsabilidad o donde se cree que recae: Dios. Parte del deseo de Job era confrontar a Dios cara a cara.[55] ¿Por qué permite y tolera Dios este menosprecio de sus criaturas? ¿No es cómplice Dios en el menosprecio, aun responsable de ello? ¿Es Dios entonces un menospreciador, aun el Despreciador?[56]

¿Es verdad que Dios es amoroso, cariñoso y confiable? La manera como ocurren las cosas en el mundo no estimula la fe en la justicia y capacidad de Dios.[57] Preguntas duras como estas se encuentran en el corazón de cualquier teología responsable.

Los cristianos creen que Dios es el Juez justo de toda la tierra, pero lo que ocurre en la historia no puede tomarse como la promulgación de su justicia. El sufrimiento y el fracaso pueden algunas veces aceptarse como castigo de Dios por el pecado de individuos y naciones, pero a menudo el castigo parece desproporcionado con relación al pecado. Job en su justicia rehusó a aceptar esta explicación para sus pruebas. El sufrimiento de niños inocentes no puede explicarse o aminorarse dentro de este marco de pensamiento.

La interpretación del exilio como repuesta punitiva de la santidad al pecado del pueblo no puede ser más que una ayuda inicial o parcial para la gente que tuvo que vivir y sufrir la devastación. El moralismo, incluso si se fundamenta teológicamente, no es suficiente para que sea verdad de Dios y de la humanidad. Baruc, el siervo de Jeremías, lamentó su tristeza y dolor.[58] Al profeta se le dio una palabra de extraño alivio para él: el Señor está deshaciendo su obra, desplomando la tierra y trayendo maldad a toda carne. ¿Por qué y cómo pues debía Baruc buscar grandes cosas para sí mismo? Haga una pausa y sienta el terror que se nos viene encima con este tipo de experiencia, cuando escuchamos que el Señor está llevando al caos su creación.[59] El corazón del terror no es lo que sufre y pierde Baruc, con lo malo que es. No es lo que el Señor está haciendo en indiferente descuido, sino lo que él está sufriendo al desmantelarse la tierra. El único alivio, que no es explicación, ni tampoco justificación de lo que está ocurriendo, es que a Baruc se le dará vida como un trofeo de guerra adonde quiera que él vaya. A él se le pide vivir con valentía dentro de esta historia terrible e impredecible. Ese es su estímulo.

Ezequiel[60] vio el exilio como juicio por la conducta del pueblo. Ellos fueron esparcidos entre las naciones y en todo lugar profanaron el nombre de Dios, no por su mal comportamiento, sino porque les dieron a otros la oportunidad de interpretar el acontecimiento de manera que denigraba a Dios. El nombre fue profanado por lo que otros decían de ellos: «Son el pueblo del Señor, pero han tenido que abandonar su tierra». Eso hacía parecer como que Dios no podía ser fiel para apoyar al pueblo escogido por él. Así que Dios fue menospreciado y desacreditado en el mundo. En respuesta, Dios dice que el pueblo va a ser reunido de entre las naciones, devuelto a su propia tierra, limpiado y hecho fiel, con abundancia que reemplace la desolación. Todo esto será hecho, no por el bien de la gente, no porque fueran grandes o merecedores, sino «por causa de mi santo nombre», para que por la restauración del pueblo la santidad de Dios sea «reivindicada» ante los ojos de las naciones.

Esta lectura de los devastadores acontecimientos no pone énfasis en explicar por qué ocurrió y en qué sentido el castigo es justo para el pueblo. En cambio, se nos pide ver a Dios como el Único cuyo nombre se profana, su validez es cuestionada en el mundo. En la medida en que la gente sufre , también sufre Dios. Explicaciones de por qué pasa esto no pueden sustentarse por sí mismas porque nunca pueden traer paz. Son el preludio al reto a que seamos veraces acerca de la complejidad y profundidad de la maldad, la destrucción de la creación y la frustración del buen propósito de Dios; ir con Dios por medio de ese reto hacia el futuro de Dios.

La Biblia nos hace herederos de profundas tradiciones de la gente de fe quienes no solo buscaron a Dios sino que se aferraron tenazmente a él, a pesar de las experiencias más desalentadoras. Le clamaron a Dios para que se volviera a ellos, que se manifestara, que viniera a ellos y los rescatara. Ellos creían que Dios era bueno y estaba de parte de ellos; pero la experiencia era oscura, como si el rostro de Dios se hubiera apartado.

La fe no significa pretender que la noche no es oscura: más bien, mira hacia el alba.[61] Una oración para que Dios se levante se sitúa en la realidad de la distancia presente de Dios, donde nosotros esperamos y soportamos la incertidumbre. Esta clase de fe, muy diferente de lo que a menudo ofrece la devocional cristiana y la literatura de inspiración, es dada y habilitada por Dios y Padre de nuestro Señor Jesucristo a través del Espíritu. No hay Dios excepto el Único que toma la distancia, la espera y la incertidumbre hacia sí mismo.

En el lugar más duro donde Jesús es crucificado, la pregunta sobre si Dios es el último menospreciador se plantea explícitamente en la historia de Dios: «Dios mío, Dios mío, ¿por qué me has abandonado?»[62] La respuesta viene del mismo lugar, donde Jesús el Hijo y Siervo de Dios fue menospreciado y rechazado, «varón de dolores, hecho para el sufrimiento. Todos evitaban mirarlo; fue despreciado y no lo estimamos» (Isaías 53:3). Si Jesús es el Hijo y Siervo de Dios, Dios es revelado y conocido en su vida, que es la vida de Dios en humanidad. El sufrimiento y la vergüenza no son impuestos a Jesús por un Dios distante y desconocido, porque es Dios quien estaba en Cristo reconciliando al mundo consigo mismo, al ser hecho Cristo pecado por nosotros, el que no conoció pecado (2 Corintios 5:19-21).

Este es el que no menosprecia a los niños. Más bien los levanta y reivindica al ponerse de su parte en contra de los enemigos, haciéndose pequeño como ellos, tan pequeño como una semilla. Su rostro resplandece sobre ellos para darles paz, y al hacerlo, entra en conflicto con el menosprecio y ejecuta juicio por el menospreciado en contra del menospreciador. En este contexto, la doctrina de la justificación puede entenderse de una manera práctica y dramática. Los pequeños son ridiculizados y menoscabados por poderes que conspiran para llevarlos a la nada. Pero su condenación no puede mantenerse donde Dios justifica y los pone en su derecho para que nada los separe del amor de Dios en Cristo (Romanos 5:1-11; 8:31-39). Este elemento central de la teología de Pablo es una ayuda indispensable al leer Mateo 18:10.

Lo que Cristo hizo fue antinatural e inusual. Renunció a protegerse a sí mismo de ser menospreciado, lo que, en la mayoría de las circunstancias, es correcto hacer para sí mismo y ciertamente para otros. Les dio la espalda a los que hieren para exponer la maldad del menosprecio, dejando que se manifieste por completo a los ojos de Dios y la humanidad.[63] Confrontado por Jesús, cuando llega a sus manos, el menospreciador demuestra la pasión mezquina de gente ordinaria en su pequeñez, aterrorizada y perpleja por las complejidades y peligros de su situación. Pero aún hay más: su acción pertenece al agujero negro del menosprecio que se esconde en el mundo con el poder de llevar todas las cosas a la nada. Esta es la muerte, no solo un acontecimiento que trae la vida física a su final, pero un símbolo de todo lo que carcome la esperanza, el valor, el significado, la confianza de ser. Dios en Cristo por medio de la cruz expuso el menosprecio al ser menospreciado. De la misma manera y en el mismo evento, Dios recibe al menospreciador, siendo menospreciado con él, contado entre los trasgresores, rechazado y excluido de la sociedad. Ellos saben que son menospreciados cuando pierden significado y gozo en la vida, son hechos desesperanza, no tienen amigos ni camino hacia adelante. En Cristo, no son salvos por un súbito milagro que los cambia de la miseria a la gloria. Ni son recibidos inmediatamente en la paz y el descanso. Se encuentran a sí mismos haciéndose amigos de aquel que está con ellos allí donde ellos se encuentran; y su primer paso en la esperanza es ver en este Amigo presente, un menosprecio aún más profundo. Hay oscuridad sobre toda la tierra. Pero este menosprecio se coloca en la perspectiva de la esperanza en Dios. «Dios mío, Dios mío, ¿por qué me has abandonado?» entra en lucha con «¡Padre, en tus manos encomiendo mi espíritu!»[64]

La bendición de Dios, el reino de Dios, suscrito por Dios en Jesús, no tiene acceso gratuito en el mundo; es disputada, obstaculizada y mal entendida. Tiene entonces que hacerse valer a sí misma en contra de la oposición y encontrar su camino a pesar de los obstáculos, dentro y fuera de la comunidad de fe. Lucha, sufre y muere, y quizás pueda lograr llegar a la victoria.[65] La bendición de Dios imparte vida abundante y amor, en la fidelidad de Dios, pero solo porque pasa por todo ese trabajo en contra, todo lo que la oscurece y la bloquea. La bendición de Dios no es solo el flujo sin impedimento de su bondad, sino que incluye la historia participativa de la lucha de Dios. La bendición no se disfruta completamente sin esfuerzo, pero es la participación más profunda y corporal en verdaderas cuestiones de vida o muerte. En Cristo crucificado, la bendición de Dios corresponde a una manera integral y realista de ser humano.

La bendición de Dios ocurre como la justificación de pecadores, la reconciliación de enemigos, la resurrección de los muertos, la luz de la esperanza para aquellos que se encuentran en la oscuridad del desespero. Sus características y forma fundamental son la recuperación de lo perdido y la confirmación de la justicia de Dios en todo el mundo, en contra de toda injusticia. La bendición de Dios para la vida humana es el don de la persistencia. Nuestra persistencia es convocada, sustentada y satisfecha por la persistencia que es esencial a Dios en Cristo, quien va por medio de la muerte a la vida nueva, porque no podía dejar que su creación se perdiera.[66]

Un signo de la resistencia de Dios por la humanidad y de los seres humanos con Dios es el regalo de un niño. En tiempos difíciles un niño nuevo llega al peligro y desánimo. El temor y la tristeza de los adultos se intensifican al ver lo que el niño puede sufrir.

Aun así, el niño es esperanza y amor rebelde, deseado, intencionado y bienvenido. Un niño es vida ahora y vida en perspectiva: aun en su debilidad, responde al menospreciador.[67] Las muy atesoradas palabras de Isaías[68] son a menudo abstraídas de la vida real y pierden el significado porque se usan en celebraciones cristianas confortables. Necesitamos oírlas en su precaria imprudencia original. Se proclamaron al pueblo que por largo tiempo caminó en abrumadora oscuridad, que fue bendecido con una gran luz y el nacimiento de un niño, no para que fuera un bebé lleno de romanticismo, sino como la esperanza del gobierno eficiente de Dios. El niño es Emanuel, Dios con nosotros, Dios presente a pesar y dentro de la distancia, la espera y la incertidumbre. Y el niño reitera el llamado a la fe valiente, por la que la gente se mueve hacia Dios, a través de la distancia, la espera y la incertidumbre.

No menosprecien

Mateo 18:10 nos ha llevado a considerar el fenómeno y extensión del menosprecio en la experiencia humana y en el misterio del sufrimiento y la resistencia de Dios. El texto mismo no es una exploración del menosprecio, sino una orden a no menospreciar. La orden está respaldada por una razón: hay ángeles, que representando al menospreciado contemplan el rostro del Padre que resplandece sobre ellos. El Padre está a favor del menospreciado, aunque ellos no lo vean o lo sepan. Esta frase se dirige directamente al menospreciador. Es para que él aprenda y cambie, para que desarraigue el menosprecio de su interior y haga la paz con el Padre, respetando y recibiendo a los pequeños.

La orden: «No menosprecien» se da a los discípulos. Llevándonos así al inicio: la búsqueda de llegar a ser mayor conlleva en sí la semilla del menosprecio. La cura que Jesús les dio fue recibir al niño que ellos pasaron por alto. Solo así entrarían al reino de Dios donde el excluido, el pobre y el débil es bienvenido. Los discípulos necesitaban cambiar todo su ser, de modo que pudieran seguir y estar con Jesús. Fueron llamados a compartir con Jesús para revelar el reino de Dios como una realidad pública, una promesa presente de bienvenida. Si los discípulos menospreciaban a los niños, no podían hacer este trabajo, aun con la confianza de estar cerca del Señor como sus escogidos. Cuando son fieles en esta misión oponiéndose a menospreciar a los pequeños, son como ángeles que se levantan delante del Padre y contemplan su rostro. En el mundo, ellos se convierten en puntos donde la luz de Dios resplandece.[69]

NOTAS

1   «El infierno no es suficiente para ellos» y «Dejen que se pudran en el infierno» son maneras comunes de expresar esto. No se puede minimizar o excusar la maldad del abuso de niños, o de hecho, el abuso de ningún pequeño. Nuestro punto es que no es el asunto que este versículo tiene en la mira y que citarlo y responder emotivamente a este texto es una manera muy ineficaz de exponer el abuso infantil y lidiar con él.

2   Compare la nada de estos pequeños en su discernimiento con la inolvidable representación de la última marginalización en *The Invisible Man* de Ralph Ellison, 1952.

3   Levítico 19:14: «ni le pongas tropiezos al ciego». Deuteronomio 27:18: «Maldito sea quien desvíe de su camino a un ciego». La palabra *scandalon* se usa de varias maneras en el Nuevo Testamento. Recuerda la piedra de tropiezo en Isaías (8:14; 28:16) y se aplica a Cristo. En su origen tiene la imagen de una roca o piedra que causa tropiezo a una persona y la hace caer.

4   El estupendo, infravalorado, libro de Ulrich Simon, *A Theology of Auschwitz*, (1967) incluye exploraciones costosas de esta difícil verdad. «... vida sin Dios es nada y... la abolición del hombre es precisamente la experiencia terrenal de una nada que no tiene derecho a sobrevivir». p.74

5   Aldous Huxley, *Brave New World*, 1932

6   Significativamente Pedro mismo se convierte en una piedra de tropiezo o escandalosa para Jesús en su camino a la cruz (Matthew 16:23)

7   Dietrich Bonhoeffer, *Discipleship*, 2001, capítulo 1

8   C.S. Lewis, *Sorprendido por la alegría*, 1955, capítulos XI, XIV.

9   Karl Barth, «The Strange New World within the Bible», en *La Palabra de Dios y el mundo del hombre*, pp. 28-50

10 Rudolf Otto, *The Idea of the Holy*, 1923; Andrew Shanks, *What Is Truth?*, 2001. El himno, «Padre, escucha la oración que ofrecemos, no para alivio nuestra oración debe ser», habla del asunto que nos atañe aquí.

11 Menospreciar es característica de las condiciones previas que hacen probable el abuso. Menospreciar puede ser un juicio hecho en el corazón y la mente que a luego lleva a la acción. O puede que no sea consciente de sí mismo antes de que se haga el acto y se haga tropezar a un pequeño. Aun entonces, el menospreciador puede que no admita lo que ha hecho y lo que revela de él mismo. El acto puede consternar a los observadores como también a la víctima, mientras el responsable sigue sin remordimiento.

12 Esto es territorio bien conocido para todos los que han estudiado las formas en las que «el otro» (ya sean mujeres, grupos étnicos, los pobres, aquellos con discapacidades y así sucesivamente) se pasan por alto y se sacrifican,

llevándolos más allá de la marginalización a la invisibilidad.

13 http://www.paceuk.info, el sitio web de PACE, Parents Against Child Sexual Exploitation (formerly CROP, the Coalition for the Removal of Pimping)

14 Para un ejemplo extremo, Viktor Klemperer, *The Language of the Third Reich*, 1957, http://www.timeshighereducation.co.uk/story.asp?storyCode=412045&sectionc ode=26; D. Bonhoeffer, *Ethics*, 1955, capítulo III, Ethics as Formation, sección, «the Despiser of Men»; C.S. Lewis, *The Abolition of Man*, 1943; *That Hideous Strength*, 1945

15 Michael Sandel, *What Money Can't Buy: the Moral Limits to Markets*, 2012, es una crítica de las formas en que el dinero y los mercados oscurecen y suplantan el valor.

16 F. Dostoevsky, *Los hermanos Karamazov*; Rowan Williams, *Dostoevsky: Language, Faith and Fiction*, 2008

17 Romanos 14:10,16

18 Isaías 57:15. El error se indica por diferencia entre mirar a y mirar abajo. Es posible mirar las cosas pequeñas sin mirarlas con desprecio. «Mirar con desprecio» es un equivalente dinámico de llamar cualquier cosa que Dios ha hecho, impuro (Hechos 10:14-15). Mateo 7:1-5. Compare el boceto famoso, «Looking down on»: http://www.britmovie.co.uk/forums/british-television/88237-john-cleeseronnie-barker-ronnie-corbett.html

19 Bob Holman, *Keir Hardie*, 2008, pp. 16-17. Este no es sino un terrible accidente en la vida de este político cristiano que fue «nunca niño», sino una víctima del menosprecio sistemático del aula desde sus primeros años como niño jornalero pobre.

20 Consta que de joven, Wess Stafford, más tarde CEO de Compasión Internacional, representó un consorcio de agencias de alivio y desarrollo en Haití, el país más pobre en el hemisferio occidental. Durante sus cuatro años en Haití, Wess concluyó que el mensaje más devastador que la pobreza les da a los niños es, «Tú no importas».

21 1 Corintios 15:26,55; Isaías 25:8 enlaza la muerte no solo con lágrimas, sino con reproche; Hebreos 2:14-15; 12:2: ser avergonzado es ser menospreciado mientras soportar la muerte en el espíritu de Jesús es menospreciar al menosprecio.

22 Marilynne Robinson, *Absence of Mind*, 2010. Puede ser que intentos de desvanecer el valor de los mitos puede en sí mismo conspirar contra el proceso completo de menospreciar como lo estamos describiendo, ya que los mitos tienen un poder de dar valor a la vida y la muerte, a pesar de toda evidencia física a lo contrario.

23 Barry Dainton, «First stop, Moon», un repaso a David Deutsch, *The Beginning of Infinity*, TLS, 25:11.2011, p. 28: «La noción de que la tierra es un vaso maternalmente inclinado a la exploración del espacio es sospechoso... partes de nuestro planeta tienen muchos de los atributos de una nave espacial, pero la fuente de alimentación, las tecnologías médicas y los sistemas sanitarios que hacen que la vida sea segura y confortable han sido producidas invariablemente por esfuerzos humanos y creatividad científica, no por la Madre Naturaleza».

24 W. Shakespeare, *El Rey Lear* (Acto IV escena 1).
    Todavía conserva un destello de razón, puesto que mendiga. Durante la tempestad de la pasada noche he visto a uno de esos desdichados, y al considerarle no he visto en el hombre más que un gusano. Entonces me ha acudido el recuerdo de mi hijo, y sin embargo el odio que le profesaba, aún no estaba extinguido en mi corazón. Muchas

novedades he sabido después. Los hombres somos para los dioses lo que para los niños los insectos; nos aplastan por su recreo.
Véase también Thomas Hardy's *Tess de la D'Urbervilles*: «Se había hecho "justicia", y el presidente de los inmortales, según frase de Esquilo, había terminado su juego con Tess.

En el conflicto con el agnosticismo, el cristianismo ortodoxo tomó su decisión fundamental en contra de este acercamiento. El agnosticismo se vio a sí mismo como un ser de último valor, perdido en un mundo hecho por un Demiurge incompetente. La meta del agnóstico era escapar del mundo; él se conoció a sí mismo como el que no estaba propiamente reconocido por los poderes del mundo. El agnóstico se sintió injustamente menospreciado porque sabía quién era él, diferente, especial y superior al mundo oscuro ignorante. Así que agnósticos menospreciados se consolaban a sí mismos menospreciando el mundo, tanto en la manera en que lo veían como en la forman en que vivían en él. La fe cristiana en un Creador bueno quien ama y hace todas las cosas buenas, a pesar de sus enormes dificultades, permite tener un punto de vista alternativo de la existencia humana: no somos esencialmente menospreciados menospreciadores. Hans Jonas, *The Gnostic Religion: The Message of the Alien God and the Beginnings of Christianity*, 1958

25 Karl Barth, *How My Mind has Changed*, 1966, p. 86, lo cual muestra el espíritu y la teología con la cual Barth respondió a su enfermedad en 1966.

26 Este poema fue escrito por Haddon Willmer seguido del Tsunami en Asia en Diciembre de 2004.

27 «Aunque mi padre y mi madre me abandonen, el Señor me recibirá en sus brazos». Salmo 27:10

28 La frase es de Paul Lehmann: *The Decalogue and a Human Future: The Meaning of the Commandments for Making and Keeping Human Life Human*, 1995. También, *The Transfiguration of Politics*, 1975 p. 10, p. 44. Philip G.Ziegler y Michael J. Bartel, *Explorations in Christian Theology and Ethics: Essays in conversation with Paul L. Lehmann*, 2009

29 Salmo 46:9: las obras de Dios son desolación en la tierra, para que las guerras cesen hasta el fin de la tierra; Salmo 104:24 ss.

30 Compare E. Bethge, *Dietrich Bonhoeffer*, 1970, p. 832: Klaus Bonhoeffer en una nota escrita después de su juicio en 1945: «I am not afraid of being hanged, but I don't want to see those faces again ... so much depravity ... I'd rather die than see those faces again. I have seen the Devil and I can't forget it».

31 Salmo 46:5. La rareza de la fe es evidente en los dos lados de Lucas 18:8, seguido de la historia contada por Jesús diciéndonos que siempre debemos orar y no desalentarnos: «¿No reivindicará Dios a su elegido, que clama a él día y noche? ¿Se demorará en contestarles? Yo les digo, él los reivindicará pronto. No obstante, cuando venga el hijo del hombre, ¿encontrará fe en la tierra?»

32 Apocalipsis 6:9-11

33 Francis Thompson, *In No Strange Land*. El texto de este poema está en la nota 31, capítulo 6. La frase, «Clinging to heaven by the hems» puede ser un recuerdo de Lucas 8:44, donde la mujer tocó el borde de la vestidura de Jesús para ser sana. Es una imagen que habla tanto de la distancia e indecisión como de la fe y determinada súplica.

34 Dentro de los muchos textos de los que hemos podido sacar para este capítulo están las obras de Emmanuel Levinas, *Humanism of the Other*, 2003 y Roger Scruton, *The Face of God*, 2012 y David Ford, *Self and Salvation*, 1999. John M. Hull, «Blindness and the Face of God: Toward a Theology of Disability» en Hans-Georg Ziebertz et al (eds.) *The Human Image of God*, 2000, pp. 215-229

(http://www.johnmhull.biz/Blindness%20and%20the%20Face%20of%20God.ht
ml)

35 W. Shakespeare, *Hamlet*, Act 1, escena 5
36 Citado por Jesús en la cruz, Mateo 27:46; Marcos 15:34
37 Véase, por ejemplo, James E. Loder, *The Logic of the Spirit*, pp. 118-122
38 Nos preguntamos si, y si es así, qué tanto, aquellos que se envuelven en
    reflexionar en la espiritualidad de los niños construyen esta verdad en el
    proceso. Pareciera que implica que todos los niños están conectados en alguna
    manera directa a lo sublime, el «Otro», Dios
39 D. Bonhoeffer, *Life Together*, 1996, p. 40: «Dentro de la comunidad espiritual
    nunca hay, de ninguna manera, una relación de uno a otro «inmediata». Sin
    embargo, en la comunidad centrada en sí misma allí existe un profundo deseo
    elemental emocional, de contacto inmediato con otras almas humanas[...]»
        Compárese también el himno de Thomas Binney, que no solo ya no se
    canta, sino que no podría escribirse ahora: *Eternal Light, eternal light (Luz eternal,
    luz eterna)*[...]
40 La angelología desarrollada en la fe judía como el sentido de distancia de Dios
    se incrementa, en parte a través de la experiencia histórica de fracaso y exilio,
    ser menospreciado en medio de las naciones, y estar bajo el juicio de Dios.
41 Génesis 3:24
42 Considere Andrew Parker, quien se convirtió en un puente humano dentro del
    buque Herald of Free Enterprise que naufragaba, y permitió que veinte
    personas escaparan de morir ahogados en 1987. Esta mediación es considerada
    heroica no tanto porque fuera exitosa, sino porque no puede contemplarse sin
    un sentido de brecha terrible que si no se cierra, significa muerte.
    http://www.thefreelibrary.com/i+saved+20+lives+but+couldn't+save+my+marri
    age%3b+tragedy+drove+couple...-a061048229
    http://www.kentonline.co.uk/kentonline/home/special_reports/herald_of_free_
    enterprise/andrew_parker_-_the_human_step.aspx
43 Filipenses 3:12-14. Nik Wallenda, quien cruzó el Gran Cañón caminando sobre
    un cable de acero, dijo: «Mi fe juega un inmenso rol en mi vida, y soy muy
    bendecido de estar donde estoy. Una de las preguntas que siempre me hacen es,
    «¿Está probando su fe / está probando a Dios?» No lo veo como tal, de ninguna
    manera. No creo que Dios me mantiene en la cuerda. «Creo que Dios me da la
    habilidad singular de caminar en la cuerda, pero es mi responsabilidad si me
    entreno apropiadamente. Hay mucha gente que tiene relación con un Cristo
    maravilloso que pierde su vida en un accidente automovilístico. ¿Significa eso
    que no tenía suficiente relación con Jesús? No. Hay cosas que ocurren en la
    vida y Dios nos creó a todos a su imagen, pero todos somos nosotros. No somos
    robots. Tomamos decisiones». http://www.christianitytoday.com/ct/2013/june-
    webonly/walking-by-faith-across-grand-canyon-tightrope.html?utm_source=ct
    direct-html&utm_medium=Newsletter&utm_term=9465739&utm_content=18
    8038575&utm_campaign=2013
44 Del himno de Timothy Dudley Smith, *Remember, Lord, the world you made*[...],
    que en términos generales resuena con nuestro argumento.
45 George Eliot, *Silas Marner*, 1861, capítulo 14: «En tiempos antiguos hubo
    ángeles que venían y tomaban a los hombres por la mano y los alejaban de la
    ciudad de la destrucción. No vemos ángeles blancos con alas ahora. Pero
    todavía los hombres son guiados gentilmente hacia una tierra de calma y
    resplandor, para que no vean más hacia atrás; y la mano puede ser la de un
    niño pequeño».
46 Esto se explora en Jostein Gaarder, *Through a Glass Darkly*, que marca

agradablemente la naturaleza ambigua del lugar y la experiencia de un ángel.

47 Véase capítulo 6, nota 37 para todo el poema.

48 Génesis 28:17

49 Génesis 4:1-16; Job 16:18-19

50 J.B. Metz, «Communicating a dangerous memory», en Fred Lawrence (ed.), *Communicating a Dangerous Memory*, pp. 37-54

51 Los escritos de Pandita Ramabai a nombre de las niñas oprimidas en la India occidental y caracterizadas por su determinación de dejar que sus historias hablen por sí mismas.

52 http://www.guardian.co.uk/football/2011/nov/16/sepp-blatter-fifa-race-rowshandshakes. Una de las formas más graves y propagadas de vergonzosa impenitencia sobre el menosprecio, es la extendida tolerancia a la violación sexual.

53 Notablemente, la Declaración Universal de los Derechos Humanos de las Naciones Unidas, 1948, la progenitora de una amplia familia que incluye la Convención de las Naciones Unidas sobre los Derechos del Niño, 1989. Véase también, Clare Mulley, *The Woman who saved the Children: Eglantyne Jebb, Founder of Save the Children*, 2009, p. 307

54 Un ejemplo de un intento de relacionar principios bíblicos con la Convención de las Naciones Unidas sobre los Derechos del Niño se encuentra en D. McConnell, *Understanding God's Heart for Children*, 2007. En un capítulo titulado «Theological Dignity and Human Rights for Children» (pp. 23-31) Dave Scott sugiere que los derechos son una herramienta, no un paradigma para el ministerio cristiano. La manera en que el libro se organiza en su totalidad no permite la cuestión teológica que se levanta de la desigualdad entre la naturaleza de Dios y la dura realidad del mundo que él ha creado y que quiere que sea explorado. Se nota, por ejemplo en la página 15, por Doug McConnell: «Nuestra experiencia de vivir con niños que viven en ambientes de riesgo ridiculiza los ideales del orden creado de Dios», pero no se persiguen.

55 Job 13:13-16; 23:2-7

56 W. Shakespeare, *Macbeth*, V.v.16

57 Hebreos 2:8-9

58 Jeremías 45

59 Génesis 3:19; Eclesiastés 3:20; 12:1-8; Isaías 28:14-22

60 Ezequiel 36:16-32

61 Keith J. White, *In the Meantime*, 2013, reflexiona sobre períodos de sufrimiento, espera, duelo y esperanza: todo dentro del contexto donde el fin no se conoce todavía. La soledad asociada con las horas de la noche y la espera del alba se describe en las páginas pp. 216-217.

62 Salmo 22:1,23-24

63 Isaías 50:5-6: «Ofrecí mi espalda a los que me golpeaban, mis mejillas a los que me arrancaban la barba; ante las burlas y los escupitajos no escondí mi rostro». La expresión, ofrecí mi espalda[...] no se debe minimizar. Esto apunta a la violenta imposición, donde la víctima es abrumada y robada. Él no da nada gratis, sino que en vez se le ha quitado. Hay sin embargo una serie de instancias donde alguien puede ofrecerse voluntariamente a sufrir. Cuando esto se lleva a cabo sin retaliación, la bondad del que sufre se convierte en más inspiración y fructífera que la violenta y cruel consideración del acusador. La pasión de Cristo es un ejemplo destacado de este tipo de acción triunfante y redentora.

64 Mateo 27:46; Marcos 15:34; Lucas 23:46. Estos dos dichos se encuentran en cualquiera de los Evangelios.

65 La lucha de Dios, no por carne y sangre o bombas y revólveres, pero en la realidad espiritual de la vida humana, es una perspectiva valiosa, indispensable del evangelio. Esta perspectiva no se debe perder en ninguna competencia entre teorías de expiación que defienden demandas exclusivas a la verdad salvadora. Cf G. Aulen, Christus Victor; Karl Barth, *Church Dogmatics*, IV.3.1 165-273

66 Atanasio, *Sobre la encarnación de la Palabra*, 6: «Pero en su benevolencia hacia nosotros condescendió en venir y hacerse manifiesto. Pues vio al género racional destruido y que la muerte reinaba entre ellos con su corrupción; y vio también que la amenaza de la transgresión hacía prevalecer la corrupción sobre nosotros y que era absurdo abrogar la ley antes de cumplirla; y vio también qué impropio era lo que había ocurrido, porque lo que Él mismo había creado, era lo que pereció; y vio también la excesiva maldad de los hombres, porque ellos poco a poco la habían acrecentado contra sí hasta hacerla intolerable. Vio también la dependencia de todos los hombres ante la muerte, se compadeció de nuestra raza y lamentó nuestra debilidad y, sometiéndose a nuestra corrupción, no toleró el dominio de la muerte, sino que, para que lo creado no se destruyera, ni la obra del Padre entre los hombres resultara en vano, tomó para sí un cuerpo y éste no diferente del nuestro». http://www.mercaba.org/TESORO/atanasio01.htm

67 Salmo 8:2

68 Tome Isaías 7-12 como un todo, sin seleccionar unos cuantos versículos como 7:14-16; 9:2-7; 11:6-9.

69 Mateo 5:16 (seguido de las bienaventuranzas, «Dichosos los pobres en espíritu[...]»). Como en la obra del artista ortodoxo ruso Vitali Linitsky que pintó a los cristianos como puntos de luz en la oscuridad invernal.

Conclusión

Y ASÍ UNA CONVERSACIÓN entre nosotros que se prolongó por más de un docena de años llega a su fin. E igualmente, para los lectores que han mantenido el rumbo, la conversación entre nosotros y ellos está prácticamente terminada.

Y al final nos preguntamos: «¿Y entonces qué?» o «¿Cómo debemos vivir?» Creemos que la teología no merece la pena, salvo que tenga lugar en un crisol de experiencia y cuyo resultados sean arrepentimiento y acción práctica. Esperamos que entre nuestros lectores haya quienes compartan esta opinión.

Comenzamos por preguntar qué nos ha hecho este libro. ¿Qué se queda y qué llevamos adelante? ¿Qué hemos descubierto que desconocíamos antes de esta larga labor? ¿A qué extraña y nueva tierra hemos viajado y qué hemos recogido en ella?

Hemos dedicado aparentemente una cantidad excesiva de tiempo a un fragmento del Evangelio de Mateo que nos llevó a ver cosas en todo el Evangelio en las que no habíamos reflexionado antes. Este libro se basa en Mateo, aunque no se trata de un comentario exegético. Como eruditos del Nuevo Testamento nos vemos seriamente retados: con el poco conocimiento e inteligencia que poseemos hemos tratado de prestarle atención al texto. Para nosotros, la lectura intensa de Mateo se convirtió en disciplina y liberación, un terreno para la aventura. Se nos impuso, pero no de manera restrictiva. Es como un trampolín. O tal vez mejor, como el cimiento seguro de una casa que nos capacita para aventurarnos en el mundo, que nos irrita al punto de querer salir al mundo pero que nos acoge cuando regresamos a nuestras raíces y nuestro descanso. Hemos disfrutado nuestra lectura de Mateo, aunque excepcional y parcial.

No sabíamos cuando empezamos que terminaríamos con un tratamiento distintivo de la Teología infantil. No estamos seguros de si esto procede del disgusto personal de ser convencional, una duda permanente de lo que comúnmente se acepta. ¿Somos acaso disidentes molestos debajo de nuestra apariencia respetable? Creemos que hay mejores razones para los que algunos puedan considerar como herejías, pero tal vez estemos equivocados.

He aquí algunos de los puntos clave, tal como los entendemos.

Primero. El «niño en el medio» de este libro es simplemente el niño colocado por Jesús, y junto a Jesús (véase el capítulo 1). No se trata de un niño especial, sino de un niño común y corriente escogido por Jesús. No vemos razón en el texto o la narración para atribuirle al niño características o dones particulares. Es un niño desconocido, nada excepcional, que vive en un mundo contemporáneo que clasificaba a los niños en la escala más baja de la sociedad. El único indicio que Jesús ofrece es que nosotros debemos humillarnos como los pequeños, y que inevitablemente significa bajar hasta el nivel del suelo.

Segundo. El niño según visto y colocado por Jesús señala el reino de Dios, que es un concepto poderoso, histórica y bíblicamente enraizado, pero peligrosamente ambiguo. Así lo fue para los discípulos y para los seguidores de Jesús desde entonces. Quizá sorprenda a algunos lectores el que creamos que fue también un concepto ambiguo y no por cierto fácil para Jesús en su propia vida y jornada de fe y fidelidad.

A otros tal vez les perturbe la manera en que hemos destacado a Jesús en su búsqueda del reino de Dios, al seguirlo a través de la tentación, el conflicto, el sufrimiento y la muerte, que no se encuentran en las simples declaraciones de su singularidad divina o humana. Ninguna ortodoxia sagrada o habitual debe impedir que pensemos con esta perturbación. Y nuestro pensamiento no se presenta afirmando un estado de ortodoxia.

Tercero. En el capítulo más corto, pero bisagra fundamental (Capítulo cuatro) tal vez escribimos una novela, o por lo menos una rara exégesis. En este capítulo tomamos al niño como el que señala el camino al reino de Dios, a manera de afirmar los términos del llamado de Jesús a los discípulos. Nos percatamos de que históricamente el niño y la cruz han sido mayormente separados el uno del otro, como si fueran cristianismos alternativos en crecimiento con valores, aspiraciones y sentimientos diferentes. Argumentamos contra esa idea de verlos como alternativas que les ofrecen a los seguidores de Jesús la oportunidad de escoger entre uno y otro. Más bien, para nosotros, el niño colocado por Jesús reitera o reafirma el llamado al discipulado. La sustancia permanece inmutable, pero el niño como señal nos conduce a él de una manera peregrina e insospechada. En nuestra opinión, mucho del cristianismo contemporáneo centrado en el niño necesita preguntarse hasta qué punto el niño sirve de alternativa al llamado de Jesús, y hasta qué punto el niño representa una versión fiel del mismo llamado.

Una vez que aceptamos que el niño reitera el llamado al discipulado en el camino hacia la cruz, nos vimos obligados a preguntar cómo Jesús, de acuerdo con el texto, nos ayuda no solo con el indicio que ya hemos observado –«Humíllense como estos pequeño»– pero también cuando dice: «Reciban al niño en mi nombre». Nuestra lucha con el concepto y la práctica de la humildad es evidente. Aceptamos el llamado a ser humildes, mientras preguntamos qué significa la humildad señalada por un niño, qué de bueno hay en ella, y cómo puede ser posible. La humildad se opone al espíritu de nuestra época y probablemente de todas. La humillación no es cosa buena y Dios no es Rey porque rebaja a sus criaturas ni obliga a que estas se arrastren. Más adelante, relacionamos la humildad con la esperanza en la novedad y el cambio que Dios por gracia da. Nos preguntamos, ¿nos han guiado dando tumbos a la humildad que es característica del reino donde las criaturas se reflejan y comparten en la gloria de Dios?

Existe siempre el peligro en el discurso teológico y religioso de que el niño quede reducido a una idea, un símbolo, un enfoque para los sueños, valores y emociones de los adultos. Así como la cruz, cuando Jesús habla de ella, es una dura realidad terrenal, de igual manera el niño colocado en el medio es una persona real y concreta. El niño representa a cualquiera y a todos los niños; Jesús dice: «Y el que recibe en mi nombre a un niño como este, me recibe a mí». Es siempre un niño real. Los niños no nos llegan como «niñez» en masa. Cada niño merece y necesita una acogida que es adecuada al ser integral del niño, algo de lo cual es evidente aunque la mayor parte se esconde, porque el niño es como una semilla, llena de una vida que todavía tiene que vivirse. En el Capítulo seis, el argumento teológico derivado de la historia del evangelio converge con la participación práctica con niños. El evangelio encuentra a la gente en la práctica diaria de la crianza, la educación y el cuidado. Estas actividades se fijan desde la perspectiva de la acogida y hospitalidad de Dios en Cristo.

Recibir al niño encaja con lo mejor de nuestras aspiraciones y actividades contemporáneas tanto seculares como cristianas, observadas en el Capítulo uno. No obstante, reconocemos dolorosamente en nuestro mundo lo que el texto de Mateo habla sin rodeos: a los pequeños los hacen tropezar; son menospreciados. Muchos niños son bien recibidos cuando son bebés y siguen siendo recibidos adecuadamente mientras crecen. Pero son muchos los abandonados o mal tratados desde el principio, y para muchos niños el comienzo feliz se convierte en desencanto cuando crecen. Numerosos niños en urgente necesidad son rescatados por una plétora de organizaciones, pero todavía hay muchos más en necesidad que quedan sin ayuda. Los que trabajan con niños, o tienen cualquier preocupación humana real en el mundo, serán llevados a la oscuridad representada por el menosprecio de los pequeños. A veces se arman contra ello con su gozosa actitud de incesante trajinar, sus cantos alegres para así evitar la clase de reflexión profética que mantiene sus ojos abiertos en el día malo, y se rehúsan a dormir en Getsemaní. Algunas veces se sienten abrumados en el centro mismo de su ser y fe.

■ **Cuarto.** Cuando leemos de «discípulos» en los Evangelios, estamos leyendo sobre nosotros mismos como cristianos ahora, y por lo tanto no debe sorprender que se encuentren paralelos entre sus conceptos desacertados y sus ambiciones acerca del reino de Dios con empresas cristianas contemporáneas incluyendo lo que está pasando con relación a los niños. No podemos presuponer que, porque nos encontramos de este lado de la cruz y la resurrección de Jesús, y de Pentecostés, y porque vivimos en siglos de tradición formados por diversas actividades con el Nuevo Testamento, somos manifiestamente mejores que los discípulos al seguir a Jesús como Señor.

El reto de la señal del niño para nuestras concepciones de grandeza sigue siendo incómodo y notablemente radical. Está claro que ministros, líderes y congregaciones ven progreso numérico, abundancia e influencia como señales de las bendiciones de Dios; y que muchos son atraídos a movimientos e iniciativas globales porque se ven a sí mismos como que Dios les ha ordenado que transformen el mundo. Esta manera de pensar y de presuponer siguen la línea de opinión prevaleciente de los discípulos de los tiempos de Jesús.

Los términos en que Jesús llamó a personas para que fueran sus discípulos, nos han confrontado. Hemos aceptado, sin mucho debate, que este llamado está dirigido a cualquiera de nosotros hoy que quiera ser cristiano. Si debiéramos hacer ese giro es tema de desacuerdo entre cristianos. Así como algunos argumentan que dones como el hablar en lenguas fueron dados a la iglesia primitiva solamente, podría también argüirse que el llamado a tomar la cruz solo se aplicaba a los que físicamente seguían a Jesús en su camino hacia Jerusalén. Somos de la opinión de que la cruz y el Espíritu son para hoy como para entonces, porque Jesucristo es el mismo ayer, hoy y siempre.

Nos encontramos entonces ante la misma crisis que los primeros discípulos experimentaron con Jesús. Al seguir a Jesús fueron llevados a una vida que estaban lejos de imaginar y manejar. Fueron tentados con la promesa del reino de Dios, atemorizados y desconcertados por la manera como Jesús se dirigía a él, a un pesado costo. No podemos decir que los años que hemos pasado en este libro nos han logrado un acomodo positivo en el discipulado, como Jesús nos llama a hacerlo. La primera cosa, diariamente, es escuchar el llamado en la realidad de nuestra situación, individual o colectivamente, y no adaptarlo a nuestras sensibilidades, conveniencia o hábitos. Para esto se necesita el valor para decir «NO» al propio yo que quiere, o bien sentirse a gusto con Jesús o hacerlo sin él.

▓ **Quinto.** Si el niño colocado por Jesús es el punto inicial del libro, el niño nos lleva a que tomemos a Jesús seriamente y preguntemos: «¿Quién es este?» Por eso nos hemos ocupado con esta pregunta, no porque podamos ofrecer una cristología sistemática completa, sino para refrescar y profundizar nuestro conocimiento de Jesús. Lo hemos hecho uniendo en nuestro cuadro de Jesús, al niño que él colocó en el medio, los argumentos acerca del reino de Dios, argumentos que el mismo Jesús tuvo (tentación), el llamado a los discípulos para que lo acompañaran en su misión, y su llamado para que tomaran la cruz en su compañía. El significado del niño para los discípulos es que el llamado a la humildad y a ser como niños es una reafirmación del llamado a tomar la cruz, y no un camino alternativo para entrar en el reino de Dios. Esto debe ser sorprendente para muchos cristianos hoy, porque en nuestra tierna preocupación por los niños y nuestra afirmación a menudo simplista de la vida (espiritualidad), desarrollamos un cristianismo alternativo sin la cruz para los niños –y ni para nosotros mismos.

El libro plantea una elección. No pretendemos haber hecho la elección perfectamente. Estamos conscientes de que nuestra práctica y pensamiento son típicos de mucho del cristianismo contemporáneo, que espera que pueda de alguna manera seguir a Jesús, quien tomó su cruz mientras hablaba con niños sobre formas de vida y religión donde algo tan divisivo y profundo como la cruz, se mantiene fuera.

▪ **Sexto.** Para nosotros este libro es un intento de hacer Teología infantil. Tengan en cuenta que no es nada definitivo ni está destinado a ser así. Y tememos que habrá quienes se desengañen porque esperaban una nueva sección sobre lo que se entiende por teología sistemática. Presuponen que el niño debe ser un concepto organizativo para todo un sistema de teología: una extensión, si lo prefieren, de libros que exploran «al niño en la Biblia». Debemos disculparnos si a veces hemos dado la impresión de que es eso lo que estamos buscando y tratando de ofrecer. No somos teólogos sistemáticos en ningún sentido convencional, y no intentamos primordialmente contribuir con otro ensayo sistemático.

Nuestro punto inicial en teología es el entendimiento amplio, abierto, esencialmente laico de lo que la teología habla y piensa de (desde, a, con, para) Dios. Hay muchas maneras de hacer teología, muchas maneras que pueden ayudar, aunque ninguna de ellas puede ser universal en alcance o autoridad, y ninguna comprende a Dios o incluso lo toca –hacemos bien si señalamos (por ejemplo, «He aquí el Cordero de Dios») fielmente. La forma particular en que esta teología libre se ha desarrollado es como una meditación exploratoria sobre un fragmento de texto bíblico (Mateo 18), con la disposición de seguir a donde conduce.

▪ **Séptimo.** Todo esto nos motivó a escribir una especie de teología práctica. El capítulo que habla de la recepción es donde se vuelve sencilla de una manera práctica y diaria. Acoger o recibir a un niño en el nombre de Jesús no es confundir el llamado que a cada uno de nosotros se nos hace. Pero este llamado y esta acción no se alejan de la teología. No se trata de un capítulo que reconoce que la verborrea teológica es innecesaria o pedante porque lo que cuenta es la acción de recibir al niño, como si esto puede hacerse en obediencia a Cristo sin contexto teológico ni profundidad del significado teológico. Más bien, al seguir el texto, vemos que recibir a un niño es recibir a Cristo y a Aquél que lo envió. El niño señala el reino de Dios que marcha a medida que los seres humanos se reciben unos a otros a la manera en que Dios en Cristo los recibe a ellos. Esta es la reacción en cadena de la levadura en la masa (Mateo 13:33).

Nos enfocamos en apenas diez versículos del Evangelio de Mateo, y aunque estuvimos conscientes de la proximidad de la parábola de la oveja perdida, no intentamos explicarla en este contexto. Los lectores verán ahora que puede, y tal vez debería, leerse como una extensión de la idea de recibir a un niño en el hecho de salir en busca de la oveja que se ha perdido para rescatarla (Mateo 18:12-14). Si es así, la recepción es más que acoger y tratar bien al niño que está presente: incluye cuidar al niño que no está en nuestro medio y por lo tanto no es visible. Ese niño no nos confronta, pero existe, «está allá afuera» y hay que buscarlo.

Al final de la historia (Mateo 18:14) se repite el versículo 10, con un lenguaje diferente: «Así también, el Padre de ustedes que está en el cielo no quiere que se pierda ninguno de estos pequeños». El mensaje del evangelio es que Dios busca, rescata y recibe incluso al perdido y al enemigo: Dios perdona en lugar de obligarse a darle a la gente lo que merece. Por eso el reino de Dios está aquí, como una semillita y también como la visión de una nueva creación.

▨ **Octavo.** Este es un ensayo: se ofrece a manera de estímulo para discusión, no como enseñanza ni análisis definitivos. Es un ensayo tentativo e incompleto. Nos arriesgamos al plantear cuestiones que sabemos son problemáticas, esperando que el cuestionamiento que induzca sea útil. Hemos usado nuestra libertad para escribir un texto que es personal y precario. Precario en este sentido significa incertidumbre y vulnerabilidad: es característica de cualquier «pequeño». Aunque la palabra procede del latín *precarius* que significa oración o petición. Así que el significado contemporáneo es una secularización y un empobrecimiento.

Es bueno que se nos recuerde que lo que denotamos como precario es un llamado y una ocasión de oración; y que esa oración se encuentra en todo lugar donde la tierra se mueve y los cimientos se estremecen. En realidad, la oración en sí no es que sea simplemente una seguridad intangible y distanciada de ese estremecimiento: un escape de la precariedad del ser humano en el mundo. Está en el centro de «los días en que vivimos». ¿Con qué frecuencia enseñamos la oración y la buscamos como la solución a los problemas y el poder para traspasar las incertidumbres e incapacidades que nos agobian? Que busquemos este alivio de conseguir la paz en este mundo agitado no es sorprendente y tiene cierta justificación, pero no asegura lo que queremos aquí y ahora. Hemos sido llamados a vivir con la dualidad de lo precario, la incertidumbre y la oración conjunta.

No hemos escrito una declaración confesional de lo que el Movimiento sobre Teología Infantil defiende, si bien está escrito dentro de la visión de lo que el Movimiento es: una confraternidad de discípulos pensantes y activos que exploran la semilla del evangelio y de la señal del niño colocado en el medio por Jesús. Este libro ya ha recibido el estímulo y apoyo dentro de la confraternidad de la clase que la representa, el CTM, aunque no restringida a ella. Ahora se entrega, no para que se le juzgue amable o adversamente, sino para que lo usen de acuerdo con las mejores capacidades críticas y constructivas de los lectores. Deja mucho que completar, y mucho que mejorar.

No terminamos el libro con un llamado resonante a la acción, a todavía más acción, en nombre de los niños del mundo. Más bien hemos seguido nuestra frágil búsqueda teológica hasta el final buscando a Dios en la oscuridad y en la nueva luz. Si seguimos de esta manera, será Dios en Cristo el que nos llama. Nuestra obra no pueda hacer otra cosa que apuntar hacia Dios, y transmitir su llamado.

BIBLIOGRAFÍA

Libros

Aries, Philippe, *Centuries of Childhood*, 1965, Vintage Books
Arnold, Johann Christoph, *A Little Child Shall Lead Them*, 1997, Plough/IVP
Athanasius, *On the Incarnation of the Word*, tr. Penelope Lawson,
    http://www.spurgeon.org/~phil/history/ath-inc.htm
Aulen, Gustav, *Christus Victor*, 1931, SPCK
Bakke, O.M., *When Children Became People: the Birth of Childhood in Early Christianity*,
    2005, Augsburg
von Balthasar, Hans Urs, *Unless You Become Like This Child*, 1991, Ignatius
Barth, Karl, *The Word of God and the Word of Man*, n.d., Hodder and Stoughton
Barth, Karl and Thurneysen, Eduard, *God's Search for Man*, 1935, T&T Clark
Barth, Karl, *Letter to a Pastor in a Marxist Land*, 1959, Association Press
Barth, Karl, *How My Mind Has Changed*, 1969, St Andrew Press
Barth, Karl, *The Christian Life*, 1981, T&T Clark
British Council of Churches, *The Child in the Church*, 1976
British Council of Churches, *Understanding Christian Nurture*, 1981
Bergler, Thomas E., *The Juvenilisation of American Christianity*, 2012, Eerdmans
Berryman, Jerome W., *The Complete Guide to Godly Play* (Volume One), 2002, Living
    the Good News
Berryman, Jerome W., *Children and the Theologians: Clearing the Way for Grace*, 2009,
    Morehouse
Bonhoeffer, Dietrich, *The Cost of Discipleship*, 1959, SCM
... *Discipleship*, 2001, Fortress
... *Letters and Papers from Prison*
... *Ethics*, 1955, SCM

... *Life Together*, 1996, Fortress

Brannen, Julia, "Children and Agency in Academic and public Policy Discourses," in *Children and Social Exclusion*, ed. Keith J. White, 1999, NCVCCO

Brennan, Patrick McKinley (ed.), *The Vocation of the Child*, 2008, Eerdmans

Brueggemann, Walter, *Old Testament Theology: An Introduction*, 2008, Abingdon

Bunge, Marcia J., *The Child in Christian Thought and Practice*, 2001, Eerdmans

... *The Child in the Bible*, 2008, Eerdmans

... *Children, Adults, and Shared Responsibilities: Jewish, Christian, and Muslim Perspectives* (Cambridge University Press, 2012)

Collier, John (ed.), *Toddling to the Kingdom*, 2009, CTM

Consultative Group on Ministry among Children, *Unfinished Business: Children and the Churches*, 2001, CCBI

Copsey, Kathryn, *From the Ground Up: Understanding the Spiritual World of the Child*, 2005, Bible Reading Fellowship

Cunningham, Hugh, *The Invention of Childhood*, 2006, BBC

Dallaire, Roméo, *Shake Hands with the Devil: The Failure of Humanity in Rwanda*, 2004, Arrow

Darling, John, *Child-Centered Education and its Critics*, 1994, Paul Chapman/Department of Education and Science

Dickens, Charles, *David Copperfield*, 1850

... *Oliver Twist*, 1839

Donovan, Vincent, *Christianity Rediscovered*, 2003, Orbis

Dostoevsky, Fyodor, *The Brothers Karamazov*, 1880

Eliot, George, *Silas Marner*, 1861

Ellison, Ralph, *The Invisible Man*, 1952, (2001, Penguin Modern Classics)

Ford, David, *Self and Salvation*, 1999, Cambridge

Gaarder, Jostein, *Through A Glass, Darkly*, 1998, Phoenix

Grenz, Stanley J., *Theology for the Community of God*, 1994, Broadman and Holman

Griffiths, Jay, *Kith: The Riddle of the Childscape*, 2013, Hamish Hamilton

Griffiths, Mark, *One Generation from Extinction*, 2009, Monarch

Hay, D. and Nye, R., *The Spirit of the Child*, 1998, Fount

Herzog, Kristin, *Children and Our Global Future: Theological and Social Challenges*, 2005, Pilgrim Press

Heniger, Alice Minnie Herts, *The Kingdom of the Child*, 1918, E.P. Dutton,

Hobbes, Thomas, *Leviathan*, 1651

Holman, Bob, *Keir Hardie, Labour's Greatest Hero?*, 2008, Lion

Hughes, David, *The Lent Jewels*, 2003, Arrow

Hughes, Gerard W., *God of Surprises*, 1985, Darton, Longman and Todd

Huxley, Aldous, *Brave New World*, 1932, Penguin

Jarman, David and Van Oss, Celia, *Childhood's Pattern: Christian Childhoods Explored*, 1985, Firethorn

Jarrett-Macauley, Delia, *Moses, Citizen & Me*, 2005, Granta Books

Jenks, Chris, *The Sociology of Childhood: Essential Readings*, 1982, Batsford

Jensen, David H., *Graced Vulnerability: A Theology of Childhood*, 2005, Pilgrim Press

Jeyaraj, Jesudason (ed.), *Children at Risk: Issues and Challenges*, 2009, ISPCK

Jonas, Hans, *The Gnostic Religion: The Message of the Alien God and the Beginnings of Christianity*, 2001, Beacon

Kempis, Tomás de, *Imitación de Cristo*, 1441

Kilbourn, Phyllis, *Shaping the Future, Girls and Our Destiny*, 2008, William Carey Library

... *Children in Crisis: A New Commitment*, 1996, MARC

Klemperer, Viktor, *The Language of the Third Reich*, 1957, Continuum

Kraybill, Donald, *The Upside-Down Kingdom*, 1978, Herald Press
Lamont, Ronni, *Understanding Children Understanding God*, 2007, SPCK
Lausanne Movement, The, *The Cape Town Commitment*, 2011, Lausanne Movement
Layard, Richard & Dunn, Judy, *A Good Childhood: Searching for Values in a Competitive Age*, 2009, Penguin
Lehmann, Paul, *The Decalogue and a Human Future: The Meaning of the Commandments for Making and Keeping Human Life Human*, 1994, Eerdmans
Levinas, Emmanuel, *Humanism of the Other*, 2003, University of Illinois
Lewis, C.S., *The Silver Chair (La silla de plata)*, 1953, Geoffrey Bles
Loder, James E., *The Logic of the Spirit*, 1989, Josey-Bass
Mcbride, James, *Miracle at Sant'Anna*, 2002, Hodder and Stoughton
McConnell, D., *Understanding God's Heart for Children*, 2007, Authentic
MacDonald, George, *Unspoken Sermons*, 1886, Longman, Greens and Co
McDonnell, F. and Akallo, G., *Girl Soldier: A Story of Hope for Northern Uganda's Children*, 2007, Baker Books
McFadyen, Alistair, *Bound to Sin: Abuse, Holocaust and the Christian Doctrine of Sin*, 2000, Cambridge University Press
Macleod, George F., *Only One Way Left*, 1956, The Iona Community
Magdalen, Sister, *Conversations with Children: Communicating our Faith*, 2001, Stavropegig Monastery of St John the Baptist Essex
Marshall, Kathleen and Parvis, Paul, *Honouring Children: The Human Rights of the Child in Christian Perspective*, 2004, St Andrew Press
Marty, Martin E., *The Mystery of the Child*, 2007, Eerdmans
Mbali, Zolile, *The Churches and Racism: A Black South African Perspective*, 1987, SCM
Mercer, Joyce Ann, *Welcoming Children*, 2005, Chalice
Miles, Glenn and Wright, Josephine-Joy (ed.), *Celebrating Children: Equipping People Working with Children and Young People Living in Difficult Circumstances Around the World*, 2003, Paternoster
Miller, Bonnie, *Let the Children Come: Re-imagining Childhood from a Christian Perspective*, 2003, Jossey-Bass
Moltmann, J., *The Crucified God*, 1974, SCM
Mulley, Clare, *The Woman who Saved the Children: A Biography of Eglantyne Jebb, Founder of Save the Children*, 2009, One World
Newbigin, Lesslie, *The Gospel in a Pluralist Society*, 2004, SPCK
Nouwen, Henri J.M., *Adam: God's Beloved*, 1997, Orbis
Oppenheimer, Helen, *Finding and Following: Talking with Children about God*, 1994, SCM
Otto, Rudolf, *The Idea of the Holy*, 1917
Pakenham, Frank (Lord Longford), *Humility*, 1969, Harper Collins
Pohl, Christine D., *Making Room: Recovering Hospitality as a Christian Tradition*, 1999, Eerdmans
Pollock, J.C., *The Good Seed*, 1959, Hodder and Stoughton
Prevette, Bill, *Child, Church and Compassion: Towards Child Theology in Romania*, 2012, Regnum
Rahner, Karl, "Ideas for a Theology of Childhood," *Theological Investigations*, Volume 8, 1971
Rawson, Beryl, *Children and Childhood in Roman Italy*, 2003, OUP
Richards, Anne and Privett, Peter (ed.), *Through the Eyes of a Child*, 2009, Church House Publishing
Robinson, John, *Nobody's Child: an Unwanted Boy Who Found Hope*, 2003, Monarch
Robinson, Marilynne, *Absence of Mind*, 2010, Yale University Press
Rousseau, J-J., (trans. Barbara Foxley), *Émile*, 1912, Everyman

Ruether, Rosemary Radford, *Christianity and the Making of the Modern Family*, 2001, SCM
Simon, Ulrich, *A Theology of Auschwitz*, 1967, Gollancz
Saward, John, *The Way of the Lamb: The Spirit of Childhood and the End of the Age*, 1999, T&T Clark
Scruton, Roger, *The Face of God*, 2012, Continuum
Shanks, Andrew, *What is Truth? Towards a Theological Poetics*, 2001, Routledge
Shier-Jones, Angela (ed.), *Children of God: Towards a Theology of Childhood*, 2007, Epworth
Sims, David A., *The Child in American Evangelicalism and the Problem of Affluence: a Theological Anthropology of the Affluent American-Evangelical Child in Late Modernity*, 2009, Pickwick
So, Damon, *The Forgotten Jesus and the Trinity You Never Knew*, 2010, Wipf & Stock
Sölle, Dorothee, *Christ the Representative*, 1967, SCM
... *Suffering*, 1975, Fortress Press
Sprange, Harry, *Children in Revival*, 2002, Christian Focus Publications
Spufford, Francis, *The Child that Books Built*, 2002, Faber
Stafford, Wess, *Too Small to Ignore: Why Children are the next Big Thing*, 2005, WaterBrook
Taylor, John V., *Kingdom Come*, 2012, SCM
Thatcher, Adrian, *Theology and Families*, 2006, Blackwell
Titmuss, Richard, *The Gift Relationship: From Human Blood to Social Policy*, 1970 (1997, New Press)
UN Convention on the Rights of the Child, 1989, www.unicef.org/crc/
Vanstone, W.H., *The Stature of Waiting*, 1982, DLT
Velasco, Joey, *They Have Jesus: the Stories of the Children of the Hapag*, 2006, Kenosis
Volf, Miroslav, *Exclusion and Embrace*, 1996, Abingdon Press
Weber, Hans-Ruedi, *Jesus and the Children*, 1994, John Knox Press
White, Keith J., "Child Theology as a Seed" in *Toddling Forward*, 2010, CTM Australia 2010
... (ed.), *Now and Next*, 2011, Compassion
... *In the Meantime*, 2013, WTL
... *The Growth of Love*, 2008, Bible Reading Fellowship
Williams, Niall, *As it is in Heaven*, 1999, Picador
Williams, Rowan, *Lost Icons*, 2003, T&T Clark
... *Dostoevsky: Language, Faith and Fiction*, 2011, Baylor University Press
Willmer, Haddon, *Experimenting Together: One Way of Doing Child Theology*, 2007, CTM
Winnicott, D.W., *The Child, the Family, and the Outside World*, 1973, Penguin
Wolff Pritchard, Gretchen, *Offering the Gospel to Children*, 1992, Cowley Publications
Woodhead, M. and Montgomery, H., *Understanding Childhood*, 2003, Wiley
Wright, N.T., *Jesus and the Victory of God*, 1996, SPCK
Wullshläger, Jackie, *Inventing Wonderlands*, 1995, Methuen
Young, Frances, *Face to Face*, 1985, (Revised edition, 1991), Epworth
Zuck, Roy B, *Precious in His Sight: Childhood and Children in the Bible*, 1996, Baker Books

Documentos – Ensayos

Berlin, Isaiah, "The Originality of Machiavelli,"
http://berlin.wolf.ox.ac.uk/published_works/ac/machiavelli.pdf

Brewer, Sandy, "From Darkest England to The Hope of the World: Protestant Pedagogy and the Visual Culture of the London Missionary Society," *Material Religion: The Journal of Objects, Art and Belief*, Volume 1, Number 1, January 2005, pp. 98-124

Bunge, Marcia "Theologies of Childhood and Child Theologies," *Dharma Deepika*, Vol. 12, No. 2 Issue 28, July-December 2008, pp. 33-53

Carroll, John T., "Children in the Bible", *Interpretation*, Volume 55, No 2, April 2001, pp. 121-134

Devries, Dawn, "Towards of Theology of Childhood", *Interpretation*, Volume 55, No 2, April 2001, pp. 161-173

Finney, Charles, "The Child-Like Spirit an Essential Condition of Entering Heaven," *The Oberlin Evangelist*. 1852,
http://www.gospeltruth.net/1852OE/520526_child_like_spirit.htm

Gundry-Volf, Judith, "To Such Belongs the Reign of God," *Theology Today*, Vol. 56, No 4, pp. 469-480

Hull, John M., "Blindness and the Face of God: Toward a Theology of Disability," in *The Human Image of God*, Hans-Georg Ziebertz et al (eds.), 2000, Brill, pp. 215-229

Metz, J.B. "Communicating a Dangerous Memory," in Fred Lawrence (ed.), *Communicating a Dangerous Memory*, 1987, Scholars Press, pp. 37-54,
http://www.lonerganresource.com/pdf/books/9/Lawrence,_Fred_-_Communicating_a_Dangerous_Memory.pdf

Moltmann, J., "Child and childhood as Metaphors of Hope", *Theology Today*, Volume 56, No 4, January 2000, pp. 593-603

White, Keith J., "Child Theology is Born", read to the Annual Forum of the Christian Child Care Forum in London on 5th February 2002.

White, Keith J., "Insights into Child Theology Through the Life and Work of Pandita Ramabai," *Dharma Deepika*, Vol. 12, No. 2 Issue 28, July-December 2008, pp. 77-93

Willmer, Haddon, "Child Theology and Christology in Matthew 18:1-5," *Dharma Deepika*, Vol. 12, No. 2 Issue 28, July-December 2008, pp. 68-76

Willmer, Haddon, "Otto Dibelius and Dietrich Bonhoeffer," in *Studies in Church History*, volume 15, 1978, pp. 443-452

Willmer, Haddon, "The Justification of the Godless: Heinrich Vogel and German Guilt", in *Protestant Evangelicalism: Britain, Ireland, Germany and America 1750 to c. 1950, Essays in Honour of W.R. Ward*, ed. Keith G. Robbins (Studies in Church History, Subsidia 7, 1990)

Willmer, Haddon, "'Vertical' and 'Horizontal' in Paul's Theology of Reconciliation in the Letter to the Romans," in *Transformation*, Vol. 24, Nos 3 and 4, 2007

Willmer, Haddon, "Ant and Sparrow in Child Theology," *Faith and Thought*, April 2013, pp. 20-31, Victoria Institute

William Wordsworth, *Ode: Intimations of Immortality from Recollections of Early Childhood*, 1804

Publicaciones de CTM
(véase www.childtheologymovement.org)

Informes de Consultas

Penang One Report of Consultation (2002)
Cape Town Report of Consultation (2004)
Houston Report of Consultation (2004)
Penang Two Report of Consultation (2004)
Cambridge Report of Consultation (2004)
Prague (Praha) Report of Consultation (2005)
Penang Three Report of Consultation (2006)
Sao Paulo Report of Consultation – Portuguese and English (2006)
Penang Three Report of Consultation (2006)
Addis Ababa Report of Consultation (2006)
Australasia Report of Consultation (2007)
Nepal Report of Consultation (2008)
South Asia Report of Consultation (2008)
South India Report of Consultation(2011)

Folletos

Tan, Sunny, *Child Theology for the Churches in Asia: An Invitation*, London: CTM, 2007
White, Keith J. and Haddon Willmer, *An Introduction to Child Theology*, London: CTM, 2008
Willmer, Haddon, *Experimenting Together: One Way of Doing Child Theology*, London: CTM, 2007
Grobbelaar, Jan, *Child Theology and the African Context*, London: CTM, 2012

Índice
de referencias bíblicas

Antiguo Testamento

Nuevo Testamento

Índice

AGRADECIMIENTOS

¿Qué tienes que no hayas recibido?

1 CORINTIOS 4:7

E STAMOS CONSCIENTES de que este libro se arraiga en múltiples categorías de gratitud personal y cultural, que en gran parte van mucho más allá de la memoria y de un recuento minucioso. Hay personas que contribuyeron a nuestro trabajo que «solo Dios conoce». Les rendimos nuestro agradecimiento que aunque de manera general, no es una mera acción de gracias. Más bien, al reconocer las fuentes que no figuran en la lista, nos encontramos con ellas de nuevo, ante Dios, que nos envuelve por completo e impone sus manos sobre nosotros, dando el conocimiento «tan maravilloso que rebasa mi comprensión; tan sublime que no puedo entenderlo» (Salmo 139).

Pero dentro del conocimiento de Dios que para nosotros es una gran mezcla de lo Desconocido y de lo Desconocido Conocido, hay otros Conocidos: grupos e individuos que pueden nombrarse con gratitud por la contribución que han hecho a nuestro trabajo.

Comenzamos con el Movimiento de Teología Infantil: varios cientos de personas en todo el mundo participaron en consultas del Movimiento de Teología Infantil que nos motivaron e inspiraron. Una lista de estas consultas aparece en la Bibliografía. Los fideicomisarios del CTM han sido perseverantes e inquebrantables en el apoyo que han dado: Shiferaw Michael, Wendy Strachan, Marcia Bunge, Sunny Tan, Viktor Nakah, D.J. Konz y David Sims.

Luego están los que respondieron a las presentaciones de Teología infantil realizadas en otros contextos. Entre ellas están Victoria Institute (Instituto Victoria), el UK Christian Childhood Forum (Foro Cristiano de la Niñez del Reino Unido), *Now and Next*, el simposio sobre James E. Loder, y conferencias y seminarios en varias instituciones. Estamos también agradecidos con iglesias y denominaciones en varios continentes que nos invitaron para que con ellos exploráramos la Teología infantil.

El Movimiento de Teología Infantil en sí tiene raíces en otros movimientos y ha sostenido conversaciones con ellos. Estos incluyen las conferencias Viva y Cutting Edge, Holistic Child Development (Desarrollo Integral de la Niñez), Compasión Internacional, Visión Mundial Internacional, Asian Graduate School of Theology, la Iglesia Luterana de Finlandia, CTM-Australia, y muchos otros amigos y colegas en la India.

Los niños han estado presentes en nuestras vidas, en nuestro trabajo y en nuestras imaginaciones. Probablemente hay un asunto insoluble dentro de la Teología infantil que se relaciona con el lugar apropiado de los verdaderos niños en el proceso contemporáneo de la reflexión teológica. Ambos hemos sido bendecidos con la presencia de niños reales en nuestras respectivas vidas mientras escribíamos el libro. Y hemos buscado incluir a los niños usando la imaginación. Los lectores estarán conscientes de que no deseamos imponerles a nuestros niños cargas que propiamente les corresponde llevar los adultos.

Gracias a algunos que leyeron el texto y que de otras maneras colaboraron con nosotros estrechamente en el desarrollo del libro, especialmente a John Collier, Donald Rutherford, Bill Prevette y Tony Cantale.

Y en último lugar, aunque no menos importante, agradecemos a nuestras respectivas esposas, Ruth y Hilary, por la inquebrantable paciencia y frustración elocuente que ellas ejercieron por un largo período de años, mientras nos animaban a tomar la rienda de nuestras conversaciones y comprometernos con un texto.

www.ingramcontent.com/pod-product-compliance
Lightning Source LLC
Chambersburg PA
CBHW032130020426
42334CB00016B/1109

* 9 7 8 0 9 5 6 4 7 5 7 5 6 *